SV

Hans Magnus Enzensberger
Überlebenskünstler
99 literarische Vignetten aus dem 20. Jahrhundert

Suhrkamp

Erste Auflage 2018
© Suhrkamp Verlag Berlin 2018
Rechtenachweise zu Abbildungen siehe am Schluß des Buches.
Alle Rechte vorbehalten, insbesondere das der Übersetzung,
des öffentlichen Vortrags sowie der Übertragung
durch Rundfunk und Fernsehen, auch einzelner Teile.
Kein Teil des Werkes darf in irgendeiner Form
(durch Fotografie, Mikrofilm oder andere Verfahren)
ohne schriftliche Genehmigung des Verlages reproduziert
oder unter Verwendung elektronischer Systeme
verarbeitet, vervielfältigt oder verbreitet werden.
Satz: Greiner & Reichel, Köln
Druck: CPI – Ebner & Spiegel, Ulm
Printed in Germany
ISBN 978-3-518-42788-0

Inhalt

Überlebenskünstler

Absicht, Mängelrügen und Haftungausschluß

Das 20. Jahrhundert war eine Blütezeit von Schriftstellern, die Staatsterror und Säuberungen überlebt haben, mit all den moralischen und politischen Ambivalenzen, die das mit sich brachte. Wie ist es dabei zugegangen? Waren sie zu standfest, um vor der Macht zu kapitulieren? Hatten sie ihr Überleben ihrer Hellsicht oder ihrer Intelligenz zu verdanken, ihren Beziehungen oder ihrem taktischen Geschick? Waren es Glücksfälle, die an ein Wunder grenzten, durch die sie dem Gefängnis, dem Lager und dem Tod entronnen sind, oder waren es Strategien, die von der Anbiederung bis zur Tarnung reichten?

Wer das so klar unterscheiden könnte! Nur allzuleicht fallen der Nachwelt Schlagworte wie *Feigling, Trittbrettfahrer, Etappenhengst* oder *Opportunist* ein. Anderen wird Bewunderung für ihre Unbeirrbarkeit zuteil.

Eine andere Taktik verdient es, erwähnt zu werden. Während die einen durch ihren internationalen Ruhm geschützt waren, wählten andere den Rückzug in die Unauffälligkeit und die Isolation. Vielen gelang die Emigration, doch das Exil wurde manchen zum Verhängnis. Joseph Roth sagte, wenige Tage vor seinem Tod, er sei dem Selbstmord nahe. Aber das wäre eine Sünde gewesen; deshalb zog er es vor, sich totzusaufen.

Egon Friedell war einer der ersten, die sich das Leben nahmen. In den Jahren darauf folgten ihm Kurt Tucholsky, Ernst Toller, Walter Hasenclever, Ernst Weiß, Walter Benjamin, Stefan Zweig und viele andere, deren Namen niemand mehr nennt. Manche ereilten Jahrzehnte später die Spätfolgen der Traumata, von denen sie gezeichnet waren. Klaus Mann, Jean Améry, Arthur Koestler, Primo Levi, Sándor Márai, der Perser Sadeq Hedayat und Paul Celan, das sind einige Namen derer, die nicht weiterleben wollten.

15

Viel länger fiele ein Register derer aus, die alles überstanden haben. Ihre Haltungen lassen sich auf keinen gemeinsamen Nenner bringen. Was hat der brave Soldat Schwejk mit einem skrupellosen Wendehals gemein? Wie unterscheidet sich der einfache Deserteur von jenem Intellektuellen, der in irgendeiner Schreibstube überwintert hat? Und was zeichnet die Schriftsteller aus, im Vergleich zu anderen Überlebenden? Kann es sein, daß der tiefe Glauben an ihre »Berufung« und an ihr Talent dazu beigetragen hat, daß sie nicht zugrunde gegangen sind? »Aber das ist es ja gerade«, konstatiert Gombrowicz in seinem Tagebuch, »daß die Schriftsteller um keinen Preis aufhören wollen, Schriftsteller zu sein; sie waren zu den heldenhaftesten Opfern bereit, um nur immer weiter zu schreiben.« Oder hatten sie ganz andere, alltägliche, banale Motive? Zu denken geben am wenigsten die eindeutigen Fälle. Wahrscheinlich haben die meisten Autoren nie einen Schuß abgefeuert. Keiner von ihnen ist an der Front gefallen oder in einem Konzentrationslager ums Leben gebracht worden.

Das ist doch alles lange her, werden Jüngere sagen. Wirklich? Sind Anpassung, glückliche Zufälle, Kompromisse und mehrdeutige Entscheidungen von vorgestern? Kann man nichts von ihnen lernen? »Es kommen härtere Tage«, das kündigte Ingeborg Bachmann 1958 mit ihrem Gedicht »Die gestundete Zeit« an. Für den Fall, daß sie recht behält, könnte ein Training in der Kunst des Überlebens von Nutzen sein.

Frage: Warum keine Komponisten, Schauspieler, bildenden Künstler? Warum nur Schriftsteller?

Antwort: Weil ich mich mit diesem Milieu einigermaßen auskenne.

Frage: Warum gibt es unter Ihren Überlebenden so viele Juden?

Antwort: Weil sie ein Leben führten, das gefährlicher als das der anderen war, und weil sie einem Volk angehören, das sein Überleben in der Zerstreuung dem Buch verdankt. Die Selbstverstümmelung, die sich die deutsche Intelligenz durch ihre Judenfeindschaft zufügte, hat Folgen, die bis heute spürbar sind. Auch daraus erklärt sich die hohe Zahl der jüdischen Schriftsteller, von denen hier die Rede sein wird.

Und warum kein Wort über Figuren wie Hans Schwerte, Hans Robert Jauß oder Paul de Man?

Antwort: Solche Leute wußten zwar zu überleben, aber sie waren weit davon entfernt, Künstler zu sein. Deshalb kommen sie hier nicht vor.

Frage: Die eine Hälfte der Menschheit überwiegt bei Ihnen. Wo bleiben die Frauen? Sie sind in Ihrem Register nur eine Minderheit.

Antwort: Diese Differenz kann ich nicht ausgleichen. Bitte wenden Sie sich an das Patriarchat.

Frage: Und warum sind nicht alle Erdteile, alle Religionen und Hautfarben proportional vertreten?

Antwort: Weil ich mich an solchen Abzählungsroutinen nicht beteiligen möchte. Die Literatur ist keine Olympiade, und einen Medaillenspiegel gibt es nicht.

Im übrigen verlangt mein Vorhaben die Ich-Form. »Ich« ist ja lediglich die erste Person Singular, die sich ungern den Mund verbieten läßt. Wer kein Historiker ist, kann und muß kein Kompendium liefern und keine unanfechtbaren Beweise führen. Er darf sich an einen subjektiven Erzählton und an eine subjektive Auswahl seiner Beispiele halten.

Moralische Urteile stehen einem Nachgeborenen, der die Situationen und Prüfungen nicht bestehen mußte, denen sie ausgesetzt waren, ohnehin nicht zu. Er kann versuchen, fair zu sein. Aber Neutralität kann er nicht in Anspruch nehmen.

Je größer das historische Übel, desto verlockender scheint das kleinere; und je gefährlicher die Umstände, desto mehr wird, wer sie verteidigt, die mildernden Umstände ins Feld führen. Vorliebe und Ekel, Bewunderung und Abneigung – daß solche Gefühle in die Darstellung einfließen, ist unvermeidlich.

Prominenz und Erfolg sind nur als Indizien von Belang. Die Nachwelt kümmert sich nicht um Ehrungen; sie macht, was sie will. Nicht nur die Autoren, auch ihre Werke werden hoch gehandelt oder für immer vergessen, und vielleicht irgendwann wiederentdeckt. Der Nobelpreis für Literatur wird zwar erwähnt, ist aber keine Garantie, sondern bloß eine Anekdote.

Das Wort *Vignette* stammt aus dem Französischen. *Vigne* ist die Weinrebe. Daraus leitet sich die Verkleinerung ab. Sie bedeutet zunächst die Kennzeichnung der Rebsorte, später auch das Etikett auf der Weinflasche. Im Lauf der Zeit wurde das Wort auf die Randverzierungen in der Druckerei übertragen. Als *Vignette* wird auch eine Variante der Porträtmalerei bezeichnet, die besonders im 19. Jahrhundert beliebt war. Es war Mode, geliebte Personen auf ovalen Miniaturgemälden abzubilden, die oft um den Hals getragen wurden und als Souvenir oder Talisman dienten. Bei solchen Vignetten wird das Bild zu den Rändern hin unschärfer und verschwindet allmählich im Hintergrund.

Es gibt auch photographische Vignetten. Das waren Masken vor dem Objektiv der Kamera, um bestimmte Stellen der Aufnahme zu verkleinern, verschwommen erscheinen zu lassen oder ganz zu entfernen. Beim Belichten des Negativs im Labor sind noch weitere Manipulationen möglich.

Die Vignetten wurden gern auf Porträts und Postkarten gedruckt und ließen sich zu Gruppenbildern vereinigen. Ähnliche Bilder finden sich in Kolumbarien, besonders in Italien, wo der heidnische Totenkult auf den Friedhöfen weiterlebt.

I

Ein kleines, banales Geständnis möchte ich gleich zu Anfang ablegen. Vor Jahren habe ich für ein bescheidenes Entgelt einen Fetisch ersteigert. Es ist ein Kärtchen mit dem Absender »Hamsun, Nørholm«, datiert auf den August 1929. Darauf antwortet der Autor mit chinesischer Höflichkeit einem seiner Bewunderer aus Deutschland, der Bernhard Kellermann hieß. Das war ein Erzähler, der vor dem Ersten Weltkrieg den *Tunnel* geschrieben hat, einen Zukunftsroman, welcher seinerzeit viel Aufsehen erregte. Auf dem vergilbten Karton heißt es: »Genehmigen Sie meinen herzlichen und kollegialen Dank und ergebenen Gruß. Knut Hamsun.«

Wozu das alles? Ich habe dieses Autograph eingelegt in ein buchstabengetreues, durch keine der zahllosen Nachdrucke, Entschärfungen und Rechtschreibreformen verstümmeltes Exemplar von *Sult*, das mir von den Werken Hamsuns das allerliebste ist. Es mußte 1890 bei einem alten dänischen Verlag erscheinen, weil keiner in Norwegen diesen Roman, der zu deutsch *Hunger* heißt, drucken wollte. Die Publikation schlug ein wie ein Meteor, allerdings nicht in der Stadt, in der die Geschichte spielt, in Kristiania, dem heutigen Oslo, sondern in ganz Europa.

Schon die ersten paar Seiten sagen viel über den Erzähler: »Ich war stark wie ein Riese und konnte einen Wagen mit meiner Schulter aufhalten. Eine feine, seltsame Stimmung, das Gefühl der hellen Gleichgültigkeit, hatte sich meiner bemächtigt ... Ich fand eine Bank für mich allein und begann gierig, von meinem Vorrat abzubeißen. Das tat mir gut; es war lange her, seit ich eine so reichliche Mahlzeit genossen hatte, und ich fühlte nach und nach die gleiche satte Ruhe in mir, wie man sie nach langem Weinen empfindet.«

Sofort hat man den ganzen Hamsun vor sich. Die Passage kehrt seinen heidnischen Stolz, seinen Starrsinn, seine Rachsucht hervor, Züge, die an die »schwierigen Skalden« der isländischen Sagas aus dem 13. Jahrhundert erinnern; zugleich aber zeigt sich hier eine höchst moderne Sensibilität mit all ihren Ticks und Obsessionen. Damals, gegen das *Fin de siècle* hin, sprach die Psychologie von »Neurasthenie« und »Hysterie«; heute fiele die Diagnose sicher anders, aber genauso hilflos aus.

Nun soll hier kein Romanführer geliefert werden. Es geht darum, wie Hamsun überlebte; wie es beim Aufstieg, beim Fall und bei der Wiederauferstehung dieses Weltumseglers, Landstreichers, Nobelpreisträgers und Landesverräters zugegangen ist. Dazu muß man sich auf die Geschichte des politischen Zerwürfnisses zwischen ihm und seinem Land einlassen. Auf ein paar Seiten ist das nicht auszuschöpfen.

Wer es genau wissen will, wird sich durch ein 600 Seiten dikkes Buch wühlen müssen: *Processen mod Hamsun* von Thorkild Hansen, das natürlich nicht in Oslo, sondern in Kopenhagen erschienen ist. (Es gibt auch eine deutsche Übersetzung.)

Am letzten Tag des Krieges war in *Aftenposten*, der größten norwegischen Zeitung, auf der ersten Seite ein Nachruf auf Hitler zu lesen: »Wir, seine treuen Anhänger, neigen nun unser Haupt angesichts seines Todes.« Gezeichnet: Knut Hamsun.

Er wußte genau, daß er sich mit dieser Äußerung nicht nur dem Haß seiner Landsleute auslieferte. Er machte sich auch bei seinen ausländischen Bewunderern unmöglich. Das war eine Provokation, die der Selbstsabotage nahekam. Die Ratten, so muß er gedacht haben, mögen das sinkende Schiff verlassen – ich nicht! Das war der schiere Trotz. »Ich werde so angreiferisch, so zerstörerisch sein wie nur irgend möglich«, das soll er schon gesagt haben, als er noch keine dreißig war. Dabei hat er Hitler nie gemocht. Allerdings lobte er ihn 1943 bei einem Besuch auf einem Journalistenkongreß in Wien als Kreuzfahrer, der »England in die Knie zwingen werde«. Daraufhin lud ihn Hitler zu einem Besuch auf den Obersalzberg ein. Er behauptete sogar, sein Leben gleiche in gewisser Hinsicht dem Hamsuns. Aber nach einer Dreiviertelstunde endete die Unterhaltung mit einem handfesten Krach. Hitler brach sie ab und verließ den Raum. Hamsun hatte sich über das brutale Besatzungsregime und den »Reichskommissar«, einen gewissen Terboven, beschwert und verlangte seine Abberufung. Der wolle kein Norwegen, sondern ein Protektorat. »Und dann die Hinrichtungen! Wir wollen nicht mehr!« Der Führer soll getobt haben.

Und so ging es weiter mit dem Zwiespalt dieses Menschen, der Norwegen mit seiner Liebe und die Selbstgerechtigkeit seiner Bewohner mit Haß verfolgte.

Die Konsequenzen, die der Greis nach dem Krieg auf sich nahm, waren ein paar Wochen Hausarrest, über die er sich lustig machte, zwei Jahre in einem Altersheim und eine quälende psychiatrische Untersuchung, um festzustellen, ob er zurechnungsfähig sei. Eine »starke Triebnatur« und »nachhaltig geschwächte seelische Fähigkeiten« – diese Diagnose erlaubte dem obersten Ankläger, den Strafprozeß gegen Hamsun niederzuschlagen. Im Dezember 1947 wurde er von einem Zivilgericht in Grimstad wegen des Schadens, den er seinem Land durch seine Äußerungen in der Presse zugefügt hatte, zu einer hohen Geldstrafe verurteilt. Sein Nachruf auf Hitler fiel erschwerend ins Gewicht. Daß er der »Nationalen Sammlung« beigetreten war, der norwegischen Partei, die mit Hitler sympathisierte, bestritt er. Später stellte sich heraus, daß im Prozeß ein gefälschtes Photo als Beweis vorgelegt worden war. Seine Feinde hatten auf das Revers seines Anzugs ein Sonnenkreuz montiert, das Abzeichen der Quislinge. Am Ende blieb es bei der Geldstrafe, die Hamsun ruinierte. Als er entlassen wurde, war der 88jährige Dichter verwirrt, abgemagert und so gut wie taub.

Doch mit seinem letzten Buch, den 100 Seiten *Auf überwachsenen Pfaden*, hat er sich an all denen gerächt, die ihm an den Karren gefahren waren. Der Verlag, den er einst mit seinen Honoraren gerettet hatte, weigerte sich, es zu veröffentlichen. Ein winziger Schweizer Verlag, Ex Libris, durchbrach die Blokkade und schloß den ersten Vertrag mit dem Aussätzigen. Daraufhin mußten auch die Norweger die bittere Pille schlucken.

Wutausbrüche fehlen in Hamsuns Abrechnung. Viele Passagen lesen sich fast idyllisch. Junge Leute würden seine Haltung *cool* nennen. Er stellte den Psychiater, der ihn untersucht hatte, ebenso bloß wie die Justiz, den Verlag, der viel Geld an ihm verdient und ihn hintergangen hatte. So hat der kranke, hilflose Hamsun am Ende in aller Ruhe über seine Widersacher triumphiert.

Die Norweger haben ihn 2009 rehabilitiert, wahrscheinlich auf Betreiben des Königshauses; Straßen wurden nach ihm benannt, Denkmäler errichtet und seine Bücher neu aufgelegt. Der Verlag, der ihn im Stich ließ, als er auf ihn angewiesen war, bemühte sich nun um sein Werk und gab eine historischkritische Gesamtedition heraus. Etwas anderes, als auf Hamsun stolz zu sein, ist seinen Landsleuten nicht übriggeblieben.

II

Alle, die mit diesem jungen Mann aus Niederschlesien zu tun hatten, mußten sich auf ein Genie gefaßt machen. In der Schule blieb er sitzen, weil ihm der Drill mißfiel, der dort herrschte. Gerhart Hauptmann dachte sich einen Bund aus, in dem es weder Stehkrägen noch Krawatten gab und in dem die freie Liebe herrschte. Seine Losung hieß: Zurück zur Natur. Er dachte daran, auszuwandern. Seine einzige Zuflucht in Breslau war das Theater. Die Lehre auf einem Gutshof war ihm zu mühsam. Er brach sie ab, weil er es, wie man damals sagte, an der Lunge hatte. Aus der Kunstschule wurde er wegen schlechten Betragens und mangelnden Fleißes ausgeschlossen. Er verlobte sich heimlich mit einer reichen Kaufmannstochter, die ihn durchfütterte. Ein Studium an der Universität hielt er nicht durch. Um sich als Bildhauer zu versuchen, ging er mit ihrer Hilfe nach Rom. Er blieb erfolglos und kehrte enttäuscht nach Deutschland zurück. Von der akademischen Welt verabschiedete er sich, zog ins Riesengebirge, ließ sich scheiden und heiratete wieder.

Seine Vorlieben waren wunderlich. Die »Rassenhygiene« interessierte ihn. Seinen ersten Roman hat er später über einen Wanderprediger geschrieben, der die Nachfolge Christi antreten wollte und einem Kult des Sonnengottes huldigte. Seine Vorlieben waren wunderlich.

Erst als Dramatiker zeigte er seine Klaue. Sein Stück *Vor Sonnenaufgang* wurde bei der Uraufführung als skandalös empfunden, doch die Zensur konnte ihm trotz gelegentlicher Verbote nichts anhaben. Man hängte ihm das Etikett eines Naturalisten an, einen Ruf, der mit dem *Biberpelz* und den *Webern* legendäre Ausmaße erreichte. Das war der Weltruhm, ein Renommee, von dem er sich nie wieder erholt hat. Nach der Jahrhundertwende setzten die Ehrungen ein. Preise, Ehrendoktortitel, 1912 der Nobelpreis. Das Goethe-Syndrom ereilte ihn.

Es ist nämlich so, daß der deutsche Geist immer einen Vize-Goethe zu benötigen scheint, schon, damit er im Ausland über einen würdigen Repräsentanten verfügt. Nicht einmal Thomas Mann konnte diese Planstelle wirklich ausfüllen. Aus Eifersucht hat er sich im *Zauberberg* über Hauptmann in Gestalt des Mynheer Peeperkorn lustig gemacht. Kann es wahr sein, daß man dem Dichter 1921 das Amt des Reichskanzlers angeboten hat? Es fällt schwer, das zu glauben. Albert Ehrenstein ließ sich so über ihn vernehmen: »Das Ewig-Klassische zog ihn hinab. Aus dem Titanen ward ein Würdepopo.« Sein olympisches Haupt schien alle Niederungen zu überragen.

Doch mit den Jahren gingen seine Auflagen zurück. Das Leben, das er führte, war teuer. Er wandte sich der Neoromantik, dem Film und dem Fortsetzungsroman zu. Im Sommer zog er sich in ein Kloster auf der Insel Hiddensee zurück. Er wollte immer einen Eckermann in der Nähe haben, einen Vertrauten, der ihm als Sekretär diente. Zuerst spielte Elisabeth Jungmann diese Rolle, später übernahm sie Erhart Kästner.

Die deutschen Diktaturen hat Gerhart Hauptmann überstanden, ohne Schrammen davonzutragen. Zu seinem 80. Geburtstag wurde ihm eine 17bändige Gesamtausgabe überreicht.

Die Nationalsozialisten ließen ihn in Ruhe, weil Hitler ihn für unentbehrlich hielt. Auch die DDR hatte nichts gegen ihn. Als er starb, gedachten Wilhelm Pieck und Johannes R. Becher seiner und hielten Reden bei der Trauerfeier. Sein Grabstein, der nur seinen Namen trägt, steht auf Hiddensee.

III

In der italienischen *Commedia dell'arte* hat jede Figur einen Charakterzug, über den man sich lustig macht. In ihrem Maskenspiel gibt es den Harlekin, den Pantalone, den Bajazzo und nicht zuletzt den Capitano, der den Macho und den Kriegshelden verkörpert. Über diese Tradition war Gabriele D'Annunzio erhaben. Er brachte es fertig, nicht nur einen Typus darzustellen, sondern in seiner Person eine ganze Galerie von Karikaturen hervorzubringen: die Strohpuppe eines typischen Italieners, eines Dichters, eines Weiberhelden, eines Reklamefachmanns, eines Dandys, eines Revoluzzers und eines Faschisten. Das ist eine beachtliche Leistung, bei der einem das Lachen im Hals stekkenbleibt. Rätselhaft, wie es diesem kleinwüchsigen, häßlichen Mannequin gelungen ist, sich zu einer europäischen Größe aufzuplustern!

Gabriele D'Annunzio war der Sohn eines Landbesitzers, der ursprünglich Francesco Rapagnetta (»kleine Rübe«) geheißen hatte. Ein reicher Onkel, der D'Annunzio hieß, adoptierte ihn. Dadurch konnte er diesen glorios klingenden Namen seinem eigenen hinzufügen, und Rapagnetta, das Rübchen, wurde gestrichen.

In den 1890er Jahren wandte sich Gabriele D'Annunzio dem Schreiben von Romanen zu. 1910 floh er wegen hoher Schulden, bedingt durch seinen aufwendigen Lebensstil, ins »freiwillige Exil« nach Frankreich, um seinen Gläubigern zu entkommen. Auch später mußte er seine Wohnungen und Villen immer wieder im Stich lassen, weil ihm wegen seiner manischen Sammelleidenschaft das Geld ausging.

In der Not erfand er Reklamen und Slogans für die großen Kaufhäuser, Parfüm- und Kekshersteller. Unter verschiedenen Pseudonymen schrieb er kleine Kolumnen über die römischen Salons. Dort lernte er auch seine Ehefrau kennen, die Herzogin Maria Hardouin di Gallese. Nach der Heirat gingen die beiden, obwohl sie ihm drei Söhne gebar, getrennte Wege, aber eine Scheidung kam nicht in Frage, weil er auf ihren Titel Wert legte.

Vom Weltkrieg war D'Annunzio begeistert. 1918 brach eine Staffel von zehn kleinen Maschinen zu einem Flug nach Wien, der Hauptstadt des Kriegsgegners Österreich auf. Drei Piloten mußten notlanden, bevor sie die Grenze erreichten, ein vierter wurde in Österreich verhaftet. Aber D'Annunzio erreichte sein Ziel. Auch hier bewies er sein Können als Reklamefachmann. Er ließ Tausende von Flugblättern mit den Farben der italienischen Fahne herunterflattern. Der Text endete mit den Worten: »Die unbekümmerte Kühnheit wirft über Sankt Stephan und dem Graben das unwiderstehliche Wort ab Viva l'Italia!« 1919 besetzte der Held mit einem Haufen von Milizionären die Hafenstadt Fiume, das heutige Rijeka, mit dem Ruf: »Fiume o morte – Italia o morte!« Dieser operettenhafte Handstreich brachte nicht nur die Regierung in Schwierigkeiten. Er nahm auch Züge des italienischen Faschismus vorweg: die Mobilisierung der Massen durch Führerkult, durch Aufmärsche, Hetzreden und Paraden.

1922 scheint der Künstler einen Umsturz geplant zu haben. Daraus wurde nichts, weil Mussolini mit seinem Marsch auf Rom schneller war. Dafür entschädigte ihn der Duce. Er veranlaßte, daß der König ihm den Titel eines Fürsten von Montenevoso verlieh. Außerdem befahl er, daß eine 49bändige Gesamtausgabe seiner Schriften auf Staatskosten gedruckt wurde. Der Dichter zog sich schmollend auf seine Villa zurück, die ebenfalls von der Staatskasse finanziert und zur Nationalen Gedenkstätte erklärt wurde. Dieses Haus nannte er Il Vittoriale degli Italiani.

Dort ist D'Annunzio gestorben und in einem Mausoleum aus weißem Marmor bestattet worden. Er war ein Clown wider Willen und wie alle Clowns ein trauriger Mensch.

Ein Besuch in seinem Haus bei Gardone am Gardasee ist empfehlenswert. Es wurde zu einer Touristenattraktion. Als Monument der unverschämten Chuzpe und des künstlerischen Bluffs ist es unerreicht. Man kann in diesem Museum seine zahllosen handgefertigten Pantöffelchen ebenso bewundern wie die Relikte seiner Heldentaten und Eroberungen: das Flugzeug, mit dem er über Wien flog, und ein in den Berg eingelassenes Kriegsschiff.

Mit allem und bei allen ist D'Annunzio glatt durchgekommen: bei Eleonora Duse, bei Hofmannsthal, bei Mussolini, bei Gräfinnen, Huren und bei seinen Landsleuten; mit seinen Posen, seinem Kitsch und seinen Allüren. Darin bestand seine Kunst.

IV

Niemand kann alles lesen, was sie geschrieben hat: Gedichte, Novellen, Märchen, Werke über die Blütezeit der Romantik, den Dreißigjährigen Krieg, die gescheiterte Revolution von 1948, das italienische Risorgimento und sogar einen Kriminalroman. Ricarda Huch ist »schwer einzuordnen«, lamentieren ihre Kritiker. Auch mir ist zunächst nur ein kleiner Suhrkamp-Band in die Hände gefallen. Ich glaube, er war gelb und hieß *Michael Bakunin und die Anarchie*. Dieses Buch hat mich sofort für sie eingenommen, ebenso wie ihre Brieferzählung über einen russischen Terroristen aus dem Jahr 1905.

Auf alten Photos wirkt sie imposant, mit kalten, eulenhaften Augen und einem blühenden, sinnlichen Mund. Aber war sie nun links, oder war sie rechts? Kann man ihr antikapitalistische oder gar antimoderne Affekte nachweisen? Darüber haben sich die Nachgeborenen, diese ewigen Besserwisser, den Kopf zerbrochen. Doch sich durch den ideologischen Dschungel der Weimarer Republik zu wühlen, das interessierte sie nicht. Nicht einmal in der feministischen Bewegung wollte sie mitspielen, obschon sie sich als Frau sehr wohl durchzusetzen verstand. Als das in Deutschland noch undenkbar war, wurde sie mit 28 Jahren in Zürich als eine der ersten Frauen promoviert und beschloß, in Zukunft von der Schriftstellerei zu leben.

Im Panoptikum der Überlebenden steht sie als bravouröse Ausnahmeerscheinung da. Sie hat vielen zu schaffen gemacht, sogar den Nationalsozialisten. Die wußten nicht, was sie mit ihr anfangen sollten. Sie war ihnen zwar lästig, aber sie zu beseitigen war nicht ratsam, obwohl sie 1933 sofort gegen »die Zentralisierung, den Zwang, die brutalen Methoden, die Diffamierung Andersdenkender und das prahlerische Selbstlob« der Regierung protestierte und aus der Preußischen Akademie der Künste austrat.

Dennoch wollte sie auf keinen Fall emigrieren, sondern in Deutschland ausharren. Weil sie damals schon eine europäische Berühmtheit war und als *Grande Dame* der deutschen Literatur galt, ließ der NS-Staat sie nicht nur in Ruhe; er bemühte sich sogar um sie. Ohne absurde Widersprüche konnte es dabei nicht abgehen.

Als sie und ihr Schwiegersohn Franz Böhm 1937 bei einer privaten Einladung die Politik der NSDAP kritisierten, wurden sie denunziert und angeklagt. Eine Amnestie, die das Regime erließ, lehnten beide ab. Böhm, ein Professor an der Universität Freiburg, wurde entlassen; Ricarda Huch blieb verschont. Goebbels und Hitler sandten ihr sogar Glückwunschtelegramme zum 80. Geburtstag.

Der erste Band ihrer *Deutschen Geschichte*, der 1934 erschienen war, wurde in der Presse heftig angegriffen; der zweite bekam es mit der Zensur zu tun; und der letzte wurde nicht mehr gedruckt und erst nach ihrem Tod in Zürich veröffentlicht. In Ricarda Huchs Jenaer Wohnung trafen sich Leute aus Kreisen des Widerstandes, die später am Attentat vom 20. Juli 1944 beteiligt oder mit den Verschwörern verwandt waren. Franz Böhm entkam nur wegen einer Namensverwechslung der Verhaftung. Ohne solche Glückssträhnen hätten sie beide schwerlich überlebt.

Nach dem Krieg bemühte man sich auf beiden Seiten des geteilten Landes um die Gunst der inzwischen 83jährigen Autorin. In Jena verlieh man ihr einen Ehrendoktor, und auf dem ersten und letzten gesamtdeutschen Schriftstellerkongreß in Berlin wurde sie zur Ehrenpräsidentin gewählt.

In der sowjetischen Zone hat sie es nicht lange ausgehalten. Sie fuhr in einem ungeheizten britischen Militärzug nach Frankfurt am Main, wo Franz Böhm hessischer Kultusminister geworden war. Der Anstrengung dieser Reise waren ihre Lungen nicht gewachsen. Kurz darauf ist sie an einer Pneumonie gestorben.

Für die Liebe war diese starke Frau anfälliger als für die Politik. Mit 16 Jahren verliebte sie sich in ihren viel älteren Schwager Richard. Das führte in ihrer Geburtsstadt Braunschweig zu ihrem ersten, aber durchaus nicht letzten Skandal. Dann heiratete sie einen italienischen Zahnarzt und zog zu ihm nach Triest, nur um 1907 zu ihrem Jugendschwarm zurückzukehren und ihn endlich zu heiraten. Sie ließ sich von beiden Männern scheiden. Sie zog es vor, sich über ihre leidenschaftlichen Turbulenzen auszuschweigen.

V

Das Überleben im 20. Jahrhundert hatte meist tragische Aspekte, aber manchmal geriet es auch zur Farce. Ein Philosoph des Absurden wie Albert Camus hätte daran nicht gezweifelt. Auch ein Abkömmling des Uradels war nicht dagegen gefeit, daß er lächerlich wirkte. Alexander von Gleichen-Rußwurm fand sich eingeklemmt zwischen Grandiosität und Geldmangel wieder.

Geboren war er auf dem hübschen Renaissanceschloß Greifenstein in Unterfranken. Ob er nun Graf oder nur Freiherr war, darüber mögen sich die Kenner des Gotha streiten. Zu allem Überfluß war er auch noch ein Urenkel Friedrich Schillers und durfte ehrenhalber in der weiblichen Nachkommenslinie dessen Familiennamen tragen.

Was blieb ihm also anderes übrig, als selber zum Schriftsteller zu werden? Er war sehr fleißig. Angefangen hat er mit einer Rokoko-Komödie und mit *Pfifferlings Reise- und Liebesabenteuern*. Es gibt von ihm Dramen, Novellen und Lyrik. Naheliegender war *Schiller. Die Geschichte seines Lebens*, an der er sich schon 1913 versuchte. Noch erfolgreicher war er jedoch mit einer *Geschichte der europäischen Geselligkeit,* die es auf sechs Bände brachte, und als Mitarbeiter einer *Sittengeschichte des Intimen: Bett – Korsett – Hemd – Hose – Bad – Abtritt. Die Geschichte und Entwicklung der intimen Gebrauchsgegenstände* sowie mit einer *Ästhetik der Krawatte.* Außerdem hat Gleichen unermüdlich aus dem Lateinischen, Griechischen und Französischen übersetzt. Ein bibliographisches Handbuch führt 114 Titel von ihm auf. Zuletzt, als 1937 die Lichter in Europa ausgingen, konnte er noch ein esoterisch angehauchtes Werk *Von der Heilsehnsucht der Jahrhunderte* vorlegen.

Zuvor hatten seine Schriften viele Auflagen erlebt, doch die Tantiemen haben nie ausgereicht. In den Medien machte er nur ein einziges Mal Schlagzeilen. Als der »Mäusebaron« ist er ihnen in höhnischer Erinnerung geblieben.

Das ging so zu: Nach dem Ersten Weltkrieg hatte er ein Hotel am Bodensee erworben, weil er dachte, mit dem Tourismus ließe sich Geld verdienen. Um eine drohende Pleite abzuwenden, kam er 1925 auf eine eigentümliche Idee.

Einem Juwelier kündigte er eine Kette aus 234 Zuchtperlen an. Die Postsendung versicherte er zum Wert von 65 000 Mark. Als das Paket ankam, fand der Empfänger darin nur eine tote Maus. Gleichen-Rußwurm zeigte den Gewichtsverlust an und verlangte eine Entschädigung. Vier Jahre später wurde er wegen Versicherungsbetrugs vor Gericht gestellt. Hatte er wirklich mit der Maus ein Stück Käse eingepackt, in der Hoffnung, sie möge es verspeisen?

Der Baron wies diesen Vorwurf entschieden zurück. Sein Verteidiger machte zu seinen Gunsten geltend, daß sein Geisteszustand angegriffen war und daß sein Mandant an Halluzinationen leide. Auch seine Selbstmordpläne wurden angeführt. Verschiedene Gutachter attestierten ihm eine psychische Störung, andere glaubten an eine »Flucht in die Krankheit nach der begangenen Tat«. Das Gericht verurteilte den armen Mann zu einer Geldstrafe von 10 000 Mark.

Aber wer dachte, Gleichen-Rußwurm ließe sich von dieser Affäre beirren, der kannte ihn schlecht. Seine literarische Tätigkeit setzte er unvermindert fort. 1938 wurde er aus seinem Schlößchen vertrieben, weil das Gelände, das übrigens heute der Bundeswehr gehört, einem Truppenübungsplatz weichen mußte.

Das Ehepaar zog nach Baden-Baden, wo Gerhart Hauptmann und Otto Flake bei ihnen ein und aus gingen. Auch Thomas Mann hat seines Kollegen im *Doktor Faustus* gedacht; in diesem Roman taucht er mehrmals unter vollem Namen auf. Mann hat ihn ganz in der Manier von Felix Krull dargestellt und als geistig gestörten Salonlöwen gezeichnet.

Alexander von Gleichen-Rußwurm war der allerletzte Nachfahr Schillers. Obwohl er nie genug Geld in der Tasche hatte, stifteten seine Frau und er alles, was an den Klassiker erinnerte, den Sammlungen und Museen in Weimar, Marbach und Würzburg. Nach dem Krieg lebte er noch zwei Jahre in Baden-Baden. Dort ist der alte Herr nach dem Krieg verarmt und vergessen gestorben.

VI

Der Lebensweg Alexei Maximowitsch Peschkows – so hieß er wirklich – läßt sich am besten mit einer Zickzacklinie nachzeichnen, die sich gegen Ende zerfasert und erlischt.

Als Kind hatte Maxim Gorki es schwer. Der Vater, ein Tischler, schlug ihn. Er starb früh, und die Mutter folgte ihm bald. Mit zehn Jahren war der dickköpfige, gedrungene Junge eine Waise und mußte als Lumpensammler, Vogelhändler und Nachtwächter arbeiten, um sich satt zu essen. Eine Schule und eine Universität konnte er nicht besuchen. Seine Kenntnisse erwarb er als Autodidakt. Nach einem Selbstmordversuch ging er auf Wanderschaft und kam zu Fuß bis nach Tiflis. Über seine ersten Kontakte mit jungen Revolutionären legte die Polizei ein Dossier an, das seine Überwachung bezeugt. Er las und schrieb fieberhaft.

1892 gelang ihm die erste Veröffentlichung in einem Provinzblatt. Diese Erzählung signierte er mit dem Pseudonym Gorki, das heißt auf russisch »der Bittere« und erklärt sich selbst. Er zog nach Samara und wurde Redakteur. Er heiratete, doch die Ehe scheiterte nach sechs Jahren. Sein erster Erfolg kam

1894 mit *Tschelkasch*, einer Barfüßer-Geschichte, deren Held ein Dieb und Säufer ist.

Seitdem konnte er von der Schriftstellerei leben. Er freundete sich mit Tschechow und Bunin an und begann, Theaterstücke zu schreiben, die nicht totzukriegen sind und nach wie vor durch die Spielpläne geistern. Sie handeln von Kleinbürgern, Sommergästen und Barbaren. Auch Verfilmungen blieben nicht aus. *Die Mutter* und das *Nachtasyl* galten in Rußland als Klassiker und Musterstücke des sozialistischen Realismus.

Nach dem Petersburger »Blutsonntag« von 1905 wurde er festgenommen, kam aber nach lautstarken Protesten bald wieder frei. Er lernte Lenin kennen und ging nach Frankreich und in die Vereinigten Staaten ins Exil. Sein nächstes Ziel war Capri, wo er eine Schule für revolutionäre Propaganda gründete. Viele Russen pilgerten dorthin. Nach einer Amnestie kehrte er als berühmter Mann zurück. Er stritt sich mit Lenin, dessen Atheismus er ablehnte. Zu einem neuen Zwist kam es nach der Revolution. Gorki fürchtete die Diktatur des Proletariats und polemisierte gegen die *Prawda*, das bolschewistische Parteiorgan. Lenin witterte eine Verschwörung, wollte ihn loswerden und schob ihn in ein deutsches Sanatorium ab. Gorki zog nach Berlin, nach Usedom, wo er *Meine Universitäten* verfaßte, nach Marienbad und nach Sorrent in das Italien Mussolinis. Finanziert hat ihn offenbar die sowjetische Handelsmission in Berlin. Dort hatte sich auch die Tscheka eingenistet. Nach Lenins Tod blieb Gorki in Italien und schrieb Erinnerungen an diesen »geliebten Menschen« auf.

1927 wurde er in der Sowjetunion wie der verlorene Sohn empfangen: Lenin-Orden, Mitgliedschaft im Zentralkomitee, Feiern zu seinem 60. Geburtstag. Nicht nur ein Theater und ein Institut wurden nach ihm benannt, sondern auch die Twerskaja, eine zentrale Straße in Moskau, und seine Geburtsstadt Nischni Nowgorod. (Beide Umtaufen wurden 1990 rückgängig gemacht.)

Er bereute seine Skepsis von 1917 und pries die Umerziehung der Häftlinge. Die Zwangsarbeit hielt er für eine Errungenschaft. Sicherheitshalber überwachte ihn die Geheimpolizei. Klaus Mann, der ihn 1934 besuchen konnte, wunderte sich: »Der Dichter, der die extreme Armut, das düsterste Elend gekannt und geschildert hatte, residierte in fürstlichem Luxus; die Damen seiner Familie empfingen uns in Pariser Toiletten; das Mahl an seinem Tisch war von asiatischer Üppigkeit ... Dann gab es sehr viel Wodka und Kaviar.« Ein Jahr vor seinem Tod stürzte das größte Zivilflugzeug der Sowjetunion ab. Darin kann man ein fatales Omen sehen, denn die Maschine trug seinen Namen. Es ist schwer zu sagen, wie Gorki gestorben ist. Seine Gesundheit war angegriffen. Zwei Jahre nach seinem Tod wurde der ehemalige NKWD-Chef und Henker Jagoda in einem Schauprozeß beschuldigt, er habe Gorkis Ableben durch einen medizinischen Kunstfehler verursacht. Auch der Sekretär des Schriftstellers und zwei seiner Ärzte wurden mit dieser Begründung verurteilt und erschossen. Wahrscheinlich waren all diese Anklagen, so wie es in Moskau üblich war, schlicht und einfach erfunden. Fest steht nur, daß Gorkis Urne bis heute an der Kreml-Mauer ruht.

VII

Damals, zwei Jahre nach dem Zweiten Weltkrieg, war er schon eine sagenhafte Figur. Im Sommer 1947 trat André Gide in München, einer zertrümmerten Stadt, neben Carl Zuckmayer und Erich Kästner auf die Bühne. Mit 78 Jahren wirkte er sonderbarerweise ganz und gar nicht wie ein Greis. Ein paar hundert verblüfften Deutschen in abgerissenen Kleidern sprach er Mut zu. Wir jungen Leute sollten uns nicht von der Geschichte einschüchtern lassen, sagte er; es hinge ganz von uns ab, ob Europa sich von den Verwüstungen erhole, die es sich selbst zugefügt hatte. »Ich glaube an den Wert der kleinen Zahl«, rief er uns zu, und: »Inmitten der Ruinen ist die Freude das Wichtigste.«

Ich weiß nicht mehr, wie ich zu der Einladung zu diesem Jugendtreffen gekommen bin. Aber Gide war der erste ausländische Schriftsteller, der die Hand zu den *boches* ausstreckte, und seine Haltung hat mich damals sehr beeindruckt. Ich merkte, daß er nicht nur ein berühmter Mann, sondern auch ein Verführer war, der behauptete, daß unser Leben durchaus kein bloßes Jammertal sei.

Später, als ich seine Bücher las, begriff ich, was er meinte. Als er tief im 19. Jahrhundert in der Kleinstadt Uzès unweit von Nîmes geboren wurde, gab es zwar Geld genug in der Familie, aber als sein Vater starb, war er ganz seiner strengen Mutter ausgeliefert, einer Calvinistin, die ihn mit ihrem Puritanismus plagte und ihm alle möglichen Sünden auszutreiben suchte. Er hat der Mama sogar den Tort angetan, zu heiraten. Nicht im Traum dachte er daran, sich auf ein seriöses Studium oder gar auf einen Brotberuf einzulassen. In Paris geriet er in das Milieu der sogenannten Symbolisten, traf Leute wie Oscar Wilde und Stéphane Mallarmé, schrieb Gedichte und Erzählungen und konnte endlich seinen bisexuellen Neigungen freien Lauf lassen. Alle seine Veröffentlichungen bis 1909 mußte er selbst finanzieren. Erst mit der Erzählung *Der Immoralist* und mit der Gründung der *Nouvelle Revue Française*, die in Paris jahrzehntelang den Ton angab, stellten sich erste Erfolge ein. Die Kirche hat ihm dadurch geschmeichelt, daß sie nicht nur Gides berühmtesten Roman, *Die Verliese des Vatikans*, sondern 1952 alle seine Werke auf den Index setzte.

In den beiden Weltkriegen vermied er es, zu schießen oder erschossen zu werden. Aber ansonsten hat er sich kräftig eingemischt, und das nicht nur, indem er Flüchtlingen und Verfolgten beistand, sondern durch seine aufsehenerregenden Angriffe auf die koloniale Ausbeutung Afrikas. Ein oder zwei Jahre lang hat er sogar mit dem Kommunismus geflirtet; aber sobald er die Sowjetunion selbst in Augenschein nahm, verlor er die Lust an ihren Verheißungen und galt fortan bei der Linken als Ketzer.

1939 zog er sich sogleich vor der deutschen Okkupation zurück, zuerst nach Südfrankreich und dann nach Tunis, ein Exil, in dem es ihm gefiel. Der Nobelpreis hat ihn, kurz nach seinem charmanten Auftritt in München, im Herbst 1947 eingeholt. Ein paar Jahre später ist er zu Hause im Bett gestorben.

VIII

Gegen diesen Mann hatte niemand etwas, außer der Riege, die sich jedesmal am 9. Mai auf dem Lenin-Mausoleum zur Schau stellte, um eine Siegesparade abzunehmen. Aber Millionen von Lesern verstanden und liebten Iwan Bunin. Selbst unter Schriftstellern gibt es etliche, denen man schwere Sünden kaum vorwerfen kann. So einer war Anton Tschechow, und ich glaube, auch Bunin gehörte zu diesen seltenen Vögeln. Wie kommt es dann, daß er die Sowjetunion und die Herrschaft der Nationalsozialisten überlebt hat, ohne eingesperrt oder erschossen zu werden? Lag es daran, daß Bunin die Tribüne stets gemieden hat? Dröhnende Reden zu halten und sich an Ideologien zu klammern lag ihm nicht. Die literarischen Moden waren ihm egal, und die Avantgarden seiner Zeit, ob sie nun Futurismus, Dada oder Proletkult hießen, ließ er links liegen. Er wollte lieber an seiner Prosa arbeiten und das Publikum mit seinen Geschichten bezaubern.

Seine frühen Dorferzählungen neigten zur Idylle und boten ein lyrisch geschöntes Bild vom Landleben. Erst nach 1920, als er nach Frankreich emigrieren mußte, fand seine Prosa zu einer federnden, rücksichtslosen Kraft, und seine Geschichten wurden immer abgründiger. Fern von den Illusionen des Symbolismus, sprechen sie von Chaos, Melancholie, Begierde und Wahnsinn. Als Kosmopolit wider Willen kannte er die Côte d'Azur und das algerische Constantine so gut wie die sommerlichen Boulevards von Moskau und die Absteigen und Gerichtssäle von Sankt Petersburg. Kleinstädte am Ende der Welt, dunkle Alleen, kaukasische Kurorte sind die Schauplätze der plötzlichen Leidenschaften und der unerklärlichen Verbrechen, von denen er erzählt. Und immer wieder findet sich der Leser an Bord eines Schiffes, eines Wolga-Dampfers, der träge dahingleitet, in einer Luxuskabine auf der Fahrt zur Krim oder mitten im Bürgerkrieg auf einer Arche Noah voller verzweifelter Flüchtlinge. Auch nach ein paar Menschenaltern wirken seine Erzählungen sonderbar frisch. Das liegt wahrscheinlich daran, daß sie vom Wichtigsten im Leben, vom Unvorhergesehenen, handeln. Stilistisch war er Dostojewski, dessen »verschrobene« Gestalten und »anspruchslose Schwätzer mit ihren verrückten Ideen« er nicht ausstehen konnte, weit überlegen, und das wußte er ganz genau.

Die Photographien, die es von ihm gibt, verraten wenig. Zu sehen ist darauf ein eleganter, magerer Herr, der ernst in die Kamera blickt. Die adlige Herkunft war ihm gleichgültig. Seinem diskreten Auftritt ist ein Anflug von Schwermut anzumerken. Ein Hang zum Pessimismus ist unverkennbar. Daß er es im Leben nicht leicht hatte, beweisen allein schon die folgenden Einträge im biographischen Lexikon:

Iwan Alexejewitsch Bunin kam 1870 in Woronesch zur Welt und starb 1953 in Paris. Sein Vater war ein verarmter Offizier aus dem Kleinadel, der zuviel trank und verschwenderisch mit dem Geld umging, obwohl er neun Kinder hatte, von denen nur vier überlebten. Die Familie wohnte an einem abgelegenen Ort. Seine Kindheit auf dem Dorf, sagt er, war »von trauriger und eigentümlicher Poesie«.

Er haßte das Gymnasium und wollte lieber auf eigene Faust zu Hause lesen, schreiben und Fremdsprachen lernen. Zu einem Studium an der Universität hat es nicht gereicht. Bunin mußte sich als Bibliothekar, Statistiker und schlechtbezahlter Redakteur durchschlagen. Zwei gescheiterte Ehen, der Verlust eines Sohnes und viele komplizierte Liebesgeschichten haben ihn nie lange vom Schreiben abgehalten. Um die Jahrhundertwende konnte er in Moskau seine ersten Erfolge feiern, verdiente Geld und konnte ausgedehnte Reisen unternehmen. Den Winter verbrachte er auf Capri, wo sich die russischen Urlauber tummelten.

Leider kam der Erste Weltkrieg dazwischen. »Ich war Zeitgenosse von Kretins, deren Namen in die Weltgeschichte eingegangen sind – jener ›großen Genies‹, die ganze Reiche zerstört und Millionen von Menschenleben vernichtet haben.«

Die russische Revolution betrachtete er als Katastrophe. Er beschreibt sie in einem Tagebuch aus den Jahren 1918-1919, das *Verfluchte Tage* heißt. Als Odessa 1920 im Bürgerkrieg an die Bolschewiki fiel, schiffte er sich auf der ›Dmitry‹, einem der letzten Dampfer, nach Konstantinopel ein. Sein Heimatland hat er nie wieder betreten.

Fortan hauste er als Staatenloser im französischen Exil, zuerst in Paris und dann in der Provence. Ein Besucher berichtet: »Sie hatten nur ihre Kleider, Bettwäsche und ein paar englische Lederkoffer, deren bunte Hotel-Etiketten von komfortableren Aufenthalten erzählten.«

Als ihm 1933 der Nobelpreis verliehen wurde, erschrak er: »Mein Herz preßte sich vor Wehmut zusammen.« Die sowjetische Presse erklärte die Stockholmer Entscheidung mit den Umtrieben des Imperialismus. Daß seine Werke aus den sowjetischen Buchläden verschwunden waren, versteht sich.

Als Hitler den Zweiten Weltkrieg vom Zaun brach, zog sich Bunin ganz in sein Haus hoch über Grasse im Hinterland von Cannes zurück. Das lag bis Ende 1942 in der »freien Zone«, bis dann die Wehrmacht einmarschierte. Mit der Kollaboration wollte er nichts zu tun haben. Im Gegenteil: Er beherbergte in seiner ›Villa Jeanette‹ illegale Flüchtlinge. Einen gewissen Schutz gab ihm ein Nansenpaß, den amerikanische Freunde ihm verschafft hatten. Es war ein armes und gefährliches Leben. Aber Krieg hin oder her – Bunin schloß sich in sein Arbeitszimmer ein, weil er unbedingt seinen Erzählungszyklus *Dunkle Alleen* fertigstellen und ein Dutzend anderer Geschichten schreiben wollte, obschon seiner Familie immer wieder das Geld ausging. Nach der Befreiung kehrte die Familie nach Paris zurück. Bunin lebte noch acht Jahre weiter, krank und ohne Illusionen über die Zukunft Rußlands. Es heißt aber, er sei ruhig und ohne Kampf im Bett gestorben.

Erst 1965-1967 konnte in Moskau eine erste russische Gesamtausgabe seiner Werke erscheinen, nachdem die Partei, vor der er geflohen war, ihn »rehabilitiert« hatte. Heute gilt er neben Nabokov als der bedeutendste Autor der russischen Emigration.

IX

Sie kam 1870, kurz vor dem Deutsch-Französischen Krieg, in München zur Welt. Ihr Vater Max war vielleicht ein Halbbruder des bayerischen Märchenkönigs Ludwig und der illegitime Sohn einer Kammerzofe; aber Genaues weiß man nicht. Annette Kolbs Vater war Chef der Pariser Gärtner und wirkte mit an der Gestaltung des Bois de Boulogne. Dann wurde er Leiter des Botanischen Gartens in München. Auch Annettes Mutter Sophie war nicht ohne; sie wurde als Konzertpianistin und Schülerin von Jacques Offenbach hochgeschätzt.

Annette Kolb wuchs also in München auf. Im Salon der Eltern, wo fast nur französisch gesprochen wurde, verkehrten neben Mitgliedern der Münchener Hofgesellschaft allerhand Diplomaten und Künstler. Die Schuljahre mußte sie in einem Tiroler Kloster zubringen, wo es ihr ganz und gar nicht gefiel. Sie fand es amüsanter, selber etwas zu schreiben. 1899 gab sie ihr erstes Buch, *Kurze Aufsätze*, zum Druck und bezahlte die Kosten aus eigener Tasche.

Im Ersten Weltkrieg trat sie derart entschieden für den Frieden mit Frankreich ein, daß es bei einer Veranstaltung zu einem

Tumult kam. Sie wunderte sich, daß »zehntausend hetzerische Journalisten« sie angriffen und daß das Münchener Kriegsministerium »wegen pazifistischer Umtriebe« eine Brief- und Reisesperre über sie verhängte. Immerhin hat sich Walther Rathenau für sie eingesetzt, so daß sie 1917 in die Schweiz auswandern konnte. In Bern freundete sie sich mit Romain Rolland und René Schickele an. Deutsche wie französische Geheimdienste hielten sie für eine Spionin. 1919 nahm sie an einem internationalen Arbeiter- und Sozialistenkongreß teil. Nach dem Krieg kehrte sie nach Deutschland zurück und begann, eine Rolle im Literaturbetrieb zu spielen. Schon 1913 war sie mit ihrem ersten Roman, *Das Exemplar*, erfolgreich gewesen und mit dem Fontane-Preis ausgezeichnet worden. Rilke hat sie sehr bewundert.

Ihre Romane sind verhüllte Autobiographien. Sie schildern eine Welt, die nach dem verheerenden Krieg nicht mehr existierte. Die Titelheldin von *Daphnes Herbst* zum Beispiel ist die Tochter eines bayerischen Standesherrn und einer Wiener Geigerin, die durch die Intrigen einer mißgünstigen Umgebung früh zugrunde geht. *Die Schaukel*, ein späteres Werk, in dem sie das Fluidum ihres Elternhauses einfängt, erzählt von einer Familie, die ein Leben zwischen Luxus, Lebenslust und angstvollen Ahnungen führt.

Aber ihre Leidenschaft galt nicht allein der Literatur, sondern auch der Politik, die ihr weit mehr Enttäuschungen bereitete als das Schreiben. Ihre Mission führte sie von ihrem Wohnsitz Badenweiler aus auf Reisen durch ganz Europa. In *Zarastro. Westliche Tage* (1921) träumte sie von einer dauerhaften Versöhnung zwischen den Erzfeinden Deutschland und Frankreich. 1929 publizierte sie ihren *Versuch über Briand*, den französischen Staatsmann und Träger des Friedensnobelpreises. In ihrem *Beschwerdebuch* von 1932 zog sie eine Bilanz ihres politischen Scheiterns.

1933 floh sie über die Schweiz und Luxemburg nach Paris. Das war ihr endgültiger Bruch mit dem nationalsozialistischen Deutschland. Erstaunlich kommt einem vor, daß sie ein Jahr später noch ein letztes Buch in Deutschland veröffentlichen konnte: *Die Schaukel. Eine Jugend in München*. Doch schon in der dritten Auflage sah sich der S. Fischer Verlag gezwungen, einen Satz zu streichen. »Wir sind heute eine kleine Schar von Christen, die sich ihrer Dankesschuld dem Judentum gegenüber bewußt« bleiben: für die Zensur des Propagandaministers war das eine Provokation.

Bald darauf nahm Annette Kolb die französische Staatsbürgerschaft an. Natürlich war sie auch in Sanary-sur-Mer mit dabei, einem Ort an der Riviera, wo sich mit der Familie Mann, mit Brecht, Joseph Roth, Feuchtwanger, Werfel und vielen anderen eine literarische Exilgemeinde angesiedelt hatte. Diese Idylle dauerte nicht lange. Nach der deutschen Invasion führte ihre nächste Flucht Annette Kolb über die Schweiz und Lissabon nach New York.

Als der Krieg zu Ende war, kehrte sie nach Europa zurück und lebte hochgeehrt in Paris und München. 1960 gab sie mit *Memento. Erinnerungen an die Emigration* Auskunft über die Jahre des Exils. Die Spaltung ihres Lebens in eine französische und eine deutsche Hälfte hat sie nie als Verhängnis, sondern immer als Vorzug empfunden. Ob da auch eine Spur von Hochmut mitgespielt hat? Wenn das so wäre, dann hätte sie das mit ihrem Charme, ihrer Selbstironie und ihrer tadellosen Haltung mehr als wettgemacht.

Annette Kolb war nie verheiratet. Sie starb 1967 mit 97 Jahren. Ihr Grab kann man auf dem kleinen Bogenhauser Friedhof in München besuchen.

X

Ihr Lebenslauf wirkt fast wie eine Karikatur dessen, was sich viele Amerikaner, Briten und Deutsche unter einer Pariserin vorstellen: *Oh là là! Belle Époque!* Dutzende von skandalösen Liebesgeschichten! Verlockende Dekadenz! Alles, was anderen verboten war!

Solchen Klischees aus dem Katalog des Puritanismus scheint Sidonie-Gabrielle Claudine Colette zu entsprechen, ein Dorfmädchen aus der burgundischen Provinz, das nie ein Lyzeum von innen gesehen hat, aber viele Bücher las. Eine unglückliche Kindheit hatte sie nicht zu beklagen. Ihre Mutter, genannt Sido, hatte Vorfahren auf den Antillen, war Feministin und hatte mit der Religion nichts im Sinn.

Mit sechzehn fuhr Colette nach Paris. Dort lernte sie einen doppelt so alten Herrn kennen, der sich bereits unter dem Namen Willy als Schürzenjäger und Verfasser von Trivialromanen einen Namen gemacht hatte. Er betrog sie nicht nur, er steckte sie mit der Syphilis an, beutete sie aus und stahl ihr die Urheberrechte an ihrer ersten Romanserie, deren Hauptfigur Claudine heißt. Colette brach mit ihm und nahm ihren

Erfolg selbst in die Hand. Von nun an forderte sie ihre Wollust als Frau ein, bekannte sich zu ihrer Bisexualität, trat als Varietétänzerin auf, heiratete wieder, ließ sich betrügen und betrog, wurde Journalistin und schrieb ihr nächstes Buch, das Marcel Proust so beeindruckt hat, daß er vor Rührung weinte.

Die Energie dieser Frau war unbegreiflich. Affären, Scheidungen, Verfilmungen, ein Skandal nach dem anderen. Ihr berühmtestes Buch, *Chéri*, machte sie reich. Sie bearbeitete es fürs Theater und trat selbst in der Hauptrolle auf. Ihre dritte Ehe, mit einem jüdischen Mann, war die einzig glückliche. Doch seit 1939 litt sie an einer schweren Arthrose, die sie zeitweise ans Bett fesselte. Unter der deutschen Okkupation blieb sie unbehelligt. Es gelang ihr sogar, ihren Mann aus der Haft zu befreien und dafür zu sorgen, daß er untertauchen konnte und überlebte.

Nach dem Krieg erschien eine Gesamtausgabe ihrer Werke, sie wurde zum *Grand Officier* der Ehrenlegion ernannt, und als sie mit über 80 Jahren starb, gab es ein feierliches Staatsbegräbnis.

XI

Schwer zu sagen, wie sie es geschafft hat, damals, vor dem Zweiten Weltkrieg, zu einer Ikone der europäischen und der amerikanischen Avantgarde zu werden. An ihrer Familie kann das nicht gelegen haben. Sie war jüdisch, kam aus Deutschland und, wie sie oft betonte, aus einem bürgerlichen und hoch achtbaren Haus. So konnte Gertrude Stein am Radcliffe College in Cambridge und in Baltimore Philosophie, Biologie und sogar ein bißchen Medizin studieren. Ihr erstes Buch veröffentlichte sie 1909, auf eigene Kosten, da kein Verlag es haben wollte. Die Lektorin fand es zu »experimentell«, weil die Autorin die Wiederholung liebte und fähig war, ganz ohne Komma, Gedankenstrich, Semikolon und Doppelpunkt auszukommen.

Eines Tages ging sie mit ihrem Bruder Leo, einem Kunstsammler und Kritiker, nach Paris und eröffnete 1903 einen Salon in der Rue de Fleurus, zu dem sie Picasso, Matisse und Braque einlud. Damals, als deren Werke noch für ein Butterbrot zu haben waren, kaufte sie ihre Bilder. Auch die Dichter kamen: Guillaume Apollinaire, Alfred Jarry, der Erfinder des *Ubu Roi* und der Pataphysik, und Max Jacob.

Sie schrieb viel. Der Bedeutung ihrer zahlreichen Gedichte, Stücke und Prosaarbeiten war sie ganz sicher:»Denken Sie an die Bibel und Homer«, sagte sie,»denken Sie an Shakespeare und denken Sie an mich.« Erst als sie einen Bund mit ihrer Liebesgefährtin Alice B. Toklas einging, die ihr als Sekretärin, Köchin und Muse diente, ließ sie sich zu einem Stil herab, den das Publikum mochte, und erreichte 1933 mit einer fiktiven »Autobiographie« ihrer Freundin, daß ihr Name in den USA sprichwörtlich für die allerneueste Moderne wurde.

Von denen, die sie kannten, haben sich die meisten ihrer Herrschsucht und ihrer Megalomanie gefügt. Das ist wunderbar, denn sie war keine Schönheit, sondern fett und massiv. Von ihrer eigenen Genialität war sie derart überzeugt, daß auch bedeutende und selbstbewußte Künstler anfingen, ihr zu glauben. Das allein war schon eine beachtliche Leistung. Ihr Bruder aber verließ die gemeinsame Wohnung, als er es nicht mehr mit ihr aushielt, weil er ihren Größenwahn für manisch hielt. Sie reagierte auf seine Briefe nicht mehr und hat sich nie mit ihm ausgesöhnt.

Gertrude Stein mied Kriege. So hielt sie es auch im Ersten Weltkrieg. Über ein Jahr brachte sie von 1915 an mit ihrer Alice in Palma de Mallorca zu. Später, nach dem Waffenstillstand, erschienen in ihrem Salon neue Besucher wie Ernest Hemingway, John Dos Passos, Ezra Pound und T. S. Eliot. Auch Scott Fitzgerald und Jean Cocteau stießen zu ihrem Kreis von Eingeweihten.

Das ging nicht immer gut. Tristan Tzara, der auch dabei war, nahm Anstoß an ihren Lügen und an ihrem »größenwahnsinnigen Egoismus«, obwohl er selbst nicht frei von solchen Regungen war. Hemingway sandte ihr ein Buch mit der Widmung »a bitch is a bitch is a bitch«, zur Erinnerung an ihre berühmteste Verszeile,»a rose is a rose is a rose«. Ihr Freund Georges Braque erklärte:»Mlle. Stein hat nichts von dem verstanden, was hier passiert. Sie war und blieb eine Touristin.«

Sie muß William Carlos Williams, einen Dichter ersten Ranges, für einen Provinzler gehalten haben; denn als er ihr riet, mißratene Manuskripte in den Ofen zu stecken, antwortete sie ihm:»Das Schreiben ist eben nicht Ihr Metier.« Sie zweifelte nicht daran, daß ihr 1000seitiger Roman *The Making of Americans* neben dem *Ulysses* von Joyce und neben Prousts *Recherche* zu den bedeutendsten Werken des Jahrhunderts gehört. Edmund Wilson war nicht ganz ihrer Meinung. »Ich habe es nicht vollständig gelesen und weiß nicht, ob das überhaupt möglich ist. Bei Sätzen, die so maßlos ausgewalzt sind und so viele Male wiederholt werden, wird der Leser einfach einschlafen.« Politisch war sie unzurechnungsfähig. 1934 soll sie gesagt haben:»Hitler sollte den Friedensnobelpreis bekommen, weil er Deutschland von allen strittigen Elementen befreit hat. Indem er die Juden, die Demokraten und die Linken vertreibt, macht er dieses Land handlungsunfähig und sorgt für Frieden.« Später erklärte sie, das sei ironisch gemeint gewesen.

Der Ausbruch des Zweiten Weltkriegs überraschte Stein und Toklas in ihrem Ferienhaus unweit von Aix-les-Bains und der Schweizer Grenze. Dort übersetzte sie Reden von Marschall Pétain, den sie für einen mutigen Politiker hielt. Er wolle doch nur Frankreich retten und werde zu Unrecht von den Amerikanern gemobbt. Erst 1942 ließ ihre Begeisterung nach. Über den Mord an den europäischen Juden äußerte sie sich nicht. Die deutsche Okkupation hat sie unbehelligt in Culoz, einer Ortschaft nahe der Schweizer Grenze, überstanden. Dafür sorgte ihr Freund und Übersetzer Bernard Faÿ, ein Antisemit, der gute Beziehungen zur Vichy-Regierung und zur Gestapo hatte. (Nach dem Krieg wurde er als Kollaborateur zu lebenslänglicher Haft verurteilt. 1951 konnte er – angeblich mit finanzieller Unterstützung durch Alice Toklas – in die Schweiz fliehen.) Im Dezember 1944 kehrte das Paar nach Paris zurück.

Picasso äußerte sich dem amerikanischen Journalisten James Lord gegenüber überraschend deutlich:»Gertrude war eine Faschistin. Sie hatte schon immer eine Schwäche für Franco, und für Pétain hat sie eine Rede geschrieben.« Stein starb am 27. Juli 1946 in Paris an Magenkrebs. Ihr Grab befindet sich auf dem Friedhof Père Lachaise. Die treue, bescheidene Toklas hat ihre Partnerin um mehr als 20 Jahre überlebt. Sie wurde im Grab von Gertrude Stein beigesetzt. Ihr Name steht auf der Rückseite des Grabmals.

XII

Sein Vater war ein wohlhabender jüdischer Kaufmann. In Königsberg geboren, zeigte er sich als junger Mann überaus wissensdurstig; er studierte alles mögliche: Theologie, klassische Philologie, Archäologie, Germanistik und Ägyptologie. Seine Dissertation hat Rudolf Borchardt immer wieder angekündigt, aber wahrscheinlich keine einzige Seite niedergeschrieben. Auf eine akademische Karriere wollte er sich nicht einlassen. Als sein Vater erfuhr, daß er die Universität ohne Abschluß verließ, strich er ihm die gewohnte Apanage, eine Entscheidung, die ihn verstörte. Im Ersten Weltkrieg meldete er sich freiwillig und arbeitete im Generalstab.

Ich gebe zu, daß ich ihn ungern kennengelernt hätte. Er war rechthaberisch und hochfahrend. Seine wenigen Freunde hatten es schwer mit ihm. Sie fürchteten seine langen Monologe, die er mit dröhnender Stimme hielt, und seine hilflose Selbstüberschätzung ging ihnen auf die Nerven. Für eine Notlüge war er immer gut. Auch vor Fälschungen schreckte er nicht zurück. Mit Hugo von Hofmannsthal und Stefan George, für die er schwärmte, geriet er bald aneinander. Sogar mit dem harmlosen Rudolf Alexander Schröder fing er einen Streit an.

Für die Moderne hatte Borchardt nie viel übrig. Er zog es vor, sich an den *Ewigen Vorrat deutscher Poesie* zu halten. Seine Ansprüche an sich und andere waren so hoch, daß sie nie und nimmer eingelöst werden konnten. Zwanzig Jahre lang hat ihn der Ehrgeiz gequält, die endgültige Übersetzung von Dantes *Divina commedia* zu erschaffen und Stefan George damit in den Schatten zu stellen. Seine Version schrieb er in einem altertümlichen Deutsch, das er sich selber ausgedacht hatte. Das konnte nicht gutgehen. Kurt Flasch, einer der besten deutschen Dante-Kenner, findet sie schlicht »unlesbar«.

Seine politischen Äußerungen, denke ich, sollte man mit dem Mantel der säkularen Nächstenliebe zudecken. Die rabiaten Propagandabroschüren aus dem Ersten Weltkrieg, die tiefe Abneigung gegen jede demokratische Regung, die Verehrung für Mussolini, das alles mag Leute stören, die ihm in einer eigenen Borchardt-Gesellschaft huldigen, ist aber am besten aufgehoben im ideologischen Müll der Vergangenheit.

Seine Phantasien von einer »Restauration deutscher Kulturtotalität« fanden 1933 ein unrühmliches und jähes Ende. Fast die ganzen nächsten zwölf Jahre brachte er in der Toscana zu, einem Exil, das ihm zusagte. Die italienische Villa schien ihm die einzig angemessene Residenz zu sein. Die größte und schönste, die er fand, diente ihm fortan als Zufluchtsort.

Dort, in der Nähe von Lucca, hat er sein gelungenstes und glücklichstes Buch geschrieben, das erst lange nach seinem Tod erschienen ist. Es heißt *Der leidenschaftliche Gärtner*. Dieser Titel drückt aus, daß ihn das Pflanzenreich begeisterte. Von verstiegener und hochtrabender Prosa findet sich in diesem Werk keine Spur mehr. Der Gärtner »schützte, deckte, überwinterte, terrassierte, säte unermüdlich wieder und wieder, machte schweren Boden leicht, leichten schwer, bis er sah und pflückte, was ihm vorschwebte.« Das war für Borchardt ein ganz neuer Ton, einer, der nicht weit von Demut entfernt war.

Seine Freiheit nahm im Spätsommer 1944 ein Ende. Wer hat ihn denunziert? Hat ihn und seine Frau die Wehrmacht verhaftet, oder war es die SS? Wer wollte ihn zuletzt noch »heim ins Reich« befördern? Wer hat ihn nach Innsbruck abgeführt? Stimmt es, daß seine Bewacher plötzlich verschwunden waren? Wie dem auch sei, am 10. Januar 1945 ist er an Herzversagen in einem überfüllten Tiroler Berghotel nicht weit vom Brenner gestorben.

Sein gründlicher Biograph Peter Sprengel führte ihn als »windigen Hochstapler und wendigen Liebhaber vor, der andere Menschen« belog, benutzte und beschädigte und sich selbst »um Vertrauen und Erfolg« brachte. Nur weil er als »Halbjude« die langen Jahre des Schreckens in Italien überwintern konnte, gehört er in diese Vignettensammlung.

XIII

Was andere ein geordnetes Familienleben nennen, hat er nie gekannt. Sein Vater verschwindet in Amerika. Die Ehe der Eltern scheitert. Als Alfred Döblin heiratet, ist er mit seiner Frau Erna nicht glücklich, sowenig wie sie, mit der er vier Söhne hat. Sie hält es bis zuletzt bei ihm aus, obwohl er sich mit anderen Frauen tröstet. Einer seiner Söhne wird sich 1940 umbringen, weil er auf keinen Fall den Deutschen in die Hände fallen will.

Der Nervenarzt Dr. D. gab 1928 über den Dichter D. das folgende Urteil ab: »Ich muß gestehen, ich werde aus dem Mann nicht klug, politisch und allgemein. Manchmal scheint es mir, er steht bestimmt links, sogar sehr links, etwa links hoch zwei, dann wieder spricht er Sätze, die entweder unbedacht sind, was bei einem Mann seines Alters durchaus unzulässig ist, oder er tut so, als stünde er über den Parteien.«

Döblins Leser wußten es auch nicht besser. Was hatte die *Ermordung einer Butterblume* mit dem *Deutschen Maskenball* gemein? Wie lassen sich die *Beiden Freundinnen und ihr Giftmord* mit der *Jüdischen Erneuerung* vereinbaren, die *Drei Sprünge des*

Wang-lun mit dem *November* 1918? Allein mit seinem erfolgreichsten Buch, *Berlin Alexanderplatz*, das nicht zuletzt im Film überlebt hat und heute noch viel gelesen wird, ist dieser proteische Schriftsteller nicht zu fassen.

Das Abitur schaffte er mit Ach und Krach. »Sein Betragen war entsetzlich«, sagten die Lehrer. Mit einer Dissertation über eine Alkoholpsychose wurde er 1905 promoviert. Jahrelang hat er sich »in Irrenhäusern herumgetrieben«. Er schrieb einen Aufsatz mit dem fatalen Titel *Zur perniziös verlaufenden Melancholie*, diente im Weltkrieg als Militär und ließ sich mit einer Kassenpraxis im Osten Berlins nieder. Er muß ein ausgezeichneter Arzt gewesen sein. Aus der jüdischen Gemeinde ist er schon bald wieder ausgetreten.

Als aber dieser kleine, bebrillte, jüdische Herr, ein ewiger Zivilist, im November 1945 in der schlecht sitzenden Uniform eines französischen Offiziers im Rang eines Obersten aus dem Exil nach Deutschland heimkehrte, wirkte er wie ein fremder Gast und sagte: »Ich habe mich auf mein literarisches Altersteil zurückgezogen.«

Dazwischen lagen zwölf Jahre der Vertreibung und der Flucht. Am Tag nach dem Reichstagsbrand verließ er mit einem kleinen Koffer seine Berliner Wohnung und fuhr mit einem Zug nach Stuttgart. Über die Schweiz reiste er weiter nach Paris. Dort sah der berühmte Autor sich bald vereinsamt. Er verlor seine Approbation und hatte kein Geld. Durch die Fürsprache François Poncets, den er kannte, erwarb er die französische Staatsbürgerschaft, die ihm und den Seinen das Leben rettete, als er 1940 eine Irrfahrt durch das besetzte Frankreich antreten mußte. Ein paar verbliebene Freunde verschafften ihm und seiner Familie ein Notvisum für Amerika. Ausgerechnet Hollywood wurde zu seinem Asyl, obwohl er kein Englisch konnte. Während Heinrich Mann zu ihm hielt, kam er mit dessen Bruder Thomas und mit Lion Feuchtwanger, die in ihren Villen residierten, nicht zurecht. »Man lebt völlig isoliert.«

Seine Drehbuchverträge standen nur auf dem Papier. 1941 konvertierte er zum katholischen Glauben, eine Entscheidung, die Bertolt Brecht als »peinlichen Vorfall« bewertete. Nach dem Krieg war er einer der ersten, die aus Amerika zurückkehrten. Er wandte sich 1945 an die französische Besatzungsmacht in Deutschland, bei der er mit der Vorzensur von Büchern beschäftigt war. Der beginnende Kalte Krieg war ihm zuwider. Nicht zum ersten Mal mußte er sich mit einem Platz zwischen den Stühlen begnügen. Ein literarischer Mißerfolg reihte sich an den anderen. Man fand ihn mit der Vizepräsidentschaft einer neu gegründeten Akademie in Mainz ab. »Ich bin in diesem Lande, in dem ich und meine Eltern geboren sind, überflüssig«, schrieb er 1953 an Theodor Heuss. Er hatte zwar überlebt, aber wie? »Als ich wiederkam, da kam ich nicht wieder.« Das wußte er schon 1946. Verbittert und krank zog er wieder nach Paris. Seine Melancholie nahm, so wie er sie einst als Medizinstudent beschrieben hatte, einen »perniziösen Verlauf«. Seine Sehkraft ließ nach. Ein Herzinfarkt führte zu einer fortschreitenden Lähmung. In einem Schwarzwälder Krankenhaus ist er 1957 gestorben. Seine Frau Erna hat sich noch im selben Jahr in Paris das Leben genommen.

Viele waren mit ihm unzufrieden. Mit den Kommunisten hatte er sich schon früh zerstritten, eine Abneigung, die auf Gegenseitigkeit beruhte. Hanns Eisler rief ihm nach: »Ich weiß auch gar nicht, wie man seine Werke retten kann, wenn sie so voll Unsinn sind.« Zwanzig Jahre später hat Marcel Reich-Ranicki ausnahmsweise den Nagel auf den Kopf getroffen: »Eigensinnig und selbstvergessen suchte er seinen Weg – ein wahrer Amokläufer unter den Schriftstellern unseres Jahrhunderts.«

XIV

Jeder, der sich an so einen Schriftsteller heranwagt, müßte sich gut vorbereiten, also sich alle zwölf Bände der *Recherche* von Proust noch einmal vornehmen oder die labyrinthischen Versionen, Ausläufer und Schlüsse des *Mannes ohne Eigenschaften* durchwandern. Aber dazu ist das Leben zu kurz. Eine Miniaturansicht des Edlen Robert von Musil, die sich auf ein paar Seiten beschränkt, könnte sich noch am ehesten an seinen *Nachlaß zu Lebzeiten* halten. Am besten sogar an das berühmte »Fliegenpapier« aus dem Zeitraum 1913-1914. Darüber ist einiges zu erfahren dank Adolf Frisé, einem nachdenklichen Radiomann, der von 1956 bis 1962 im Hessischen Rundfunk tätig war, doch viel mehr Mühe und Geduld als dem Büro im Funkhaus seiner Ausgabe von Musils Werk gewidmet hat. Dank gebührt auch Karl Corino für seine 2000seitige Biographie von 2003, Dank den Philologen, die ein über 1000 Seiten langes *Robert-Musil-Handbuch* verfertigt und erklärt haben, wieviel man aus einer einzigen Druckseite herauslesen kann, zum Beispiel aus dem »Fliegenpapier«.

Schon vor den Isonzoschlachten des Ersten Weltkriegs notierte der Leutnant Musil im römischen Sommer 1913: »Eine Fliege stirbt: Weltkrieg.« Lakonischer ist das Massensterben nicht zu fassen. Der Fliegenfänger Tangle-foot-Papier war eine amerikanische Erfindung. (*To tangle* bedeutet auf englisch »sich verheddern«.) Alle, die ihm auf den Leim gehen, sterben. Mit der Sachlichkeit einer Filmkamera beschreibt Musil diesen Vorgang auf knapp 70 Zeilen. (Mit Expressionismus hat diese Haltung absolut nichts zu tun.)

Man könnte das »leicht für erfundene Umschreibungen späterer Zustände halten«, schreibt Musil in seinem *Nachlaß zu Lebzeiten*, den er 1936 publizierte. »In Wahrheit sind sie eher ein Vorausblick gewesen.«

Aber »warum Nachlaß? Warum zu Lebzeiten?« – diese Nachfragen beantwortet der Autor in einer Vorbemerkung. Solche Hinterlassenschaften, erklärt er, hätten »eine verdächtige Ähnlichkeit mit Ausverkäufen wegen Auflösung des Geschäfts«; sie seien deshalb so beliebt, weil die Leser sich darüber freuten, daß der Dichter ihre Aufmerksamkeit zum letzten Mal in Anspruch nimmt.

Ob Musil schon damals geahnt hat, was ihm in den Jahren vor seinem Tod bevorstand? War er vielleicht zu intelligent für einen Dichter oder zu ungesund? Mit sieben Jahren litt er an einer »Nerven- und Gehirnkrankheit«, die ihn wochenlang ans Krankenbett fesselte. Er steckte sich mit der Syphilis an, für die es damals noch keine einfache, sichere Therapie gab. 1911 trat er eine Stelle als Bibliothekar an, ein Beruf, den er haßte und aus dem er in eine psychosomatische Erkrankung floh, die ihn ein halbes Jahr lang plagte. 1936 erlitt er einen Schlaganfall, von dem er sich nie wieder vollständig erholte.

Robert Edler von Musil, wie er sich seit 1917 nennen durfte, war der einzige Sohn eines österreichischen Ingenieurs und Hochschulprofessors. Er wurde in eine Kadettenanstalt gesteckt, weil er Offizier werden sollte, brach aber die Ausbildung ab und studierte Maschinenbau. Auch die Möglichkeit einer akademischen Karriere schlug er aus. Er wollte lieber Schriftsteller werden. 1906 erschien sein Roman *Die Verwirrungen des Zöglings Törleß,* der am Beispiel eines Internats schildert, wie Schwächere, der Macht von wenigen Tätern ausgeliefert, zu Opfern der Gewalt werden. Dieses Werk wurde zum einzigen Bucherfolg, den er erlebte. 1911 heiratete Musil seine treue Frau Martha, eine jüdische Malerin.

Vom Ausbruch des Ersten Weltkriegs war er anfangs begeistert. Als Leutnant in Südtirol stationiert, diente er später, wie Stefan Zweig, Franz Werfel und Hugo von Hofmannsthal, im Wiener Kriegspresse-Hauptquartier. Im nachhinein kamen ihm die Kriegsjahre wie eine »fünfjährige Sklaverei« vor.

Er gab seine journalistische Tätigkeit auf, die er als lästigen Brotberuf betrachtete, und setzte alles auf eine Karte: sein Hauptwerk, *Der Mann ohne Eigenschaften,* ein Roman, an dem er bis zu seinem Tod gearbeitet und den er nie vollendet hat. Diese Sisyphusarbeit trieb er jahrzehntelang mit immer neuen Entwürfen, Konzepten und Varianten voran.

Mit dem »Anschluß« Österreichs an das nationalsozialistische Deutsche Reich wurde seine Situation unhaltbar. Nicht nur wurden seine Werke verboten; vor allem geriet seine jüdische Frau durch die Rassengesetze in Gefahr. Das Ehepaar konnte noch rechtzeitig in die Schweiz entkommen. In Genf drohten ihnen Isolation und Verarmung. Musil mußte feststellen: »Das Land ist von Ungläubigen bewohnt, und ich bin nie ein Apostel meiner selbst gewesen.« Er stand nun wie ein Bettler da, und das erbitterte diesen stolzen Mann.

Mit 61 Jahren ist er an einem Hirninfarkt gestorben. Seine Asche wurde in einem Wald bei Genf verstreut.

Sein Nachruhm, den er vorhersah, setzte erst lange nach dem Zweiten Weltkrieg ein. Eine zwölfbändige Gesamtausgabe seiner Werke ist im Entstehen, und eine üppige Sekundärliteratur wächst mit jedem Jahr. Darüber hätte er sich wahrscheinlich lustig gemacht. »Schreiben ist eine besondere Form des

Schwätzens.« Diesen Satz hat er wohl in einem unbedachten Moment fallenlassen, aber er war kein Choleriker, sondern ein höflicher, zurückhaltender Mann.

XV

Die meisten Komiker waren Pechvögel oder boshafte Menschen, wie Charlie Chaplin, Buster Keaton und Jerry Lewis. Dennoch gab es im 20. Jahrhundert einen Überlebenden, der ein komisches Genie war und ein glückliches Leben geführt hat. P. G. Wodehouse war ein gebürtiger Engländer, der seine Vornamen, Pelham und Grenville, abkürzte, weil er sie nicht leiden konnte. Kurz vor seinem Tod mit 93 Jahren kam noch ein Ritterschlag hinzu; aber da war es schon zu spät, als daß er den Titel ›Sir‹ hätte hinzusetzen können.

Sein Werk besteht aus über 90 Büchern, 40 Theaterstücken, 200 Erzählungen, Musicals, Liedtexten, die auf englisch *lyrics* heißen, Drehbüchern und Verfilmungen, die hauptsächlich von einem aristokratischen England handeln, das nie existiert und das dieser scheue Mann selbst erfunden hat.

Sein Vater war ein britischer Beamter in Hongkong. Wodehouse behauptete, er habe eine wunderbare Kindheit in der Obhut einer Nanny und eine sorglose Jugend in einem teuren Internat verlebt. Einmal mußte er zwei Jahre lang in einer Bank arbeiten, aber er sagte, von den dort üblichen Finanzgeschäften habe er nichts verstanden. In seinen amerikanischen Jahren hatte er nie Geld in der Hosentasche; auch nach 20 Jahren mußte er den Preis für ein Buch immer noch in *shillings* und *pounds* umrechnen.

Mit dem, was er schrieb, war er in London, aber vor allem in den USA so erfolgreich, daß seine Geschöpfe, allen voran der reiche, törichte Nichtsnutz Bertie und sein genialer Butler Jeeves, dort so sprichwörtlich geworden sind wie Falstaff oder *Alice im Wunderland.* Seine Gestalten sind von einer riesigen Verwandtschaft umgeben, die auf Schlössern lebt, Golf spielt und mit verwickelten Liebes- und Erbschaftsproblemen beschäftigt ist.

Wodehouse selber hatte solche Sorgen nie. Er heiratete 1914 Ethel May Wayman, die ihn an die Hand nahm, sich um seine Verträge kümmerte und ihn in Frieden ließ, so daß ihr unpraktischer Mann schreiben konnte, soviel er wollte. Sie war munter, blieb ihm treu und hat ihn überlebt. Die beiden bewohnten ein großes Landgut auf Long Island, wo sie so ruhig in einer Parklandschaft lebten, als befänden sie sich in einem seiner imaginären Schlösser.

Das Paar war inzwischen so reich geworden, daß es, um Steuern zu sparen, 1934 nach Frankreich zog. In Le Touquet am Ärmelkanal kam es zum einzigen Mißton in ihrem Leben. Schuld daran waren die Deutschen, die diesen angenehmen Badeort im Mai 1940 überfielen, den Schriftsteller internierten und, wer weiß warum, ins ferne Oberschlesien verschleppten. Er erreichte, daß man ihm eine Reiseschreibmaschine gab. Cricket soll er gespielt haben, als zwei Gestapobeamte ihn aufsuchten und nach Berlin brachten. Er wohnte im Hotel ›Adlon‹. Die Rechnung durfte er selbst bezahlen. »Feindliche Ausländer« wurden damals noch als Zivilgefangene freigelassen, sobald sie über 60 Jahre alt waren. Man überredete Wodehouse, 1941 in fünf Sendungen beim Auslandsdienst des Reichsrundfunks aufzutreten.

»Ich war nie an Politik interessiert. Kriegerische Gefühle sind mir völlig fremd«, sprach er ins Mikrophon. Er kam nicht auf die Idee, daß an seinen Ansprachen etwas Unpatriotisches war. Aber sie brachten sein ganzes zukünftiges Leben durcheinander. Nur ihretwegen konnte er nie wieder einen Fuß auf den Boden Englands setzen. Denn die britische Öffentlichkeit war empört. »Verräter«, hieß es, »Nazipropagandist, Kollaborateur und Feigling«. Bibliotheken mußten seine Bücher aus ihren Regalen entfernen.

Das Ende des Krieges erlebte er in Paris. 1947 zogen sich Wodehouse und seine Frau ganz in die USA zurück. Er wandte der Weltgeschichte den Rücken zu und schrieb weiter. Mit über 90 Jahren hat er das Geheimnis seines Glücks entdeckt: Alles, was ihn irritierte oder verwirrte, ignorierte er. Still und friedlich, wie er gelebt hatte, ist er gestorben.

Im Herbst 2016 übernahm die British Library seinen Nachlaß: Manuskripte, Briefe und ein Tagebuch, das er mit einem Bleistiftstummel in der schlesischen Haft geschrieben hat. Eine Untersuchung des britischen Geheimdienstes kam zu dem Schluß, daß es keinen Grund gab, gerichtlich gegen ihn vorzugehen. Er sei lediglich politisch unbeholfen und unklug gewesen. Mit Ideologien konnte er einfach nichts anfangen.

Das hat seinen Büchern nicht geschadet. Im Gegenteil: Bertolt Brecht und Evelyn Waugh, John le Carré und Queen Elizabeth waren von ihnen begeistert, und Dutzende von ihnen sind heute noch in Dutzenden von Sprachen lieferbar.

XVI

»Er war das Haupt der Kulturrevolution in China. Er war nicht nur ein großer Schriftsteller, sondern auch ein großer Revolutionär, der bewährteste, der tapferste, der treueste, der feurigste, beispiellose Nationalheld.« So hat sich 1940 Mao Tsetung über Lu Xun ausgelassen. Ich bin sicher, daß das gelogen war. Der große Steuermann wußte Bescheid; denn er war zwar skrupellos, doch nicht so borniert, daß er diesen Mann mißverstanden hätte. Als ihn jemand 16 Jahre später fragte, wie es dem Volkshelden wohl erginge, wenn er noch lebte, antwortete der Machthaber: »Verstummt wäre er oder im Gefängnis gelandet.«

Ob Mao die Rede Lu Xuns aus dem Jahr 1927 kannte, weiß ich nicht. Damals erklärte der Parteiführer: »Die Dichter dieser Sorte, die alles kritisieren und die Ruhe jedes einzelnen aufstacheln, müssen natürlich geköpft werden.«

Das gilt in China heute noch. Mit keiner der abrupten Wendungen der Parteilinie Maos oder seiner Nachfolger hätte sich Lu Xun abgefunden. Der Kommunistischen Partei ist er nie beigetreten.

Er stammte aus einer Familie von gebildeten, deklassierten Mandarinen und hat schon früh alles gelesen: die 1000 Jahre alten chinesischen Klassiker ebenso wie die neuesten Schriften aus dem Westen. Sein Stil ist von beiläufiger Eleganz. In einem »Spottlied auf sich selber« heißt es:

»Das Schicksal hat es gut mit mir gemeint, was will ich mehr!
Noch gar nicht aufbegehrt, bin ich schon angeeckt.
Tief im Gesicht den zerfetzten Hut, gehe ich durch die lauten
Straßen.
In meiner Hütte verborgen, schert mich wenig
der Zeitenwechsel vor der Tür.«

Ein politisches System, das sich mit seiner Melancholie, seiner Einsamkeit, seinem Pessimismus und seiner Selbstironie vertragen hätte, müßte noch erfunden werden. Kurz vor seinem Tod im Oktober 1936 schrieb er an seine Familie: »Nehmt von niemandem auch nur einen Pfennig für mein Begräbnis. Macht es kurz, beerdigt mich, und Schluß! Bitte keine Grabreden. Vergeßt mich und kümmert euch um euer eigenes Leben – wenn nicht, seid ihr selber schuld.«
Die Machthaber ignorierten sein Testament und betteten ihn in Schanghai in ein riesiges Mausoleum um. Seine Photos wurden retuschiert, seine Äußerungen verstümmelt und verfälscht. Trotzdem sind alle Versuche der Regierung, ihn einzubalsamieren, gescheitert.
Gewiß hätte es ihm gefallen, daß China heute nicht mehr unter Rückständigkeit, Chaos, Bürgerkrieg, Okkupation und Fremdherrschaft zu leiden hat. Dazu hat er allerhand beigetragen. Er war ein früher und radikaler Feminist in einer Umgebung, die eine solche Auffassung für völlig abwegig hielt. Er hat der exklusiven Hochsprache der Eliten einen Schub versetzt, der bis heute spürbar ist. Die Große Mauer, die das Land vor Reitervölkern aus dem Norden schützte, verfluchte er. Die

traditionelle chinesische Medizin hielt er für Kurpfuscherei.
Gegen die Lehre des Konfuzius hat er ebenso gewütet wie später Mao. Im *Tagebuch eines Verrückten* ging er so weit, diese Doktrin als endemische Menschenfresserei zu bezeichnen. (Heute ist sie wieder zur offiziellen Staatsraison geworden.) Lu Xun war berühmt und arm. Man hat ihn verleumdet, verdächtigt und bedroht. Immer wieder mußte er untertauchen. Gleichwohl hat er, wie ein heimatloser Emigrant, die Zeiten der grausamsten Wirren überstanden.

Der Dichter Lu Xun wandte sich auch an die Ungebildeten und die Ignoranten, die von China so wenig verstehen wie ich. Gegen ausländische Lehrer und Schüler hatte er nichts einzuwenden. Er lernte fremde Sprachen; zwei Jahre lang soll er sich sogar mit dem Deutschen beschäftigt haben. Kafka kannte er nicht, aber seine *Wahre Geschichte des Herrn Jedermann* endet ähnlich wie der *Process:* »In seiner Heimatstadt war man sich völlig einig, daß er natürlich schuldig war. Daß man ihn erschossen hatte, war der Beweis. Denn wäre es im Falle seiner Unschuld wohl zur Hinrichtung gekommen? Allerdings äußerten sich die meisten unzufrieden, denn Erschießen sieht bei weitem nicht so schön aus wie Köpfen ... Man war umsonst mitgelaufen.«

So niederschmetternd und rätselhaft sind und bleiben manche von Lu Xuns Schriften. Mögen sich seine Interpreten, Kommentatoren und Übersetzer auch bis aufs Blut streiten, sie haben doch erreicht, daß das Werk Lu Xuns auf der ganzen Welt immer noch für Widerspenstigkeit, Bestürzung, Vergnügen und Unruhe sorgt.

XVII

Sein Vater, ein Hilfslehrer aus einem sehr kleinen böhmischen Ort, lebte nicht lange, und die Mutter wollte, wie sie sich ausdrückte, einen anständigen Menschen aus ihm machen, ein sinn- und aussichtsloses Bestreben. Jaroslav Hašek war nun ganz auf sich selbst und seine eigenartigen Talente angewiesen und folgte seinem Stern. Bei der Bank, die ihn anstellte, flog er hinaus, weil er nie pünktlich erschien. Er beschloß, künftig vom Schreiben zu leben.

1903 hißte er die schwarze Fahne der Anarchie, der er treu blieb, allerdings nur auf seine Art. Der Doktrin konnte er nichts abgewinnen. Als er heiraten wollte, ließ er die Agitation unter der schwarzen Fahne fahren, und Hašek schrieb lieber »Humoresken« für die Zeitschrift *Brennesseln*. Die Kritiker ärgerten sich über seine ordinäre Ausdrucksweise und verrissen seine Texte. Er selbst scheint wenig Wert auf seine Publikationen gelegt zu haben, denn er vermied es, sie wieder zu lesen, sobald sie gedruckt waren.

Seine nächste Plattform war die *Welt der Tiere*, ein Wochenblatt, mit dem er Aufsehen erregte, indem er Artikel über nicht existierende Arten schrieb, zum Beispiel den Urfloh oder den alkoholabhängigen Papagei. Mehrere Zoologen nahmen das für bare Münze. Weil das Renommee der Zeitung unter seinen Scherzen Schaden nahm, wurde Hašek gefeuert. Nun verlegte er sich auf den Handel mit Hunden, die er einfing und mit gefälschten Stammbäumen verkaufte.

1911 gründete er mit einigen Kumpanen die »Partei des maßvollen Fortschritts im Rahmen der bestehenden Gesetze«. Ihr Wahlbüro war eine Prager Kneipe, die sich ›Kuhstall‹ nannte. Das Programm ahmte die salbadernden Reden der Berufspolitiker nach, trat für die Verstaatlichung der Hausmeister ein und verlor sich in Anekdoten über die Schweinezucht. Angeblich wurde den Wählern ein Taschenaquarium versprochen, wenn sie ihre Stimme für den Parteivorsitzenden abgaben, der natürlich Hašek hieß. Seine Kandidatur begründete er mit seiner Genialität und seinem »unvergleichlich lauteren Charakter«. Eines der ersten politischen Happenings endete mit dem unvermeidlichen Wahldebakel und einem gründlichen Besäufnis. Von der Handvoll seiner Wähler wurde einer als Bierleiche in einem Sarg hinausgeschafft.

Im Ersten Weltkrieg meldete sich Hašek freiwillig zur k. u. k. Armee, entschlossen, Moral und Disziplin der Truppe dadurch zu sabotieren, daß er sich auf heimtückische Weise blöd stellte. Anstatt Brechts Stück *Schweyk im Zweiten Weltkrieg* zu lesen, das nur ein einziger witzloser, böhmakelnder Witz ist, sollte man sich an dessen *Legende von der Entstehung des Buches Taoteking auf dem Weg des Laotse in die Emigration* halten, in dem der für die Haltung des Helden entscheidende Satz fällt: »Du verstehst, das Harte unterliegt.«

An der Ostfront geriet Hašek 1918 in russische Kriegsgefangenschaft, lief zur Roten Armee über und trat der Partei der Bolschewiki bei, die den unzuverlässigen Genossen sogleich zum Politkommissar ernannte.

1920 kehrte er aus Simbirsk an der Wolga nach Prag zurück,

allerdings in Begleitung einer russischen Frau. Daß er bereits verheiratet war, störte ihn nicht. Nun begann er, an seinem Hauptwerk zu arbeiten, den *Abenteuern des braven Soldaten Schwejk während des Weltkrieges*. Das Attribut »genial« ist für diese einzigartige Saga nicht zu hoch gegriffen.

Erste Kurzgeschichten mit Schwejk als Helden waren schon 1911 erschienen, ein erster Band, den die Hašekologen »Ur-schwejk« nennen, im Jahr darauf. Er schrieb seine Episoden gewöhnlich im Wirtshaus und druckte sie wöchentlich in kleinen Heften ab, die er selbst herausgab. Erst nach einem halben Jahr konnte er einen Verleger finden. Die vorläufig endgültige Fassung des Werkes erzählt viel Selbsterlebtes. Vor allem geht es um seine Erfahrungen als Soldat im Ersten Weltkrieg. Im Herbst 1921 zog er nach Lipnice, wo er bis zu seinem Tod am *Schwejk* arbeitete. Der Roman blieb unvollendet; das Manuskript bricht mitten im Satz ab. Woran ist er mit 39 Jahren gestorben? An der Tuberkulose, die er sich im Krieg zuzog, oder am Alkohol? Jedenfalls hat er die tschechische Literatur für immer geprägt. Autoren wie Karel Čapek und Bohumil Hrabal sind ohne ihn nicht denkbar. Bedauerlicherweise haben im Prager Gasthaus ›Zum Kelch‹, in dem Schwejk einst fünf dunkle Biere trank, Scharen von Touristen längst all die Spitzel und Dichter verdrängt, denen der ›Kelch‹ seinen Ruhm verdankt. In der ›Tschechischen Krone‹ aber, die Hašek gepachtet hatte und wo er sich zu Tode soff, geht es immer noch hoch her.

71

XVIII

Er war beinahe ein Sonntagskind. Montaigne behauptet, ich
weiß nicht mehr wo, unser eigener Körper mache, was er wolle, und unsere Organe folgten ihren Neigungen ohne Rücksicht auf unseren Willen. Ich weiß, was er meint; denn wem
gehorcht schon die eigene Nase? Lion Feuchtwanger hatte
Glück. Die seinige war nämlich so gut, daß er ihr nur zu folgen brauchte, um zu überleben.

Seine Eltern stammten aus einer jüdisch-orthodoxen Familie.
Die Mama war streng, und die Schule gefiel ihm nicht. Immerhin brachte er es zu einem humanistischen Abitur. Er fing
bereits als Schüler an zu schreiben, promovierte beizeiten und
heiratete 1912 Marta Löffler, eine jüdische Kaufmannstochter.
Das erwies sich als Glücksfall, denn ohne sie wäre er verloren
gewesen. Sie blieb ihm ein Leben lang treu, obwohl er sie öfters betrog.

Im Ersten Weltkrieg ließ sich Feuchtwanger nach einem Monat Dienst Wehruntauglichkeit attestieren, weil er unbedingt
schreiben wollte. Er freundete sich mit Siegfried Jacobsohn an
und schrieb mit Bertolt Brecht zusammen ein paar Theater-

stücke. Sich an der Revolution von 1918/19 zu beteiligen, dazu hatte er keine Lust. Statt dessen entdeckte er sein eigentliches Talent: Das war der historische Roman, mit dem er internationale Erfolge, hohe Auflagen und finanzielle Unabhängigkeit erlangte. Allein mit *Jud Süß* erzielte er eine Weltauflage von über drei Millionen. Es folgten *Die häßliche Herzogin, Der jüdische Krieg* und *Die Geschwister Oppenheim.*
Der Roman *Erfolg* von 1930 malt ein bayerisches Sittenbild aus der Zeit der Weimarer Republik. (Die Handlung spielt sich in einem Haus an der Schwabinger Seestraße ab, an dem ich jeden Tag vorbeikomme, weil ich um die Ecke wohne.) Hellsichtig hat er schon früh verstanden, was auf Deutschland zukam. Eine Figur namens Kutzner trägt die Züge Hitlers. Wenn man *Erfolg* als Schlüsselroman liest, erkennt man, daß Erich Ludendorff, Karl Valentin, Ludwig Ganghofer, Ludwig Thoma und der letzte Kronprinz von Bayern darin auftreten, und sogar Thomas Mann spielt dort eine Gastrolle.
Volker Weidermann berichtet eine Episode, die es in sich hat: Als Feuchtwanger einmal im Münchner Café ›Odeon‹ saß, habe sich ein Mann mit Pomade im Haar und einem kleinen Schnauzbart erhoben und ihm in den Mantel geholfen. Der Schriftsteller bedankte sich höflich. Das war der einzige persönliche Kontakt der beiden Herren. »Der eine wurde Diktator, der andere Exilant.«
Im vorletzten Jahr der Weimarer Republik erwarb Feuchtwanger eine großzügige Villa am Berliner Grunewald. Er war auf einer Lesereise in den USA, als Hitler Reichskanzler wurde. Nie ist er nach Deutschland zurückgekehrt. Man hat ihn ausgebürgert, seine Bücher wurden verbrannt und sein Haus von der SA geplündert. Goebbels haßte ihn und hat ihn als »Volksfeind Nummer eins« bezeichnet.
Seine Villa loszuwerden und einen Teil des Vermögens zu retten ist ihm gelungen. Feuchtwanger zog mit seiner Frau nach Sanary-sur-Mer, einem Badeort an der französischen Riviera.

Die elegante Marta war berühmt für ihre Gastfreundschaft. Die Familie Mann fand sich bei ihr ein, ebenso wie Joseph Roth, Annette Kolb, Stefan Zweig und Franz Werfel. Auch Bertolt Brecht war da.

Nach Ausbruch des Krieges galten die meisten deutschen Exilanten in Frankreich als »unerwünschte Ausländer«, die man im Lager von Les Milles internierte. Mit Hilfe von Varian Fry am amerikanischen Konsulat in Marseille gelang Feuchtwanger die Flucht aus einem anderen Lager bei Nîmes. Ein Gerücht besagt, er sei als Frau verkleidet herausgeschmuggelt worden. Nachdem er einige Monate in Marseille verbracht hatte, ging er zu Fuß über die Pyrenäen nach Spanien. In Lissabon schiffte er sich nach New York ein.

In Los Angeles gab es bereits eine deutsche Exilgemeinde. Später fand Marta dort ein Haus, das sie ›Villa Aurora‹ nannte und nach und nach so weit restaurierte, daß sie Albert Einstein, Arnold Schönberg und Kurt Weill zum Essen einladen und bewirten konnte. Geld war dank Feuchtwangers hohen Auflagen genügend vorhanden.

Nur einmal hat ihn seine Nase im Stich gelassen. Das war, als er 1936 von Frankreich aus nach Moskau fuhr. Obgleich ihm die Kommunisten und ihre politischen Umgangsformen fremd waren, ließ er sich von ihnen nach allen Regeln der Kunst über den Tisch ziehen. Er wurde gefeiert und verwöhnt, wohnte im ›Metropol‹, gleich am Roten Platz, schloß Film- und Verlagsverträge ab und traf außer dem unvermeidlichen Johannes R. Becher auch Isaak Babel. Stalin empfing ihn im Kreml zu einem Gespräch, das drei Stunden dauerte. Man führte ihm die Schauprozesse gegen die angeblichen Trotzkisten Radek und Bucharin vor. Anfangs kritisierte er sie mit der Begründung, sie schadeten dem Ansehen der Sowjetunion im Ausland. Aber schließlich ließ er sich doch dazu herbei, die Prozesse in seinem Buch *Moskau 1937. Ein Reisebericht für meine Freunde* zu verteidigen – womit er sich Stalin als Lektor sei-

nes Vorworts einhandelte. Das zahlte sich in einer Auflage von
200 000 Exemplaren aus. Auch in ein paar Zeitschriftenarti-
keln verteidigte er die Schauprozesse und polemisierte gegen
André Gides Abrechnung mit dem Kommunismus.
Im Westen hat ihm das sehr geschadet. Seine Freunde waren
empört. Im Kalten Krieg wurde er als Kommunist verdächtigt
und vom FBI überwacht. Die Einbürgerung in die USA blieb
ihm bis zuletzt versagt.
Er erkrankte an Krebs, starb in Pacific Palisades und liegt in
Santa Monica begraben. Die getreue Marta überlebte ihn
und reiste auf Einladung von Willy Brandt noch einmal nach
Deutschland. Sie ist mit 93 Jahren gestorben. Die ›Villa Aurora‹
wurde von der deutschen Regierung erworben und dient heute
als Residenz für Stipendiaten.
An Nachauflagen, Übersetzungen, Verfilmungen und an einer
16bändigen Werkausgabe hat es Feuchtwanger nie gefehlt. Er
wird heute noch viel gelesen.

XIX

Mein Bruder Christian hat ihn einmal aufgesucht. Er stellte sich nicht als Anglistik-Professor vor, obwohl er diesen Beruf 25 Jahre lang ausgeübt hat. Christian fand sich einfach auf der Südtiroler Burg ein, wo Ezra Pound wohnte, klingelte und wurde eingelassen. Der greise Dichter war schwerhörig und müde. Ich weiß nicht genau, was bei dieser Unterhaltung vorfiel. Nur daß Pound auf einmal stockte und einen Satz hervorstieß, den ich mir gemerkt habe. Er sagte: »Es war alles umsonst.« Dann humpelte er aus dem Zimmer, ohne sich zu verabschieden.

Ezra Weston Loomis Pounds Vater war Beamter im amerikanischen Landverwaltungsamt. Das Einzelkind studierte Komparatistik und romanische Literatur. Pound war lange befreundet mit William Carlos Williams, obschon der sich als ungebildeter Provinzler gab, während Pound seine europäischen Kenntnisse zur Schau trug. 1908 zog er nach Venedig und befaßte sich damit, provenzalische Dichter zu übersetzen oder vielmehr nachzudichten. Dann ging er nach London, wo er James Joyce und Ford Madox Ford kennenlernte. Damals wimmelte es von winzigen »Bewegungen« wie den Imagisten und Vortizisten, die sich wiederum an die italienischen Futuristen hielten. In der Zeit vor dem Ersten Weltkrieg sind ihm seine besten Gedichte gelungen. Sie finden sich, versteckt unter angeberischen griechischen, provenzalischen und chinesischen Zitaten, in den Bänden *Personae* und *Lustra*. Berühmt wurde das Haiku »In einer Station der Metro«:

»Das Erscheinen dieser Gesichter in der Menge:
Blütenblätter auf einem nassen, schwarzen Ast.«

Schade, daß er von diesem lakonischen, unmittelbar einleuchtenden Tonfall abgelassen hat! 1914 heiratete er Dorothy Shakespear. Mit dem Weltkrieg wollte er nichts zu tun haben. Lieber wurde er Privatsekretär von William Butler Yeats in Irland. Er faßte den Plan zu seinen *Cantos*, die er für sein Hauptwerk hielt. Die Witwe eines Ostasien-Kenners, der Ernest Fenollosa hieß, suchte damals einen Helfer, der geeignet wäre, den Nachlaß ihres Mannes herauszugeben. Sie fand heraus, daß Pound sich für ostasiatische Lyrik interessierte, und ließ ihn Fenollosas Schrift über das japanische Nō-Theater edieren. Von 1920 bis 1924 lebte er in Paris. Dort lernte er eine Geigerin kennen, mit der er gemeinsam mit seiner Ehefrau eine Art Kommune zu dritt begründete. Pound erwies sich als erstklassiger Lektor. Er strich die Hälfte von T. S. Eliots Gedicht *The Waste Land* und machte es zu einem klassischen Werk der modernen Poesie.

1924 ließ er sich in Italien nieder und wurde bald zu einem Anhänger Mussolinis. Während des Zweiten Weltkrieges verbreitete er über den römischen Rundfunk, in der Presse und in den *Cantos 72-73* seine antiamerikanischen, rassistischen und antisemitischen Vorstellungen. »Der Jude«, behauptete er, sei nicht nur schuld am internationalen und amerikanischen Kapitalismus, sondern auch am Krieg.

Nach dem Einmarsch der amerikanischen Truppen wurde er im Mai 1945 festgenommen, vom Geheimdienst verhört und schließlich in der Nähe von Pisa in einem eigens für ihn gebauten Käfig unter freiem Himmel eingesperrt. In dieser Zeit entstanden die *Pisaner Cantos*, für die ihm 1949 der renommierte Bollingen Prize verliehen wurde.

Ich räume freudig ein, daß ich mich der herrschenden Meinung über Pounds Gesänge nicht anschließen kann. »Keiner der Lebenden kann so schreiben wie er«, sagte T. S. Eliot, und Yeats, Frost, Hemingway und Joyce stimmten ihm zu.

Mein Unbehagen hat nichts mit den sattsam bekannten politischen Gründen zu tun, sondern damit, daß es diesem Werk an jedem Sinn für Prosodie fehlt. Eine beliebig gezogene Probe aus den *Pisan Cantos* hört sich, in Eva Hesses Übersetzung, so an:

»Hab doch kein Staatsverbrechen nich' verübt,
Nur'n kleines Vergehn«
Sprach Mr. A. Little oder womöglich Mr. Nelson, oder
           Washington
verwundert über die Schrullen unserer kommenden Θέμις
Amo ergo sum, und zwar genau in dem Maße
Und Margots Tod wird für das Ende einer Ära stehen
und der gute Walter saß mitten in der Brandschatzung
           Finlandias
recht viel Polar-Weiß
doch das Gas gesperrt.
Debussy hatte seinen Vortrag lieber
auch das war eine Ära [Mr. W. Rummel]
eine Ära von *croissants*
darauf eine Ära von *pains au lait*
und der Eukalyptuszipf fehlt
»*Come pan, niño!*«

Was will uns der arme, von seinen Obsessionen geplagte Gefangene mit diesen Versen sagen? Wer nicht weiß, wer Margot ist, und von Mr. A. Little und von Mr. W. Rummel nie gehört hat, was soll der mit ihnen anfangen? Wenn er nicht einmal Griechisch und Latein versteht, kommt er als Leser für Ezra Pound nicht in Betracht. Auch ein wenig Spanisch oder Chinesisch könnten bei der Lektüre nicht schaden. Das ist nicht nur extrem unhöflich, sondern man hat es mit dem Bluff eines Menschen zu tun, der an sich und seinen Gaben irre geworden ist.

Als Kritiker war er immer schon selbstherrlich. Den »ein wenig versoffenen oder fallsüchtigen und ungeschlachten Tiefsinn Dostojewskis« konnte er nicht leiden, und über den Autor des *Dschungelbuchs* fiel sein Urteil herablassend aus: »Um Indien zu beschreiben, verfertigt Kipling minderwertigen Maupassant.« Prousts *Recherche* hielt er für gehobene Unterhaltungsliteratur und einen Essay seines Schülers Eliot für »pures Apfelmus«.

Mit seinen *Cantos* wollte er höher hinaus als alle anderen. Er verglich sich mit Dante und seine mehr als 100 Gesänge mit der *Göttlichen Komödie*.

An seiner Vorliebe für den Faschismus hat er bis zuletzt festgehalten. Schon 1943 war Pound in den USA wegen Hochverrats in Abwesenheit angeklagt worden. Das Verfahren wurde niedergeschlagen, weil ihn ein Psychiater wider besseres Wissen für geisteskrank erklärte. Fast 13 Jahre brachte er in einer staatlichen Heilanstalt in Washington, D. C., zu, behütet von seinem Arzt, der ihm Privilegien verschaffte und ihn abschirmte.

1958 wurde er auf Betreiben seiner Freunde freigelassen. Er zog sich nach Italien zurück, mietete sich in Venedig ein und ließ sich zuletzt bei seiner Tochter Mary de Rachewiltz auf der Brunnenburg oberhalb von Meran nieder. Nicht nur meinem Bruder hat er einen Satz über die Vergeudung seiner Talente anvertraut. Auch anderen Besuchern gegenüber soll er ähnliche Sätze geäußert haben: »Ich habe immer nur Fehler gemacht ... Die Worte haben für mich jeden Sinn verloren ... Ich döse und staune.«

Er starb zwei Tage nach seinem 87. Geburtstag, in Venedig. Sein Grab liegt auf der Friedhofsinsel San Michele.

XX

Wie manche, die damals wie Peter Rühmkorf oder ich Gedichte lasen oder schrieben, kamen wir ohne Gottfried Benn nicht aus. Gewisse Verse von ihm waren wie eine Droge. Sie hatten einen ganz eigenen, unwiderstehlichen Sound. »Teils – teils das Ganze. Sela, Psalmenende.« – »Ich habe mich oft gefragt und keine Antwort gefunden, / woher das Sanfte und das Gute kommt, / weiß es auch heute nicht und muß nun gehen.« Wir konnten solche Zeilen auswendig hersagen.

Ich erinnere mich an einen glücklichen Raubzug an der Charing Cross Road in London, als ich im weitläufigen Labyrinth der Buchhandlung Foyles auf eine kleine, vergilbte Broschüre aus dem Jahr 1912 stieß. Der Titel lautete *Morgue und andere Gedichte*. Es war Benns erste, fulminante Publikation, die im Berliner Verlag von Alfred Richard Meyer erschien. Sie ist heute schwer aufzutreiben, weil die Auflage so klein war: 500 Exemplare, von denen die meisten längst zerfleddert sind. Damals kostete sie mich ein paar Schillinge, und ich fürchte, daß die Witwe eines deutschen Emigranten sie in die Regale von Foyles gebracht hatte, um ihre Miete zu bezahlen.

Das war Ende der vierziger Jahre, und ich wußte natürlich Bescheid über Benns politische Unzurechnungsfähigkeit, die er 1933 bewiesen hatte. Er war, wie Helmut Lethen sagt, »ein nützlicher Idiot des Umsturzes«. Als ein Publikationsverbot gegen ihn erging, legte er mehr Hellsicht an den Tag. Die Reichsschrifttumskammer nannte er ein »ästhetisches Sing-Sing«.

Er gab seine Kassenpraxis auf und zog sich als Oberstabsarzt in die Armee zurück, was er als die »aristokratische Form der Emigration« betrachtete. Nach dem Mord an Röhm und Schleicher hat er diese Zeit als *Doppelleben* beschrieben. Er lebte zuerst in Hannover und Berlin, später in Landsberg an der Warthe, einer Stadt, die heute auf polnisch Gorzów Wielkopolski heißt.

In privaten Briefen riskierte er Äußerungen, die nicht ungefährlich waren. An eine Freundin schrieb er: »Wie groß fing das an, wie dreckig sieht es heute aus«, oder: »Was nicht direkt ins KZ Lager führt, ist albern … Mit Papier kommt man Bestien nicht bei.«

Wie viele andere war ich, was ihn betraf, hin- und hergerissen zwischen Bewunderung und Ärger. Benn hielt sich für einen »Intellektualisten«, aber damit war es nicht weit her. Manchmal wäre er lieber »ein Klümpchen Schleim in einem warmen Moor« gewesen. Gern fuhrwerkte er mit Fremdwörtern herum, deren Klang ihm gefiel, ohne daß er ihre Bedeutung verstand. »Mich sensationiert eben das Wort ohne jede Rücksicht auf seinen beschreibenden Charakter rein als assoziatives Motiv«, teilte er mit.

Das Wort »Megalithkultur« gefiel ihm so gut, daß es ihm egal war, ob in dieser Zeit »Urjäger« oder Ackerbauern lebten. »Autopsychisch solitär, fäulig monokol« – das ist doch Quatsch mit Soße! Vor solchen Unfällen hätte ihn jedes Wörterbuch bewahren können. Er konnte kein Englisch, reimte »Drogenflipp« auf »der letzte Ship« und sprach die Fifth Avenue aus, als ob sie ›Feifs‹ hieße. Die Südsee, die er nur aus der *Berliner Illu-*

strirten kannte, riß ihn zu schwärmerischen Strophen hin. Seinen getreuen Bremer Freund Friedrich Wilhelm Oelze schätzte er als idealen Gentleman ein, eine »Synthese aus Oxford und Athen«.

Viele seiner Gedichte streifen den Kitsch, und dies bei einem Dichter, der sagte, es komme nur darauf an, ein paar »hinterlassungsfähige Gebilde« hervorzubringen. Wenn es hochkomme, sei das ein halbes Dutzend. Von Benn gibt es deren mehr als alles, was von den meisten Lyrikern übrigbleibt. Es sind besonders die aus seinen letzten Jahren. Er hörte lieber irgendeinem Schlager aus dem RIAS oder einer Unterhaltung am Nebentisch zu als einer Symphonie von Beethoven in der Philharmonie.

Seine Biographie ist gründlich erforscht. Dabei hat sich besonders Holger Hof hervorgetan, der in seinem Buch *Der Mann ohne Gedächtnis* minutiös auf die medizinischen und erotischen Seiten dieses Lebens eingeht. An Quellen dafür fehlt es nicht. In mehreren Briefwechseln findet, wer daran Anteil nehmen möchte, genügend Auskünfte über Eifersuchtsdramen, fatale Krankheiten, Selbstmorde und Todesfälle in Benns nächster Umgebung.

Obgleich er wahrhaftig nicht als Idealfigur oder gar als Schönling gelten konnte und kein Hehl daraus machte, daß er bindungsscheu und notorisch untreu war, verfielen ihm die Frauen reihenweise, ein Beweis dafür, daß die Frage »Was will das Weib?« ziemlich schwer zu beantworten ist.

Zuweilen überkam mich das Gefühl, daß ich es mir mit diesem Mann zu leicht gemacht hatte. Einmal fühlte ich mich veranlaßt zu rufen: »Laßt mir Herrn Dr. Benn in Ruhe! / Belle-Alliance-Straße, alle Kassen. / Seine Patienten haben sich nie über ihn beklagt.« Als während des Berliner Spartakisten-Aufstands ein paar verwundete Kommunisten bei ihm läuteten, hat er ihnen, ohne nach ihren politischen Ansichten zu fragen, Hilfe geleistet. Die Huren, die zur Kundschaft seiner Praxis für Haut- und Geschlechtskrankheiten gehörten, behandelte er umsonst, wenn sie kein Geld hatten. »Ich will weiter meine Tripper spritzen, zwanzig Mark in der Tasche, keine Zahnschmerzen, keine Hühneraugen, der Rest ist schon Gemeinschaft, und der weiche ich aus.« Das war leichter gesagt als getan.

Übrigens war Benn, so wie Karl Marx, mit dem er ansonsten nicht die geringste Ähnlichkeit hat, ein begnadeter Schimpfer. Über den Lyriker Wilhelm Lehmann: »Dagegen ist eine Schnecke ein Wirbeltier«; über Hofmannsthal: »Ein Schieber, Bankierssohn, mit sehr viel gepumpten Beständen«, und über Ernst Jünger: er habe »in genügender Menge das Mulmige, ohne das die Deutschen den Geist nicht ertragen«, er sei »weichlich, eingebildet, wichtigtuerisch und stillos. Sprachlich unsicher, charakterlich unbedeutend«. Zu Strindberg fiel ihm ein: »Er will die Frau ›emporziehn‹ (statt: sie auszuziehn) u. muß ihr imponieren (mit geschmackvoll arrangierten Butterdosen und Frühstücksdecken)!... ›Am Weibe zu Grunde gehn‹, das ist doch schon geradezu sehr lieb!«

Irgendwo muß in einer Mappe ein Brief von ihm stecken, der an mich als angehenden Rundfunkredakteur adressiert war. Es lohnt sich nicht, ihn herauszusuchen, denn er enthielt nur eine höfliche Absage und keinen der flotten Sprüche, mit denen er maskierte, wie schwer ihm der Preis zusetzte, der für sein Überleben und seinen späten Triumph fällig wurde. Bei aller Liebe tut, wer ihm, wie ich, viel zu verdanken hat, gut daran, sich beizeiten aus seinem Bannkreis zu befreien.

XXI

Es hätte doch alles gutgehen können, jedenfalls besser als bei anderen Exilierten. Denn Hermann Broch gehörte nicht zu den Enterbten und Verkannten. Er war der Sohn eines jüdischen Fabrikbesitzers aus Wien. 1909 konvertierte er zum Katholizismus. 1927 verkaufte er seinen Anteil an der Spinnfabrik Teesdorf, studierte Mathematik, Philosophie und Physik und beschloß, als freier Schriftsteller zu leben.

Das erste Werk, das ihm große Anerkennung verschaffte, sind die *Schlafwandler*, eine Romantrilogie aus den Jahren 1930 bis 1932. Die Kritik verglich sie mit Thomas Manns *Zauberberg*, mit Musils *Mann ohne Eigenschaften* und mit dem *Ulysses* von James Joyce. Dem ersten Teil, *Pasenow oder die Romantik*, dem folgenden Band, *Esch oder die Anarchie*, und dem letzten, *Huguenau oder die Sachlichkeit*, ist ein Thema gemeinsam: Sie handeln vom Sinnverlust der Moderne. Seine Haupt- und Titelfiguren verleugnen die Realität, verlieren die Orientierung oder stürzen sich in den Taumel der Gewinnmaximierung.

Die Schlafwandler sind bis heute Brochs erfolgreichstes und international verbreitetstes Werk geblieben. Er ließ ihm weitere

Romane folgen: *Die Unbekannte Größe* mit Schwergewicht auf der theoretischen Physik, einem Gebiet, auf dem er sich auskannte, und einen unvollendeten *Bergroman*, der in Parabelform politische Hetze und Massenwahn ins Visier nimmt. Der »Anschluß« Österreichs an das Reich stand bevor, und Broch wurde 1938 sofort verhaftet und ins Gefängnis gebracht. Er hatte Todesangst. Glücklicherweise gelang es James Joyce, ihm ein britisches Visum zu verschaffen. Mit Unterstützung von Thomas Mann und Albert Einstein konnte er von England aus in die USA emigrieren. Er lebte in New York, Princeton und New Haven. Aufgegeben hat er nicht. Broch nahm sich sein nächstes Hauptwerk vor: *Der Tod des Vergil*. Die »kulturelle Umbruchszeit des Augusteischen Zeitalters« schien ihm der Gegenwart zu ähneln. Seine Monologe des sterbenden Vergil sind als Abrechnung mit der Kultur einer untergehenden Epoche gemeint.

Das Buch wurde respektvoll aufgenommen, war aber kein kommerzieller Erfolg. Um seinen Lebensunterhalt zu sichern, versuchte er, seine Wiener Privatbibliothek zu verkaufen, und bemühte sich vergeblich um ein Stipendium. 1950 machte er sich sogar Hoffnungen auf den Nobelpreis, der aber zu seiner Enttäuschung an William Faulkner ging.

1949 hatte sich Broch mit der Malerin Annemarie Meier-Graefe, der Witwe eines angesehenen Kunsthistorikers, verheiratet. Dazu war er nur unter seinen Bedingungen bereit gewesen: Die Ehe sollte jederzeit wieder lösbar sein, und gegenseitige Ansprüche dürfe es nicht geben. Annemarie entschloß sich daraufhin kurz nach der Hochzeit, allein nach Europa zurückzukehren.

Das ist die Ausgangssituation des Briefwechsels, den sie führten und der erst 1951 mit dem Tod des Schriftstellers endete. Er gewährt manche Einsichten in Brochs letzte Jahre. Man erfährt von der ungewöhnlichen Liebschaft, die ihn mit Hannah Arendt verband. Sie wollte sich auf keinen Fall als neue Feder auf Brochs Hut stecken lassen. Als eine weitere eifersüchtige Geliebte stand sie nicht zur Verfügung. Sie wünschte *die* Frau zu bleiben, mit der er keine Affäre hatte. »Lassen Sie mich die Ausnahme sein«, soll sie ihm gesagt haben. In seinen letzten Lebensjahren war Hermann Broch weitgehend isoliert und lebte in ewiger Geldnot. Die mit ihm Umgang hatten, sagten ihm nach, er habe sich bald aggressiv, bald wehleidig oder ängstlich verhalten. Andererseits sei er sich der Bedeutung seiner Person überaus bewußt und sehr besorgt um seinen Nachruhm gewesen. Er war wohl, als er starb, ein gänzlich gebrochener Mann, der mit leeren Händen dastand. Immerhin hätte es ihn getröstet, daß es seit 1981 eine kommentierte Ausgabe seiner Werke und Briefe gibt, herausgegeben von P. M. Lützeler, der auch eine ausführliche Biographie über Hermann Broch verfaßt hat.

XXII

Sein Leben hatte das Zeug zu einem Abenteuerroman, aber es nahm ein banales Ende. Vielleicht mehr noch als an seinen arabischen Lieblingen, den Beduinen, seinen Kamelen und seinem Stolz hing Thomas Edward Lawrence an dem schnellen Motorrad, das er in seinem spartanischen Zufluchtsort in der südenglischen Grafschaft Dorset untergebracht hatte. Mit dieser Maschine fuhr er zwei Radfahrer über den Haufen, stürzte, verletzte sich am Kopf, lag sechs Tage lang im Koma und starb mit 46 Jahren. Auf seinem Grabstein steht das Motto der Oxforder Universität: *Dominus illuminatio mea.*

Die Nachwelt hat sich seiner mit allen Mitteln bemächtigt, mit kultischer Verehrung, Streit und übler Nachrede. Sie kennt ihn als legendären Filmhelden unter dem Namen Lawrence von Arabien. Sein Geburtsname war Chapman, aber gelegentlich nannte er sich auch Ross oder Shaw.

Ob er ein Held war, ein Lügner und Geheimniskrämer, ein Scharlatan oder ein Verräter? Um das zu beurteilen, müßte man mindestens das geheime Bündnis des Deutschen Reiches mit dem Osmanischen Reich von 1914 kennen, das

Sykes-Picot-Abkommen von 1916, die Korrespondenz zwischen McMahon und Sherif Hussein von 1916 sowie die Balfour-Deklaration von 1917. Wer wie ich von der Geschichte des Nahen Ostens wenig Ahnung hat, tut gut daran, sich mit Quellen zu begnügen, die auch für einen Laien erreichbar sind. Fest steht jedenfalls, daß Lawrence 1888 in Tremadog in Wales geboren wurde. Ein uneheliches Kind war damals zum Außenseitertum verurteilt. Gleichwohl hatte er bald so gute Noten, daß er am Oxforder Jesus College studieren konnte. Mit 21 Jahren unternahm er eine lange Wanderung durch Syrien und Palästina. Dabei besuchte er auch die Burgen der Kreuzfahrer. Seine Dissertation fiel so eindrucksvoll aus, daß man ihn zu einer archäologischen Expedition an den Euphrat einlud. Diese Gelegenheit nutzte er, um Arabisch zu lernen. 1914 schloß er sich einer Kampagne in der Negev-Wüste an, die zwar offiziell mit Ausgrabungen betraut war, insgeheim aber für den britischen Nachrichtendienst arbeitete.

Als das Osmanische Reich sich auf der Seite Deutschlands am Ersten Weltkrieg beteiligte, wurde Lawrence offiziell vom britischen Nachrichtendienst in Kairo rekrutiert. Er erreichte schließlich, daß er im Oktober 1916 nach Westarabien, in den Hedschas, abkommandiert wurde, wo Sherif Hussein, der Emir von Mekka und Schirmherr der heiligen Stätten der Muslime, zum Aufstand gegen den osmanischen Sultan bereit war, sofern die Briten ihn mit Geld und Militärberatern unterstützen würden.

Dieser scheue, blonde, ungewöhnlich kleine Mann mit einem viel zu großen Kopf wurde schnell zu einer Schlüsselfigur des arabischen Unabhängigkeitskampfes, nicht nur, weil er sofort begriff, daß Faisal, ein Sohn des Emirs, ein geborener Anführer war. Er verstand es auch, sich den arabischen Gebräuchen anzupassen, und trug immer einen Burnus.

Er hatte nichts dagegen, daß seine Truppe Züge ausplünderte, Gefangene abschlachtete und ihre eigenen Verwundeten erschoß, um zu verhindern, daß sie in die Hand des Feindes fielen. So hielten es auch die gegnerischen Truppen. Als Lawrence 1917 als Kundschafter nach Deraa ging, einem Ort an der heutigen syrischen Grenze, übermannten ihn türkische Soldaten, peitschen ihn aus und wollten ihn vergewaltigen; aber »ein so blutiges Etwas war für ihr Bett nicht zu gebrauchen«. Er schrieb über diese Episode:»Ich habe dort meine Unschuld ganz verloren.« Robert Graves deutet an, daß Lawrence durch seine Mißhandlung impotent wurde.

Beklagt hat er sich nicht. Im Gegenteil; er schrieb, dabei habe ihn »eine köstliche Wärme überkommen«. Das läßt auf eine masochistische Veranlagung schließen. Später soll er einen Kameraden dafür bezahlt haben, daß der ihn auspeitschte. André Malraux, der ihn bewunderte, schreibt, Lawrence habe Geschmack an der Askese und daran gefunden, sich zu erniedrigen. Mit Abscheu soll er Ehrgeiz, Ruhmsucht, Besitz und bürgerliches Ansehen betrachtet haben.

Schluß mit diesem Exkurs, der keine Beweiskraft beanspruchen kann, und zurück zum Verlauf des arabischen Aufstandes! Die schlecht organisierten Beduinen wären einer offenen militärischen Auseinandersetzung nicht gewachsen gewesen. Deshalb entschied sich Lawrence für die Guerillataktik. Er organisierte Überraschungsangriffe und Sprengstoffanschläge, um die osmanische Armee zu schwächen. Damit war er so erfolgreich, daß die arabischen Rebellen 1917 Akaba und im Jahr danach Damaskus eroberten. Am selben Tag marschierte die britische Armee in die Stadt ein und erreichte so ihr Ziel: die Vorherrschaft im Nahen Osten.

Die britische Regierung dachte gar nicht daran, ein selbständiges Arabien zuzulassen. Lawrence hatte den Kopf für ein perfides Unternehmen hingehalten. »Ich habe meine Ehre um Englands willen verkauft«, sagte er später schuldbewußt. Nach dem Waffenstillstand war er physisch und seelisch ausgelaugt.

Im Rang eines Obersten kehrte er nach London zurück und arbeitete zunächst für das Außenministerium. An der Pariser Friedenskonferenz nahm er als Mitglied der Delegation von Faisal teil. Auch beriet er Churchill im Kolonialministerium, um bessere Bedingungen für seine arabischen Freunde zu erreichen. Damit blieb er erfolglos. Er konzentrierte sich nun auf seinen Rechenschaftsbericht, *The Seven Pillars of Wisdom*, der sein Hauptwerk blieb und zum Klassiker wurde. Er gestand in diesem Buch, daß er eitel war und zum Posieren neigte: »Ich schmachtete nach Ruhm. Zugleich graute mir davor, daß diese Ruhmsucht ruchbar werden könnte. Der Ekel vor meinem eigenen Ehrgeiz trieb mich, jede mir angebotene Ehre auszuschlagen.« So brüskierte er den englischen König, indem er einen hohen Orden ablehnte. Mit den gebrochenen Zusagen an die Araber konnte er sich nicht abfinden und trat von der politischen Bühne ab.

Die sieben Säulen der Weisheit erschienen zuerst 1926 als Privatdruck in London. Die Auflage bestand aus nur acht Exemplaren. Lawrence wollte nie Geld für sein Buch nehmen. Er arbeitete an einer gekürzten Fassung, die er *Revolt in the Desert* nannte und die im Buchhandel sehr erfolgreich wurde. Ungedruckt ließ er *The Mint*, eine Anklageschrift gegen den Krieg. Eine deutsche Übersetzung trägt den Titel *Unter dem Prägestock*. Es gibt übrigens auch eine Prosaübersetzung der *Odyssee* von Lawrence, an der er vier Jahre lange gearbeitet hat.

Unter dem falschen Namen T. E. Shaw bewarb er sich 1923 bei der britischen Luftwaffe. Seine Tarnung flog bald auf. Das sprach sich herum, und das Kommando beschloß, ihn auf eine ferne Garnison in Indien zu versetzen. Als Gerüchte aufkamen, er sei ein Spion, wurde er nach England zurückbeordert. Bis zu seiner Verabschiedung im Jahr 1935 diente er als einfacher Soldat weiterhin in der Royal Air Force. Daß er anonym bleiben wollte, hat die britische Presse nie respektiert. Vielmehr war sie darauf bedacht, sein Leben auszuschlachten und ihn zu einer legendären Figur zu machen.

Lawrence war ein selbstquälerischer Mensch, der aus seinen Begabungen das Beste zu machen versucht hat.

XXIII

Er war der Meister der Tarnkappe. Er trug nicht nur eine, sondern eine stattliche Zahl solcher Kopfbedeckungen: Alexander Search, Robert Anon, Alberto Caeiro, Ricardo Reis, Álvaro de Campos, Antonio Mora, Bernardo Soares. Als Pseudonyme kann man diese Namen kaum bezeichnen.

Denn Fernando António Nogueira de Seabra Pessoa hätte sich gegen bloße Decknamen gesträubt. Seine vielen Doppel- oder Vielfach-Autoren versah er mit Heteronymen. Jeden stattete er mit eigenem Stil, eigener Biographie, eigenen Vorzügen und Defekten aus. »Sei vielgestaltig wie das Weltall!« rief er. Wo aber ist Pessoa *ipse*, wo ist er selbst in diesem Varieté geblieben? »Uma pessoa« heißt in der Landessprache lediglich »eine Person«. Es ist ein Familienname, der so gut wie nichts besagt.

Das Unauffälligste an Pessoa war seine Unauffälligkeit. Man muß sich ihn als kleinen, schnurrbärtigen, bebrillten Herrn vorstellen, der sich mit immer demselben Hut in der Baixa, der Unterstadt von Lissabon, im selben Café einfindet und von dem die Welt kaum Notiz nimmt. Frauen spielen in seinem Leben keine Rolle. Er fristet sein Leben als Übersetzer. Für

irgendwelche Firmen der Hauptstadt besorgt er die Handels-
korrespondenz, eine mühsame und langweilige Arbeit, die ihm
aber das sichert, worauf er am meisten Wert legt: seine Unabhängigkeit. Er hat immerzu geschrieben, aber wenig publiziert. Seine Manuskripte blieben liegen,»für die Truhe«, wie er
sagte. Sein Nachlaß war ein Durcheinander, das den Philologen viel Kopfzerbrechen bereitet hat. In seinen postumen Werken wühlen sie bis heute.
1904 begann er zu dichten, und zwar auf englisch. Das liegt
daran, daß seine Mutter einen portugiesischen Diplomaten geheiratet hatte, der in der britischen Kapkolonie als Konsul tätig
war. Dieser Stiefvater schickte ihn auf die University of Cape
Town, wo er sich in Shakespeare, Shelley, Keats und Poe vertiefte.
Dann ging die Familie nach Portugal zurück. Bald zeigte sich,
daß dieser Jüngling über die Maßen begabt und gefährdet war.
Er schrieb von nun an auf portugiesisch. Das Englische war
nur noch ein Hintergrundrauschen. Auf ein politisches ›Engagement‹ ließ er sich nicht ein.
War er bescheiden? Das kann man dem jungen Mann nicht
vorwerfen. Er träumte davon, Camões, den größten Klassiker
des Landes, zu übertreffen. Über Widersprüche war er erhaben. Tradition und Avantgarde,»Sensacionismo« und Astro-
logie, Mystik und Anarchie, das alles spukte in seinem Kopf
herum. Er verfaßte: Lieder, Sonette, Oden, ein Versepos oder
auch einen kleinen Roman. Eigentlich war Portugal zu klein
für ihn, ein Land, das von seiner vergangenen Größe träumte
und, wie er meinte,»von Bonzen regiert« wurde.
Gedichte interessierten ihn weit mehr als die Politik, obwohl
er einmal sogar in einer Flugschrift die Militärdiktatur in Portugal verteidigt hat. Daß der Dichter ganz dicht war, daran
sind Zweifel erlaubt. Er war zeitweise völlig auf den sagenhaf-
ten König Sebastião, auf Schopenhauer, die Rosenkreuzer, die
Freimaurer, den Futurismus und die Alchemie fixiert.

Einer seiner Übersetzer hat erklärt, worin für Pessoa die Dummheit bestand. Blöde war es, die Spannung von Gegensätzen, von Anderssein nicht zu ertragen. Manchmal hatte er Angst, verrückt zu werden. »Ich war immer nur eine Spur und ein Trugbild meiner selbst«, sagt über ihn der Hilfsbuchhalter Bernardo Soares, eine der vielen Masken Pessoas, im *Buch der Unruhe*, das als sein Hauptwerk gilt, obwohl es nie so gedacht war, sondern aus der Truhe zusammengeflickt werden mußte. Ein großes Kapitel trägt die Überschrift »Autobiographie ohne Ereignisse«.

Pessoa verstarb mit 47 Jahren an einem Leberleiden in Lissabon, das er seit 1914 nie mehr verlassen hat.

XXIV

Geboren in der oberschlesischen Kleinstadt Neiße, hat dieser Mann sich nie mit der Welt, die er vorfand, abgefunden. Er war immer auf der Flucht. Man kann sagen, daß er sich in dieser Disziplin virtuos geschlagen, aber nie den Sieg davongetragen hat.

Franz Jung desertierte 1915 aus der Reichswehr, ohne daß er einen Schuß abgegeben hätte, floh nach Wien, wurde verhaftet und ausgeliefert und saß in Spandau im Gefängnis. Er wurde in einer Irrenanstalt festgehalten, als er eine Geisteskrankheit simulierte. Nach seiner Entlassung trat er erst dem Spartakusbund bei und dann der KPD. 1919 beteiligte er sich am Spartakusaufstand, wurde zum zweiten Mal festgenommen, floh nach Breslau, wurde freigelassen und tauchte unter. Zwei Jahre später kaperte er einen Fischdampfer und fuhr mit ihm nach Murmansk. In der Nähe von Nowgorod baute er eine Zündholzfabrik auf, scheiterte aber am Moskauer Parteiapparat und mußte aus der Sowjetunion fliehen. Nach seiner Rückkehr wurde er wegen seines Schiffsraubs inhaftiert, doch wieder einmal entkam er.

Die KPD schloß ihn wegen »Linksabweichung« aus, aber sofort gründete er eine eigene kommunistische Splitterpartei. Unverdrossen machte er bei den Märzkämpfen von 1921 in der Provinz Sachsen mit. Nach der Niederschlagung des Aufstands erneut verhaftet, wich er in die Niederlande aus. Man schob ihn in die Sowjetunion ab. Dort ließ man Jung so lange in Ruhe, wie die Komintern ihn brauchen konnte.

Nach seiner Rückkehr nach Deutschland versuchte er, unter falschem Namen – er nannte sich Franz Larsz – im Berliner Theater- und Literaturbetrieb Fuß zu fassen. Das Gerichtsverfahren gegen ihn wurde auf Grund einer Amnestie niedergeschlagen.

Abenteuerliche Wendungen, politische Militanz, Niederlagen ohne Ende. Zugleich aber war Jung ein unermüdlicher Schriftsteller und Herausgeber, ein »Individualmarxist« und Dadaist, der als Autodidakt nicht nur Marx, sondern auch Max Stirner und Nietzsche studierte. Er versuchte sich auch als Dramatiker. Seine Stücke wurden zwar hie und da aufgeführt, blieben aber wie vieles, was er unternahm, erfolglos.

Nach der »Machtergreifung« wurde ein Schreibverbot über ihn verhängt. Er bewegte sich halb illegal, hielt Kontakt mit einer Widerstandsgruppe im Untergrund und konspirierte zugleich mit der Abwehrabteilung des Reichskriegsministeriums, wo Canaris für seine Freilassung sorgte. 1937 setzte er sich nach Prag und dann nach Wien ab. Nach dem Anschluß der »Ostmark« an das Reich verschwand er wieder in der Schweiz. Man wies ihn als Unruhestifter aus. Er zog nach Budapest und schlug sich als Versicherungsagent und Informant durch. Seine Geschäfte waren immer undurchsichtig. Als ihn die Pfeilkreuzler verhafteten und ihm die Todesstrafe drohte, gelang ihm die Flucht nach Italien. Himmlers Sicherheitsdienst griff ihn 1944 auf und internierte ihn im Konzentrationslager Bozen.

Am Ende des Krieges befreite ihn die amerikanische Armee. 1948 schaffte er es mit Hilfe seiner alten Genossin Ruth

Fischer, die inzwischen für die Regierung der USA arbeitete, nach Amerika auszuwandern. Dort fristete er ein karges Dasein als Wirtschaftskorrespondent. 1960 kehrte er endgültig nach Europa zurück. Sein letzter Fluchtversuch endete 1963 in Stuttgart, wo Alfred Andersch und Helmut Heißenbüttel versuchten, ihm beim Rundfunk zu helfen. Verarmt und in seinem Geburtsland unwillkommen, ist er gestorben.

Übrigens endeten auch seine vier Ehen bald mit der Scheidung oder der Trennung. Wer vor wem geflohen ist, bleibt unklar und geht die Nachgeborenen nichts an.

Wenn jemand Genaueres über seine Odyssee wissen will, muß er sich an seine Autobiographie halten. Sie heißt *Der Weg nach unten* oder *Der Torpedokäfer.*

Der zweite Titel erklärt sich so: »Der Käfer hat etwa die Länge einer Gewehrpatrone, auch seine Form.« Das Besondere an ihm »ist die Kraft, mit der er das Ziel anfliegt, vorwärtsgetrieben wie ein Torpedo ... Es ist die biologische Eigenschaft des Torpedokäfers, daß er das Ziel anfliegt und stürzt ... Ich habe den Flug unzählige Male in mir selbst erlebt, bei Tag und bei Nacht. Das Ende ist immer das gleiche gewesen: Anprall, Sturz, Kriechen am Boden, sich zurückbewegen zum Ausgangspunkt, zum Startplatz – mit Mühe und jedesmal unter größeren Anstrengungen.«

Seine vielen Publikationen verteilten sich auf mindestens 14 verschiedene Verlage. Er benutzte Pseudonyme wie Franz Larsz und Frank Ryberg. Diesem Wirrwarr hat eine 14bändige Werkausgabe bei der Edition Nautilus, Hamburg 1981-1990, ein Ende gemacht, die Lutz Schulenburg und Hanna Mittelstädt zu verdanken ist.

XXV

Wenn die Sizilianer ein Fest feiern, bringen sie einen Tag lang die Nöte der Insel zum Schweigen. Dann siegt der Pomp. Nachdem sie beschlossen hatten, einer 75jährigen russischen Dichterin einen Preis zu verleihen, fand die Zeremonie im Teatro Massimo Bellini zu Catania statt, und nicht nur eine Schar von Würdenträgern war anwesend, sondern auch Quasimodo, Ungaretti und Ingeborg Bachmann.

Anna Achmatowa, die unnahbare Königin der russischen Poesie, eine stolze, eher junonische als venusische Schönheit in langer Robe, trug eines Abends im Dezember 1964 zum Dank für den Ätna-Taormina-Preis ein paar ihrer Verse vor, und ich durfte ihr, Gott weiß warum, in einem weinroten Plüschsessel zuhören. Untergebracht war man im ›San Domenico‹, einem ehemaligen Dominikanerkloster in Taormina, das zu einem Luxushotel umgebaut war. Ich habe es nicht gewagt, sie beim Diner anzusprechen.

Das war, bevor sie zwei Jahre später unweit von Moskau im Bett gestorben ist.

Es mag ja sein, daß Achmatowa eitel war, überheblich, eifersüchtig, klatschhaft und eigensinnig. Ihre engste Freundin Nadeschda Mandelstam deutet das in ihren *Erinnerungen* an, aber zugleich betont sie ihren Mut, ihre furchterregende Intelligenz und ihre Unbestechlichkeit.

Ein ruhiges Leben war ihr nie vergönnt, obwohl sie es als Kind gut hatte. Ihr Geburtsname war Anna Andrejewna Gorenko. Die Eltern lebten in Zarskoje Selo, der Sommerresidenz der Zaren, wo es Parks und Pferderennen gab, und den Sommer verbrachte sie auf der Krim. Mit elf Jahren fing sie an, Gedichte zu schreiben, was ihrem Vater nicht gefiel. Deshalb wählte sie von nun an das Pseudonym Achmatowa. Ihr Leitstern war Puschkin.

Nach der Trennung ihrer Eltern studierte sie in Kiew. 1910 heiratete sie Nikolai Gumiljow, das Haupt der Akmeisten, einer Petersburger Dichterschule, die aus einem Triumvirat bestand; der Dritte im Bunde war Ossip Mandelstam. Annas erster Gedichtband, der 1912 erschien, hieß *Abend*.

Nach der russischen Revolution verdüsterte sich ihr Leben. Sie ließ sich von Gumiljow scheiden, der 1922 wegen »konterrevolutionärer Tätigkeiten« erschossen wurde. Ihr zweiter Mann, ein Kunsthistoriker, fiel einer Säuberung zum Opfer und starb 1953 in Workuta, einem Arbeitslager.

Jahrzehntelang wurde nichts mehr von ihr gedruckt. Lew, ihr einziger Sohn, wurde mehrmals verhaftet und kehrte erst 1956 aus dem Gulag zurück.

1940 wurde auf persönlichen Befehl Stalins hin, der sie bewunderte und vielleicht beneidete, ihr Band *Aus sechs Büchern* veröffentlicht. Iossif Dschugaschwili, wie er ursprünglich hieß, hatte schließlich als 16jähriger Student am Tifliser orthodoxen Priesterseminar selber Gedichte verfaßt, die schlecht und bis zur Wehleidigkeit sentimental waren.

1950 mußte Achmatowa einen Zyklus zum »Ruhm des Friedens« veröffentlichen, darunter auch ein verspätetes Gedicht zum 70. Geburtstag Stalins, in dem es heißt: »Die Legende berichtet von einem weisen Menschen, / der uns alle vom Schrekken des Todes errettet hat.« War das eine Konzession, oder war es eine Anspielung auf den »Großen Vaterländischen Krieg«, der das deutsche Dritte Reich besiegt hatte?

Alles umsonst. 1946 erklärte ein gewisser Schdanow, ZK-Sekretär für Kultur und Ideologie: »Die Achmatowa ist eine wildgewordene Salondame, die sich zwischen Boudoir und Betstuhl bewegt … Halb Nonne, halb Dirne, bei der sich Unzucht und Gebet vermischen.« Die Folge war der Ausschluß aus dem Schriftstellerverband, was einem erneuten Schreib- und Publikationsverbot gleichkam. Ihrem Freund Pasternak erging es später ebenso. Anna mußte »von Brot und Tee« leben. Von da an lernte sie ihre Gedichte auswendig und verbrannte ihre Manuskripte. »Hände, Zündhölzer, ein Aschbecher – ein schönes und bitteres Ritual«, so schildert Lydia Tschukowskaja in ihren Erinnerungen diese Szene.

Aber dann kam plötzlich Isaiah Berlin zu einem denkwürdigen Besuch nach Leningrad, ein jüdischer Philosoph, in Riga geboren, der nicht nur Russisch sprach, sondern die Literatur und das geistige Klima des Landes in- und auswendig kannte. Er war damals Sekretär an der britischen Botschaft in Moskau. Für Achmatowa war das seit über 30 Jahren der erste Mensch aus dem Westen, ein »Gast aus der Zukunft«, dem sie in einer langen Nacht alles erzählte, was sie erlebt hatte. Berlin berichtet von dieser Begegnung in seinen *Personal Impressions* von 1980. Wer Achmatowa verstehen will, muß zu diesem Buch greifen, von dem auch eine deutsche Übersetzung existiert.

Erst nach mehr als 40 Jahren sind Nadeschda Mandelstams verschollen geglaubte *Erinnerungen an Anna Achmatowa* ans Tageslicht gekommen, weil ein Typoskript bei einer Bekannten erhalten blieb. Die beiden Freundinnen verband nicht allein die Liebe zur Dichtung, die Erfahrung von Krieg, Terror und persönlichen Verlusten, sondern eine leidenschaftliche Beziehung zu Ossip Mandelstam.

Nadeschdas hingehauener Text ist provokant, illusionslos und manchmal geradezu zynisch. Sie sieht die russische Poesie der Moderne von ihrem Ehemann Ossip derartig beherrscht, daß ihm neben Pasternak nur Achmatowa das Wasser reichen könne. Blok, Chlebnikow und Majakowski fertigt sie als Kretins ab. Auch die Frau, mit der sie Verfolgung, Entbehrung und die Querelen der Dreisamkeit durchgestanden hat, schont sie nicht, sondern spricht von den weniger liebenswürdigen Zügen ihrer engsten Freundin, von ihrem Jähzorn, ihrer Rechthaberei und ihrer Unbarmherzigkeit. »Wie konnte es passieren«, fragt sie sich, »daß Anna, Ossip und ich, drei Dickschädel, drei Strohköpfe, drei unglaublich leichtsinnige Menschen, unseren Bund so lange aufrechterhalten haben?«

Wenn diese Vignette ein paar Zeilen länger als die anderen ausfällt, so liegt das daran, daß es hier um eine Frau geht, die das »Jahrhundert der Wölfe« unbesiegt überstanden hat.

XXVI

Begegnet bin ich ihm nur einmal. Vor dieser flüchtigen Bekanntschaft hatte ich nie etwas von ihm gelesen, aber beeindruckt war ich damals schon von seinem Film *Orphée*. Jean Cocteau schenkte mir 1952 in Paris einen kleinen Gedichtband, *Le chiffre sept*, mit einer lila Originallithographie. Von diesen Versen habe ich wenig verstanden, obwohl mein Französisch besser war als sein Deutsch. Er verstreute seine Bücher gern, auch an Unbekannte, meist mit einer bunt gekritzelten Zeichnung, auf der Jünglinge, Sterne und Fische durcheinanderwirbelten.

Die Begabungen dieses Menschen waren so zahlreich, daß sie ihn geradezu erdrückten. Von den wilden Erfolgen, die ihm vergönnt waren, hat sich sein Nachruhm nie erholt. Angefangen mit Lyrik, die er 1908 in einem Theater vortrug und die er später verleugnete, ist er mit Gedichten, Theaterstücken, Romanen, Märchen und Fabeln, Filmen, Graphik, Journalismus, Gemälden, Keramiken und Klatsch hervorgetreten. Er galt schon früh als Wunderkind.

Was ihn über seine Flops, Verrätereien und plötzlichen Wendungen hinwegrettete, war seine manische Produktivität. W. H. Auden sagte 1950 über ihn: »Um seine gesammelten Werke zu beherbergen, bräuchte man kein Regal, sondern eine Lagerhalle.« Jahrzehntelang war er vom Opium abhängig. Mit dem Katholizismus hat er mehr als einmal geflirtet. Im übrigen war er bisexuell. Seine Affären mit jungen Männern hat er womöglich sogar übertrieben, eine Haltung, die damals ziemlich ungewöhnlich war.

Sein schlimmster Liebhaber war wahrscheinlich Maurice Sachs, ein psychopathischer Dieb und Hochstapler, der noch am Ende des »Dritten Reiches« Sklavenarbeiter bei der Gestapo denunzierte.

Die Liste seiner Freunde und Gegner reicht von Édith Piaf, Jean Marais, Igor Strawinsky, Coco Chanel und Jean Genet bis zu einem Boxer namens Al Brown. Um sie alle aufzuzählen, wäre ein Lexikon nötig. Er war prominent und prominentensüchtig. Die Surrealisten, angeführt von André Breton, haßten ihn natürlich, aber auch André Gide war ihm nicht wohlgesinnt.

Der französische Kritiker Claude Arnaud hat eine über 1000 Seiten lange Biographie über ihn geschrieben. Darin sagt er über den Mangel seines Helden an politischer Haltung: »Dem großbürgerlichen Milieu, in dem Cocteau aufwuchs, war die Tradition des Widerstandes fremd. Er hat es stets verstanden, wie man mit der Macht auskommt, um sein Prestige und seine Privilegien aufrechtzuerhalten, ganz egal, ob die Linke oder die Rechte an der Regierung war. Privat allerdings konnte man sie ablehnen oder sich wenigstens über sie lustig machen.«

Nur wenige Haare sind Cocteau gekrümmt worden. Im Ersten Weltkrieg kam er nie an die Front; eine Zeitlang soll er als Fahrer beim Roten Kreuz gedient haben, geschminkt und in einer schicken, vom berühmten Couturier Paul Poiret entworfenen Uniform. In Paris hieß es, sein Name sei die Pluralform des Wortes »Cocktail«. In den Jahren 1940-1945, als Frankreich von den Deutschen besetzt war, ging es ihm gut. Er konnte weiter publizieren und Filme machen. Das hat man ihm später vorgeworfen. War das, was er produzierte, wild-, zucht- oder halbseiden? Roh war es auf keinen Fall.

Daß er sich politisch engagiert hätte, kann man ihm schwerlich vorwerfen. Zwar hat er nie Geld von den Deutschen angenommen, und Einladungen ins Reich ist er ausgewichen. Doch wie Speer und Hitler begeisterte er sich für den Monumentalkitsch Arno Brekers. Cocteau hielt diesem Bildhauer später zugute, daß er Picasso und andere Künstler in Paris beschützt hat. In seinem Tagebuch schimpfte Breker allerdings noch 1942, daß es die Franzosen »an Respekt für Adolf Hitler fehlen lassen«.

Nach dem Krieg sind vor der ›Commission d'Épuration‹ Éluard und sogar Aragon für ihn eingetreten, so daß er fortan als »unbelastet« seine Karriere weiterverfolgen konnte. In seinem Tagebuch notierte er: »Ich habe vergessen, meine Säuberung zu erwähnen … Sie haben mich in fünf Minuten freigesprochen, und ich bin an der versammelten Menge sehr würdevoll, mit einer Lilie in der Hand, vorbeigeschritten.«

Weder die Ehrenlegion noch die Wahl in die Reihe der Unsterblichen, nämlich in die Académie française, ist Cocteau erspart geblieben.

XXVII

Er war nicht nur bei den Buchhändlern in den 1920er und 1930er Jahren sehr beliebt, weil er mehrere Bestseller schrieb, sondern auch bei der Boulevardpresse. Das lag an Franz Werfels Frau Alma, einer geborenen Schindler, die mit ihren zahlreichen Affären zuverlässig für saftige Indiskretionen sorgte.

Erst hatte sie sich in den Komponisten Alexander von Zemlinski verliebt, der allerdings Jude war, weshalb sie ihn nicht heiraten wollte. Ihre nächsten Trophäen waren Gustav Mahler, den sie 1902 ehelichte und bald überlebte, Oskar Kokoschka und Walter Gropius, ihr zweiter Ehemann, von dem sie sich scheiden ließ, um sich Franz Werfel an die Brust zu werfen. Diese *femme fatale* erfüllte, wie Friedrich Torberg sagte, eine »an Brutalität grenzende Energie«, gegen die offenbar jeder Widerstand zwecklos war: »Ein Leben ohne Alma wäre für ihn unvorstellbar gewesen.«

Werfels Erfolgen tat das keinen Abbruch. Als deutsch-böhmischer Prager aus wohlhabender jüdischer Familie weihten ihn sein Kindermädchen und eine Privatschule der Piaristen schon früh in die Reize des Katholizismus ein. Ganz ist er ihnen nicht verfallen; er beschäftigte sich auch mit der Theosophie, mit dem Spiritismus und sogar ein wenig mit dem Islam. Vor allem aber fing er an, Gedichte zu schreiben. Die literarisch Interessierten trafen sich damals im Café Arco. Dort lernte er Franz Kafka kennen, den seine Chuzpe verblüffte, wenn dieser beleibte Knabe lauthals aus dem Manuskript deklamierte.

1911 erschien Werfels erste Sammlung, *Der Weltfreund.* Seine Lyrik hat er immer höher eingeschätzt als alle Werke, denen er seine Erfolge verdankte. Besonders schlimm erwischte es ihn, als der Expressionismus aufblühte:

»Wachsend erkenne das Vermaledeit!
Brüllend verbrenne im Wasser und Feuer-Leid!
Renne renne renne gegen die alte, die elende Zeit!!!«

Übelgenommen wurde ihm dieser »Revolutions Aufruf« nicht; der Band, der bei Kurt Wolff in Leipzig erschien, erlebte mindestens fünf Auflagen. Dort arbeitete Werfel als Lektor und gab Georg Trakls erstes Buch heraus. Er traf Rilke, Buber und Karl Kraus, der einige seiner Verse in der *Fackel* druckte.

Der Erste Weltkrieg verlief für Werfel ziemlich glimpflich. Er ließ sich in das k. u. k. Kriegspressequartier versetzen, wo er sich in guter Gesellschaft befand; denn auch Hofmannsthal, Stefan Zweig und Musil waren an diesem Propagandadienst beteiligt.

Nach dem Krieg Erfolge, Erfolge, im Roman und auf der Bühne, besonders mit *Verdi.* Alma wollte reisen und schleppte ihn nach Venedig und nach Palästina mit. 1930 begegnete er in Damaskus Überlebenden des Völkermordes an den Armeniern. Er sah eine neue Mission darin, dieses Verbrechen vor der Weltöffentlichkeit zu brandmarken. Das tat er mit seinem nächsten Roman, *Die vierzig Tage des Musa Dagh,* und auch diesmal blieb der Erfolg ihm auf den Fersen.

Nur in Deutschland nicht. Wie im NS-Staat üblich, wurden seine Bücher 1933 verbrannt, und auf Betreiben von Gottfried Benn wurde er aus der Preußischen Akademie ausgeschlossen. 1938 wurde Österreich in Großdeutschland einverleibt. Werfel erwartete Alma nach einem Capri-Aufenthalt in Mailand. Sie hatte in Wien alle Konten aufgelöst und das Geld in die Schweiz gebracht. Die Werfels flohen nach Paris und zogen sich nach Sanary-sur-Mer an der Riviera zurück, wo es bereits eine stattliche deutsche Exilgemeinde gab, darunter die Familie Mann, Lion Feuchtwanger, Joseph Roth und Bertolt Brecht. Nach dem Einmarsch der Wehrmacht in Frankreich suchte Werfel eine Bleibe in der unbesetzten Zone und fand sie in Lourdes. Er legte ein feierliches Gelöbnis ab: Wenn er gerettet würde, wolle er ein Buch über die Patronin des Wallfahrtsortes, die heilige Bernadette, schreiben. Das hat er getan, und wieder ist ein Weltbestseller daraus geworden.

Als die Deutschen auch Südfrankreich okkupierten, hatten die Werfels Glück im Unglück. In Marseille beschaffte Varian Fry ihnen ein Visum für die USA. Es heißt, sie hätten zu Fuß die Pyrenäen überquert und dann mit dem Flugzeug über Barcelona Lissabon erreicht. Im Oktober 1940 ging ihr Dampfer in New York vor Anker. Wohin sie wohl gezogen sind? Selbstverständlich nach Los Angeles. Auch dort gab es bereits eine kleine Kolonie von Exilschriftstellern. *Das Lied der Bernadette* erreichte so hohe Auflagen und seine Verfilmung spielte so viel Geld ein, daß sie sich eine Villa in Beverly Hills leisten konnten.

Das half Franz Werfel nichts, denn er litt schon lange an einem schwachen Herzen.

Mit 55 Jahren ist er während der Arbeit an einer Auswahl seiner Lyrik einem Infarkt erlegen. Er wäre doch so gern ein Dichter geworden!

Natürlich hat ihn die unverwüstliche Alma überlebt. Sie wurde 85 Jahre alt, nicht ohne eine Autobiographie zu hinterlassen. *Mein Leben*, ihre Autobiographie, von der sie sich eine

Sensation erwartete, muß sie enttäuscht haben. Man fand sie egomanisch, antisemitisch und herrschsüchtig, und selbst dem nachsichtigen Carl Zuckmayer ist sie »durch dieses allzu hemmungslose Memoirenbuch (dem allerdings etwas Gigantisches, nämlich an Taktlosigkeit und Verfälschungen, innewohnt), recht zuwider geworden«.

XXVIII

Es kommt selten vor, daß ein Philosoph, der Gedichte verfaßt, als Mittfünfziger einen Roman schreibt, den plötzlich die ganze Welt kennt und liest. In Stockholm leuchtet man ihm mit einem Nobelpreis heim; daraufhin wird er zu Hause wüst beschimpft, darf nicht nach Schweden fahren, zieht sich auf seine Datscha zurück und stirbt dort mit 70 Jahren im Bett. Boris Pasternaks Begräbnis wird von der Regierung ignoriert.

Die Frage, wie der Dichter das alles überlebt hat, läßt sich natürlich auf ein paar Seiten nicht beantworten. Darüber und über sein Werk sind viele dicke Bücher geschrieben worden.

Geboren wurde Pasternak als Sohn jüdischer Eltern in Moskau. Sein Vater Leonid war Maler, seine Mutter eine bekannte Pianistin. Eigentlich wollte er Musiker und Komponist werden, wandte sich aber der Philosophie zu und ging nach Marburg, wo Hermann Cohen und Nicolai Hartmann, die Neukantianer, den Ton angaben. Er lernte Deutsch und fing an, Gedichte zu schreiben. »Wer sich ausschließlich mit Philosophie beschäftigt«, sagte er, »kommt mir vor wie ein Mensch, der nur Meerrettich ißt.«

Damit war er nicht allein. In Rußland gab es vor dem Ersten Weltkrieg Symbolisten, Futuristen und sogar eine ›Linke Front der Künste‹. 1914 erschien Pasternaks erste Gedichtsammlung, *Zwilling in Wolken*. Der Wehrdienst blieb ihm wegen einer Verletzung erspart. 1917 hatte er nichts gegen die Oktoberrevolution einzuwenden. Seine Eltern und Geschwister sind vier Jahre später nach Deutschland ausgewandert.

Er arbeitete als Bibliothekar, schrieb weiter seine Gedichte: *Meine Schwester, das Leben* und *Das Jahr 1905*. Mit diesen Publikationen wurde Pasternak zu einem der wichtigsten Dichter der russischen Moderne. Ilja Erenburg, der viel von einer Plaudertasche hatte, erzählt in seiner Autobiographie *Menschen Leben Jahre*: »Innerhalb von vierundzwanzig Jahren traf ich mich mit ihm, manchmal nur selten, manchmal fast täglich. Er erschien mir oft rätselhaft wie am ersten Tag.« Er habe an Schlaflosigkeit gelitten, sei egozentrisch, aber gesellig gewesen, vertraut mit Majakowski, Mandelstam, Babel, Paustowski, Schklowski und der Zwetajewa. Von seinen früheren Büchern habe er am Ende nichts mehr hören wollen und nur noch seinen *Doktor Schiwago* gelten lassen. Erenburg bewunderte seine Gedichte, wenngleich sie sich der Doktrin des Sozialistischen Realismus widersetzten.

Pasternak fristete sein Leben mit Übersetzungen aus dem Französischen, Englischen und Deutschen, darunter Goethes *Faust*, mehrere Tragödien von Shakespeare und Werke von Rilke und Kleist. Als er 1934 eine zweite Ehe einging, zog er mit seiner neuen Familie in die berühmte Künstlerkolonie Peredelkino in der Nähe von Moskau.

Ossip Mandelstam las seinem Freund im selben Jahr ein Epigramm vor, in dem er Stalin als »Mörder und Bauernschlächter« bezeichnete. Olga Iwinskaja, Pasternaks Geliebte, erzählt in ihren Erinnerungen, wie es dabei zuging. »Das habe ich nicht gehört, du hast es mir nie vorgelesen«, habe Pasternak geantwortet. »Du weißt doch, daß jetzt sonderbare und schreckliche Dinge passieren. Sie haben angefangen, Leute festzunehmen. Die Wände haben Ohren, vielleicht sogar die Bänke hier auf dem Boulevard.«

Kurz darauf wurde Mandelstam auf Befehl des NKWD-Chefs Jagoda verhaftet und zunächst nach Woronesch verbannt. Stalin befahl diesem Henker, den Dichter »aufzubewahren, aber zu isolieren«. Sofort habe Pasternak bei Bucharin zugunsten seines Freundes interveniert. Der wandte sich direkt an Stalin: »Ein erstklassiger Dichter, aber nicht ganz normal. Pasternak ist entsetzt über seine Verhaftung ... Die Dichter behalten immer recht, die Geschichte ist auf ihrer Seite.« Bucharins Plädoyer war vergeblich. Bald danach setzten die ersten Moskauer Schauprozesse ein.

Zu Neujahr 1936 erschienen in der *Iswestija* zwei Gedichte Pasternaks, die von Stalin handelten und in späteren Ausgaben fehlen:

»Er lebt, uns fern, in diesen Tagen
in der steinernen Mauern Schoß,
kein Mensch, nur Handeln: seine Taten
sind wie der Erdenball so groß.«

Ob das ein Kniefall war? Zwanzig Jahre später schrieb Pasternak an den Rand des Manuskripts: »Ich war nicht immer der, der ich jetzt bin. Noch 1935 glaubte ich, die Epoche der Härte sei abgeschlossen. Als die fürchterlichen Prozesse begannen, zerbrach alles in mir.«

Er weigerte sich 1937, Resolutionen zu unterschreiben, die Todesurteile gegen die »Volksfeinde« forderten. Das war lebensgefährlich. Pasternak erwartete, mit seiner Frau verhaftet zu werden, und schrieb einen verzweifelten Brief an Stalin. Der soll, als ihm ein Dossier über den Dichter vorgelegt wurde, das zu einer Anklage wegen imaginärer Spionage geführt hätte, angeordnet haben: »Laßt diesen Hans-Guck-in-die-Luft in

Ruhe!« Wieweit es sich bei diesen Berichten um bloße Gerüchte handelt, wird wohl nie mehr genau zu ermitteln sein.

Nach dem deutschen Überfall auf die Sowjetunion meldete sich Pasternak freiwillig an die Front, wurde aber erst 1943 in den Krieg geschickt, und zwar mit einer »Schriftstellerbrigade«. Das hinderte ihn nicht daran, weitere Gedichte zu schreiben.

Von 1946 bis 1955 arbeitete er an *Doktor Schiwago,* seinem ersten und einzigen Roman. Die Handlung setzt 1903 ein und endet 1929; nur der Epilog führt bis ins Kriegsjahr 1943. Schiwago ist ein Intellektueller, der mit der Partei hadert und allmählich zum Dissidenten wird. Selbstverständlich durfte das Buch in der Sowjetunion nicht erscheinen. Pasternak übergab das Manuskript einem Kurier, dem er sagte: »Sie sind jetzt zu meiner Hinrichtung eingeladen.« Als es in Mailand dem Verleger Giangiacomo Feltrinelli überbracht wurde, der sofort eine italienische Übersetzung in Auftrag gab, sprach sich das in Windeseile herum. Der Roman erschien bald in zwanzig anderen Sprachen und wurde zu einem lawinenartigen Erfolg. Beim großen Publikum drohte seine Verfilmung sogar Pasternaks Prosa in den Schatten zu stellen. Die russische Erstausgabe des Romans erschien unter konspirativen Umständen in Den Haag beim Wissenschaftsverlag Mouton. Sie war, wie sich herausgestellt hat, von der CIA finanziert.

Dann ereilte ihn 1958 der Nobelpreis. Er nahm ihn zunächst an, mußte ihn aber später ablehnen, weil das Politbüro eine heftige Hetzkampagne gegen ihn inszenierte. »Nicht einmal ein Schwein tut, was Pasternak getan hat. Er hat das Land besudelt, dessen Brot er frißt«, sagte ein eifernder Funktionär vor 14000 Zuhörern in einem Fußballstadion. Pasternak wandte sich an Nikita Chruschtschow und schwor, daß er Rußland auf keinen Fall verlassen werde. Mit dem Ausschluß aus dem Schriftstellerverband hatte er längst gerechnet. »Sie können mich erschießen, verbannen, tun, was Sie wollen«, schrieb er an den Vorsitzenden. »Ich verzeihe Ihnen schon jetzt. Aber übereilen Sie nichts. Es wird Ihnen kein Glück und keinen Ruhm bringen. Sie wissen, daß Sie mich eines Tages ohnehin rehabilitieren müssen.«

Pasternak hat mit seiner Prognose recht behalten. Er wurde 1987 rehabilitiert und postum wieder in den heiligen Schriftstellerverband aufgenommen. *Doktor Schiwago* konnte daraufhin endlich in der Sowjetunion erscheinen.

Boris Pasternak ist 1960 in Peredelkino am Krebs gestorben. Den Nobelpreis hat Jewgeni, sein Sohn, später stellvertretend für den Vater entgegengenommen.

XXIX

Er wäre ja so gern ein Dichter geworden, doch das hat nie richtig geklappt, obwohl er ein Liebhaber und Kenner der Poesie war. Das geht aus einem Band hervor, den Johannes R. Becher 1954 in der DDR veröffentlichte. Der heißt *Tränen des Vaterlandes* und ist eine umfangreiche Sammlung von Dichtungen aus dem 16. und 17. Jahrhundert, darunter nicht nur Stücke von bekannten Verfassern, sondern auch von Klaj, Kuhlmann und Rompler von Löwenhalt, den kaum jemand kennt. Am Ende finden sich dort noch Essays von Leibniz, Moscherosch und Schottel über die deutsche Sprache. Ungewöhnlich genug, ein Minister, der so viel liest, noch dazu mitten im Stalinismus! In seinem Vorwort mußte er natürlich ein bißchen Gorki und ein bißchen Lenin zitieren, aber das macht nichts.

Becher hatte in seinem Leben viel erlebt und viel überstanden: Einen versuchten Doppelselbstmord, dem seine Geliebte zum Opfer fiel, während er mit einer Schußverletzung und einem Freispruch wegen Unzurechnungsfähigkeit davonkam. Im Ersten Weltkrieg, den er im Sanatorium und im Café zubrachte, weil er wegen seiner Wunde wehruntauglich geschrieben und weil er dem Morphium verfallen war. Auch als Expressionist genehmigte er sich eine Überdosis:

»Die Adjektiv-bengalischen Schmetterlinge
Sie kreisen um des Substantivs erhabenen Quaderbau
Derweil das kühne Verb sich klirrend Aeroplan
in Höhen schraubt.«

Er war Bohemien, Kommunarde und Konvertit und ging die eine oder andere Ehe ein, die kein gutes Ende nahm. Als Revolutionär war er ein Papiertiger. Mit der Neuen Sachlichkeit konnte er nichts anfangen. Döblin, der darin Experte war, äußerte sich so: »Wenn ich Alexanderplatz sage, meine ich Alexanderplatz, und wenn ich Quatschkopf meine, sage ich Becher.« Er sah ihn als einen jener linken Literaten an, die glauben, »es ist getan, wenn sie über die Realität ihre roten Kindesfähnchen schwingen«.

1923 fand Becher endgültig seine politische Heimat in der KPD. Dort machte er eine steile Karriere im Parteiapparat. Fünf Tage lang mußte er in Untersuchungshaft schmachten, weil er gegen ein Dutzend Paragraphen verstoßen hatte. Ein Verfahren wegen »Hochverrats« wurde angestrengt und eingestellt. Becher überstand auch die endlosen Fraktionskämpfe in der Partei. Er stand auf der schwarzen Liste der NSDAP, wurde 1934 ausgebürgert, floh nach Paris und landete in Moskau, wo er als Sympathisant Trotzkis verdächtigt wurde, aber von keiner Säuberung und von keinem Schauprozeß Schaden davontrug. Nach zwölf Jahren Exil konnte er mit dem ersten Flugzeug nach Berlin (Ost) zurückkehren, wurde sogleich Präsident des Kulturbundes zur demokratischen Erneuerung Deutschlands, Mitglied des ZK und des Parteivorstandes der SED. Ulbricht machte ihn später sogar zum Kulturminister. Das war der Höhepunkt. Im Auftrag des Politbüros fertigte er eine Nationalhymne an und 1953 seine *Danksagung* an Stalin:

»Dort wird er sein, wo sich von ihm die Fluten
Des Rheins erzählen und der Kölner Dom.
Dort wird er sein in allem Schönen, Guten,
Auf jedem Berg, an jedem deutschen Strom ...

Dort wirst du, Stalin, stehn, in voller Blüte
Der Apfelbäume an dem Bodensee,
Und durch den Schwarzwald wandert seine Güte,
Und winkt zu sich heran ein scheues Reh ...

Wir bleiben stehn und lauschen
Und folgen ihm und gehen leise mit.«

Ja, da kann man eben nichts machen. Er war »der größte tote
Dichter bei Lebzeiten«, sagte Johannes Bobrowski, »einer, den
niemand hörte und las – aber er lebte und schrieb«.
1956 geriet einiges durcheinander; Chruschtschows Tauwetter irritierte Ulbricht, und in Ungarn kam es zu einem Aufstand. Da mußte durchgegriffen werden. Becher, der Beziehungen zur antistalinistischen Opposition unterhielt, bot sich
als Bauernopfer an. Er verlor zwar seine Macht, aber Titel und
Amt durfte er behalten. Dann starb er an Krebs. An einem
Staatsbegräbnis und einer Gesamtausgabe in 18 Bänden ließ
die Deutsche Demokratische Republik es nicht fehlen. »Becher ist der größte deutsche Dichter der neuesten Zeit«, behauptete Ulbricht in seiner Trauerrede.

XXX

Verschiedener voneinander hätten die beiden Millers nicht sein können. Während Arthur noch bis zuletzt jemand war, dem man mit großem Respekt begegnete, läßt sich das von Henry Miller nicht behaupten. Er gehört zu den überschätztesten Schriftstellern des 20. Jahrhunderts. Das liegt nicht nur daran, daß er ziemlich dumm war. Er hat sich leider der Lektüre hingegeben und seine Lesefrüchte zu einem Eintopf verrührt, der selbst dem stärksten Magen übel aufstoßen würde. Er bediente sich bei Spengler und Buddha, bei Theosophie und Anarchismus, Rimbaud und New Age, Dada, Nietzsche und natürlich Céline. Diesem Allesfresser war alles wurst. Er ist auch an Jack Kerouacs breitgetretenem Benzedrinrausch *On the Road* schuld, und sogar der arme Allen Ginsberg ist auf ihn hereingefallen.

Seine Überlebenskunst bestand darin, sich von allem fernzuhalten, womit fast die ganze Welt, weil ihr nichts anderes übrigblieb, beschäftigt war: mit Krieg und Diktatur.

Es gibt mehrere Biographien über Henry Miller, aus denen hervorgeht, daß er in New York geboren ist; daß seine Eltern katholisch waren und aus Deutschland stammten; daß er in Brooklyn lebte und oft die Schule schwänzte. Längere Zeit auf einer Arbeitsstelle auszuharren war nicht seine Stärke. Immer wieder kündigte er bei den Firmen, die ihn angeheuert hatten – lieber wollte er schreiben oder in philosophischen Schriften blättern. Er haßte das in Amerika übliche Heuern und Feuern und die »höllische Maschinerie« der kapitalistischen Ökonomie. Kürzere Texte, die er verfaßte, ließ er auf eigene Kosten drucken und verhökerte sie in Restaurants und in Bars.

Eines muß man ihm lassen: Er hat mit großer Umsicht vermieden, wie die meisten seiner Generation ein Gewehr in die Hand zu nehmen. 1917 heiratete er die erste von seinen fünf Ehefrauen, was ihm die Einberufung zur Armee ersparte. Da er kein Geld hatte, mußte sie als Taxigirl arbeiten, damit er seinem Traum von der Schriftstellerei nachgehen konnte.

Dann wanderte er aus nach Paris, um das Leben der Bohème kennenzulernen. Anaïs Nin hatte es ihm besonders angetan, weil sie als ebenso verrufen galt wie er. Sie hatte großen Einfluß auf ihn, unterstützte ihn finanziell und fing eine langjährige Affäre mit ihm an. Sie wollte mit dem Zweiten Weltkrieg ebensowenig zu tun haben wie er. Als es in Paris ungemütlich wurde, kehrte sie in die USA zurück.

Miller zog es vor, nach Griechenland zu gehen. Als es dort unbehaglich wurde, weil die Italiener und die Deutschen einmarschierten, kehrte auch er heim ins friedliche Amerika und nahm ein Wanderleben auf. 1944 ließ er sich im kalifornischen Big Sur nieder und fuhr 18 Jahre lang fort zu schreiben, zu malen und Klavier zu spielen. Was er schrieb, wurde überall gedruckt und überall verboten.

Seine Hauptwerke beschäftigen sich hauptsächlich mit selbsterlebten Bettgeschichten, die er auf Tausenden von Seiten breit und in allen möglichen Varianten ausmalt. Damit wollte er wahrscheinlich die Heuchelei der bürgerlichen Gesellschaft »entlarven«. In einem Interview aus dem Jahr 1961 erklärte er:

»Die Welt der Politik ist ganz abstoßend. Ich finde sie erniedrigend.«

Was Feministinnen von ihm halten, lassen Leser, die ihn schätzen, lieber dahingestellt sein. Daß die Literaturgeschichte seine Schriften verzeichnet, verdankt er vor allem der Zensur, die ihn segnete. Der *Wendekreis des Krebses* kam 1934 bei der Obelisk Press in Paris heraus und wurde in den USA und in Großbritannien prompt wegen Obszönität aus dem Verkehr gezogen. Andere seiner Bücher wurden nach Amerika geschmuggelt und festigten sein Renommee im »Untergrund«. Selbst in Frankreich mußte *Sexus* 18 Jahre schmachten, bis es in den Buchhandel kam.

Die Monotonie und der blinde Furor der Wiederholung, die seine Schilderungen regieren, machen die Lektüre zu einer trostlosen Arbeit. Der Kunde wird Zeuge eines Amoklaufs der entfesselten Libido. Viele Kritiker sahen in Miller ein Genie, einen Propheten und krönten den anrüchigen Diogenes aus Big Sur zum Dichter.

Über sein Schreiben hat er folgendes mitgeteilt: »Erste Person, unzensiert, formlos – *fuck everything!*« – »Ich finde es schlecht, nachzudenken. Schriftsteller sollten nicht denken … Wenn ich schreibe, will ich nicht wissen, was dabei herauskommt … Ich könnte endlos so weitermachen.«

Gleichwohl ist er mit 88 Jahren in Pacific Palisades gestorben.

XXXI

Nichts erinnerte daran, daß sich seine privaten Gäste im Herzen der Sowjetunion befanden, als er sie im Sommer 1963 in seiner Wohnung an der Gorki-Straße empfing, der alten Twerskaja, die heute wieder so heißt wie vor 1932, als Stalin sie umtaufen ließ. So großzügige Residenzen wie die Ilja Erenburgs gab es sonst nur an der Park Avenue.

Ich war einmal bei ihm eingeladen. Die Wände waren geschmückt mit Kunst der klassischen Moderne: hier ein Matisse und dort ein Braque oder ein Picasso. Der Champagner und die *petits fours* wurden von Zofen in weißen Häubchen, schwarzen Blusen und bestickten Schürzchen gereicht. Dem Hausherrn, einem charmanten, jüdischen Weltmann von 72 Jahren, war sein extremer, gefährlicher Lebenswandel nicht anzumerken.

Alle kannten ihn, und er kannte alle Welt – ob es Dichter wie Apollinaire, Anarchisten wie Durruti, Erzähler wie Joseph Roth oder Gelehrte wie Einstein waren. In den Augen der Macht galt er als unsicherer Kantonist. Zur Sowjetherrschaft bekannte er sich erst, nachdem die Nationalsozialisten ihren

Siegeszug angetreten hatten. »Jetzt heißt es«, sagte er, »eine der schwersten Wissenschaften erlernen: das Schweigen.« Keine Kleinigkeit für einen, der immer wie ein Besessener schrieb und plauderte. Dieser virtuose Bauchredner hat ungefähr 100 Bücher und Tausende von Zeitungsartikeln verfaßt, und zwar stets unter der Fuchtel der Zensur. Von »tangled loyalties«, einem wirren Knäuel aus Verpflichtungen, spricht sein amerikanischer Biograph Rubinstein. Nicht nur die Parteidoktrin des Sozialistischen Realismus hat ihn angeödet. In tiefe Krisen stürzten ihn vor allem die Moskauer Schauprozesse, die Säuberungen, denen sein »bester und treuester Freund« Isaak Babel zum Opfer fiel, und der Hitler-Stalin-Pakt.

Wegen seines chamäleontischen Charakters wurde Erenburg immer wieder angegriffen, verleumdet, denunziert – und dennoch stand er unter den sowjetischen Autoren »wie ein weißer Rabe da«, sagt Nadeschda Mandelstam, für deren Mann er eingetreten ist. Wen hat er nicht alles verteidigt – Babel, Zwetajewa, Pasternak, Achmatowa … Eine lange Liste.

Mit Stalin, der ihn als Propagandist zu schätzen wußte, trieb er ein fintenreiches Spiel. Auf der einen Seite überhäufte der Alleinherrscher ihn mit Preisen, die nach ihm benannt waren, auf der andern Seite bezichtigte ihn des »Kosmopolitismus«, einer der zahllosen Abweichungen, die es in der Sowjetunion gab, und mißtraute ihm als Juden. Nach dem Tod Dschugaschwilis schrieb er seinen letzten Roman, *Tauwetter*, mit dem er in den fünfziger Jahren eine neue Epoche im Ostblock eingeläutet hat.

Es ist klar, daß ich mit meinen paar Bemerkungen diesem Verwandlungskünstler nicht gerecht werden kann. Wer mehr darüber wissen will, wie er überlebt hat, muß seine Memoiren lesen: *Menschen Jahre Leben*. Nach langem Kampf, nach vielen Verstümmelungen, konnten die Russen sie erst 1990 so lesen, wie er sie niedergeschrieben hat.

XXXII

Ja, ich habe sie gekannt. Diese erste Begegnung mit Nelly Sachs verdanke ich Alfred Andersch. Er war damals einer der wenigen, die Anteil nahmen am Los der aus Deutschland Vertriebenen und Geflohenen. Er besuchte sie in Stockholm und veröffentlichte Gedichte von ihr in seiner Zeitschrift *Texte und Zeichen*.

Ich konnte Schwedisch lesen und mich auf norwegisch ohne Mühe verständigen. Stockholm war in jenen Jahren nicht weit entfernt für mich. So nahm ich mir ein Herz und suchte sie im Januar 1958 zum ersten Mal in ihrer winzigen Wohnung am Bergsunds Strand auf. Die meisten Bewohner des Hauses, das der jüdischen Gemeinde gehörte, waren Entkommene. Reiche Mieter gab es dort nicht, aber der Ausblick auf den Mälaren war weit und der Himmel groß.

Auch Nelly Sachs hatte kein Geld, aber das war ihre geringste Sorge. Wer in ihre kleine, karge Wohnung kam, betrat eine andere Welt. Sie arbeitete eigentlich immer, und keine Silbe war ihr zu gering, um nicht bei ihr zu verweilen. Von dieser Frau, die so leicht wie ein Vogel schien, ging eine Intensität aus, die mich zunächst einschüchterte. Schon damals wußte ich einiges über ihr Leben und hatte eine Ahnung davon, was auf ihr lastete. Doch sie nahm mir meine Befangenheit gleich bei der ersten Begegnung. Ich weiß bis heute nicht, wie ich ihr Zutrauen gewonnen habe.

Ich vermied es, sie mit den üblichen Fragen zu quälen. Keine Theorien, keine Interpretationen, keine Versuche, ihr Werk, wie es immer heißt, irgendwo »einzuordnen«. Auch die Verehrung kann lästig sein, wenn sie den Verehrten die Türen einrennt.

So haben wir, während Nelly Sachs in der kleinen Küche ein Abendbrot herrichtete – sie war übrigens eine sehr gute Köchin –, zuerst über ganz gewöhnliche Dinge gesprochen, über die Familie, über Ärzte und Malaisen, über Landschaften oder den einen oder anderen Dichter. Es schien ihr zu gefallen, daß ich jedes Pathos vermied, nicht erwähnte, daß sie eine Seherin war, vielleicht die letzte in einer langen, ehrwürdigen Tradition. Manche ihrer Bewunderer mißverstehen die Mystiker. Sie verehren sie als Säulenheilige und halten sie für weltfremd, ganz so, als hätte Hildegard von Bingen nie ein Heilmittel gegen die Impotenz empfohlen, Jakob Böhme nie eine Ahle in die Hand genommen und Swedenborg nicht durch seine Erfindungen für den Bergbau geglänzt. Auch den Chassidim ist das Lachen nie vergangen. Gewiß ist es ein ganz besonderer, federleichter Humor, mit dem sie gesegnet sind, ein Humor, den nicht jeder verstehen kann.

Nelly Sachs war im schwedischen Exil einsam, aber keineswegs isoliert. Margaretha Holmqvist stand ihr zusammen mit Bengt, ihrem Mann, einem angesehenen Kritiker, jahrzehntelang bei. Mit fast allen, die damals in der schwedischen Dichtung eine Rolle spielten, war Nelly Sachs bekannt: mit Edfeldt, Lindegren, Vennberg, Lagerkvist, Martinson und Ekelöf. Viele ihrer Gedichte, die in Deutschland noch ganz unbekannt waren, hat sie übersetzt. Auch Olof Lagercrantz und Walter

Berendson gehörten zu ihren Getreuen. Nelly Sachs war keine Einsiedlerin. Dafür spricht auch ihr umfangreicher und reichhaltiger Briefwechsel.

Jedesmal, wenn ein Kuvert ihre blaue Schrift trug, die mit den Jahren allmählich immer zittriger wurde, konnte der Empfänger gewiß sein, daß dem Brief ein neues Gedicht, eine Variante oder ein Übersetzungsentwurf beilag.

Es waren aber nicht nur Menschen aus der Sphäre der Literatur, mit denen sie umging. Am Bergsunds Strand wohnte Tür an Tür mit ihr eine Überlebende aus dem Todeslager Auschwitz. Sie hieß Rosi Wosk und stammte aus Ungarn. Immer war sie für Nelly da, nicht nur, wenn ihr traurig zumute war, wenn es ihr schlechtging oder wenn ein Medikament fehlte. Oft war auch bloß die Milch oder das Salz ausgegangen, eine Glühbirne mußte ausgewechselt, ein Paar Schuhe für Nellys winzige Füße gekauft werden.

Eine eigentümliche Stärke ging von Rosi aus, einer schwer traumatisierten Frau, die nie ihre Bodenhaftung verlor. Es war bewegend, zu sehen, wie sie, die Großgewachsene und bei weitem Jüngere, für Nelly die Mutterrolle übernahm und sie behütete. Sie besaß übrigens ein Fernsehgerät, und manchmal klopfte die Dichterin bei ihr an, um mit ihr zusammen heimlich ein Fußballspiel anzusehen.

Aber wie der Mond hatte auch Nelly Sachs eine andere, unnahbare Seite. Vor ihrem Urteil hielten Posen, Eitelkeiten und Schwärmereien nicht stand. Ein Blick aus dem Augenwinkel reichte aus.

Nelly, eigentlich Leonie Sachs, war das einzige Kind einer Berliner Fabrikantenfamilie. Aufgewachsen ist sie im Milieu des jüdischen Großbürgertums. Als Kind war sie kränklich und mußte von Privatlehrern unterrichtet werden. Sie begeisterte sich für die deutsche Lyrik und fing an, selbst Gedichte zu schreiben. Nach jahrelanger Krebserkrankung starb ihr Vater 1930. Das war ein Verlust, den sie nie verwunden hat.

Sie blieb unverheiratet. Ihr Vater hatte ihr die Liebesbeziehung zu einem geschiedenen Mann übelgenommen und ihr den Umgang mit ihrem Freund verboten. Dieser »Bräutigam« schloß sich später dem Widerstand an. Er wurde wegen seiner Liaison mit einer Jüdin verhaftet und in einem Konzentrationslager ermordet. Seinen Namen hat Nelly nie preisgegeben.

Wiederholt wurde sie von der Gestapo vernommen. Die meisten Mitglieder ihrer Familie hatten, solange dies noch möglich war, Berlin verlassen. Erst spät entschlossen sie sich, zu fliehen. Ihre Freundin Gudrun Harlan reiste im Sommer 1939 nach Schweden, um ein schwedisches Visum für Nelly und ihre Mutter zu erlangen. Ein Bruder des schwedischen Königs unterstützte sie dabei. Im Mai 1940 konnten die beiden Deutschland im letzten Moment mit einem Flugzeug nach Stockholm verlassen.

In Schweden sorgte Nelly Sachs für ihre kranke Mutter, die sich in der fremden Umgebung nicht zurechtfand. Um Geld zu verdienen, arbeitete sie als Wäscherin. Sie lernte Schwedisch und begann mit ihren Übersetzungen. Auch mit Paul Celan wechselte sie Briefe und besuchte ihn in Paris. Er zählte für sie zu den Eingeweihten.

Ihr erster Gedichtband nach dem Krieg, *In den Wohnungen des Todes*, ist auf Betreiben Johannes R. Bechers 1947 in Ost-Berlin erschienen, der zweite, *Sternverdunkelung*, in Amsterdam bei Querido / Bermann Fischer. Eine Lizenzausgabe brachte Suhrkamp heraus. Ansonsten wurden ihre Gedichte weder in der Schweiz noch in Westdeutschland gedruckt. Erst von 1959 an kam es zu neueren Publikationen. Ihre szenischen Dichtungen wurden aufgeführt und ihre Lyrik vertont. Eine wunderbare Wanderausstellung, von Aris Fioretos verantwortet, gab es 2010 in Berlin und Stockholm, dann auch in Zürich, Frankfurt am Main und Dortmund. Seitdem liegt eine kommentierte vierbändige Werkausgabe vor.

In Wahrheit hat die Zeit der Verfolgung für Nelly Sachs nie ein Ende genommen. Sie fühlte sich auch in Schweden bedroht. Manchmal konnte ich sie für eine Weile beruhigen, indem ich ihr versicherte, daß alle denkbaren Gegenmaßnahmen insgeheim längst getroffen waren. Das half für einen Abend oder ein paar Tage, aber auf die Dauer konnte niemand ihren Ängsten abhelfen.

1960 hat sie zum ersten Mal wieder deutschen Boden betreten, als ihr in Meersburg der Droste-Preis verliehen wurde. Nach ihrer Heimkehr brach sie zusammen. Die psychiatrische Klinik diagnostizierte paranoide Schübe. Die Ärzte taten ihr Bestes, konnten sie aber nicht heilen.

1966 verlieh das Nobelpreiskomitee ihr, gemeinsam mit Samuel Joseph Agnon, den Literaturpreis. Das bedeutete für Nelly Anerkennung, aber zugleich war es eine Last. Ihr Preisgeld verschenkte sie an Bedürftige; die Hälfte ging an ihre Retterin Gudrun Harlan. In ihrem Testament verfügte sie, daß ich mich um ihre Autorenrechte kümmern sollte. An ihre Anweisung, ihre Jugendgedichte nicht wieder auszugraben, habe ich mich gehalten, obwohl übereifrige Philologen immer wieder versucht haben, dagegen zu verstoßen.

Nelly Sachs ist im Mai 1970 an den Folgen einer Krebsoperation gestorben. Sie wurde auf dem jüdischen Friedhof von Solna beigesetzt.

Ihre Seelenstärke und die schiere Energie, mit der sie allen Schicksalsschlägen zum Trotz an ihrer Sendung festgehalten hat, sind unbegreiflich.

XXXIII

Es war knapp. Als er starb, war es in Moskau längst, nicht nur für einen Schriftsteller, gefährlich, »die gewaltige Kraft der Verachtung bis zum Ende zu bewahren«, wie seine Freundin Anna Achmatowa in einem Gedicht zu seinem Andenken sagte. An Michail Bulgakows Hauptwerk, *Der Meister und Margarita*, hat er mehr als zehn Jahre lang gearbeitet. Er war zuletzt völlig erblindet. Die Ärzte fürchteten ein Nierenversagen. Bevor er an einer Harnvergiftung starb, diktierte er seiner dritten Frau, Jelena, noch die letzten Passagen des Buches. Freunde und Verwandte hielten die Totenwache.

Der Name Bulgakow geht auf ein ukrainisches Wort zurück, das »ruhe- oder rastlos« bedeutet. Michail war von Anfang an schwer zu durchschauen und zu beirren. In Kiew geboren, entschied er sich für den Arztberuf. Im russischen Bürgerkrieg zur ukrainischen Armee einberufen, desertierte er, arbeitete einmal für die Rote Armee, dann für die Weißen Garden und für die Kosaken im Kaukasus. 1921 begann er, Reportagen, Essays, Stücke und Libretti zu schreiben.

Sein Werk ist vielfältig und oft so rätselhaft, daß spätere Interpreten ihren Ehrgeiz daransetzen, es zu entschlüsseln. Mit der Repression hatte er genügend Erfahrungen. Schon der Roman *Die weiße Garde* löste wütende Reaktionen aus. Zwar soll Stalin sich eine Dramatisierung des Werkes fünfzehnmal angesehen haben; aber dann ließ er es plötzlich verbieten. Ein dauerndes Hin und Her war die Folge. Seit 1930 wurde, was Bulgakow schrieb, nicht mehr veröffentlicht. Seine Stücke verschwanden von den Spielplänen. Er wandte sich mit einem langen Brief an die sowjetische Regierung und fragte an, ob es denkbar sei, daß er in der UdSSR bleibe. Wenn nicht, bitte er um den Befehl, sie in kürzester Frist zu verlassen. Stalin rief ihn an und versprach, ihm zu helfen.

Seine Beziehung zum Alleinherrscher war stark und widersprüchlich. Zum 60. Geburtstag sollte er ein Stück über den Diktator schreiben. *Batum*, so nannte Bulgakow diese Theaterarbeit über die revolutionäre Jugend Dschugaschwilis. Aber wahrscheinlich fand Stalin, daß seine Zeit im Tifliser Priesterseminar nicht als Vorbild dienen konnte.

Der Autor hingegen sah sein Schicksal in dem Molières gespiegelt, mit dem er sich immer wieder beschäftigt hat. Wie dieser Klassiker des Theaters mit seinem Sonnenkönig, so wollte Bulgakow mit Stalin auf Augenhöhe sprechen. Um sein Werk zu retten, war ihm kein Preis zu hoch. Er dachte noch zur Zeit der ersten Schauprozesse daran, seinen Roman »nach oben einzureichen«. Daraus ist nichts geworden. Auch zu der Auseinandersetzung auf der Bühne, auf die er hoffte, ist es nie gekommen; das Stück wurde schon vor der ersten Aufführung verboten.

Der Dichter kehrte zu seiner Hauptarbeit zurück, als er seiner Illusion gewahr wurde. Seinen Irrtum mußte er bitter büßen. *Der Meister und Margarita* ist ein Werk, dem kein Resümee gerecht werden kann. Es wurde wegen seiner satirischen Kraft mit Gogols *Toten Seelen* oder dank seiner phantastischen und absurden Züge mit E. T. A. Hoffmann oder mit Kafka verglichen. Es liegt auch nahe, diesen Roman, der sich jeder Romanform widersetzt, als Antwort und Parodie auf Goethes *Faust* zu lesen. Aber wäre das nicht eine ungenügende Lesart? Nicht nur der Teufel/Mephistopheles tritt in der Gestalt Volands leibhaftig in Moskau auf, sondern in einem Roman im Roman erscheinen auch Jeschua/Jesus und Pontius Pilatus.

Auf Margaritas hexenhaftem Zauberflug über Moskau, den Karl Schlögel an den Anfang seines Panoramas *Terror und Traum* gestellt hat, erblickt sie, was das Leben dieser Metropole im Jahr 1937 ausmacht, von den Wohnungen der Privilegierten, den Warteschlangen, den verwahrlosten Kommunalkas, den Nischen und Katakomben der Intelligenzija bis zu den Unorten der Vorstädte mit ihren Schrotthaufen. Die Geheimpolizei ist allgegenwärtig. Ihr Name wird nicht ausgesprochen. Man sagt nicht NKWD, sondern nur »Wen man anruft« oder »Wo man sich melden muß«. Die Denunziation ist alltäglich und gilt als Pflicht. Am Ende des Buches nehmen Margarita und der Meister Abschied von Moskau, fliegen der Freiheit entgegen und finden, was ihnen »nie im Leben gegeben war – Frieden«.

Die meisten Werke Bulgakows sind zu seinen Lebzeiten weder gedruckt noch aufgeführt worden. Erst 26 Jahre nach seinem Tod durfte *Der Meister und Margarita* in der Zeitschrift *Moskwa*, wenn auch in verstümmelter Form, auferstehen.

Obwohl Bulgakows Werke nie eine leichte Lektüre waren, wurde der Dichter nach dem »Tauwetter« zu einer Kultfigur der Intelligenzija. In der Wohnung des Schriftstellers an der Bolschaja Sadowaja hat man, wie in Rußland üblich, ein liebevolles Museum eingerichtet, das sich bis heute regen Zuspruchs erfreut.

Viele seiner Werke wurden verfilmt. Auch zu Denkmälern in Kiew und in Moskau hat es gereicht, doch an einer guten russischen Gesamtausgabe fehlt es bis heute. Auf deutsch gibt es eine vorbildliche 13bändige Edition, herausgegeben von Ralf

Schröder im Ostberliner Verlag Volk und Welt, der 2001 der Kapitalkonzentration zum Opfer fiel.

»Die Feigheit«, sagte Bulgakow, »ist die größte Sünde.«

XXXIV

Sarajewo war einmal eine schöne, gastfreundliche Stadt, in der niemand darauf auszusein schien, seine Nachbarn umzubringen. Auch Dichter wie meinen polyglotten Freund Izet Sarailić gab es dort, der, immer während wir einen Fisch verzehrten, Gedichte auf die Papierserviette kritzelte. Ich wußte nicht, daß er ein Muslim war. Niemand fragte sich damals, im April 1970, ob einer katholisch, orthodox oder jüdisch, ob er Bosnier, Serbe, Kroate oder sonstwas war.

Ich hätte nur ein Buch von Ivo Andrić in die Hand nehmen müssen, um zu kapieren, daß es auf der balkanischen Halbinsel keinen Frieden geben würde. Woran das lag, ist allerdings nicht leicht zu sagen. Ich habe mir sagen lassen, daß diese endlose Geschichte bis auf das Jahr 395 zurückgeht, als irgendein Kaiser sein Reich in West- und Ostrom aufteilte, und daß die Grenze durch den Balkan bis heute genau an der Drina verläuft. Dort endete das Osmanische Reich, und auf der anderen Seite die Habsburgermonarchie. Das 1918 neugegründete Jugoslawien versuchte, diese Wegscheide zu überwinden. Daraus ist nichts geworden.

Am Übergang zwischen Europa und Asien haben sich viele ganz verschiedene Völker und Kulturen vermischt und bekämpft. Größere, mächtigere und fortgeschrittenere Nachbarstaaten griffen in ihre Konflikte ein und verschärften sie. In Bosnien und der Herzegowina spitzten sich die Widersprüche besonders zu, zwischen dem radikalen Nationalismus der Serben und der Kroaten, dem eifernden Katholizismus und dem fundamentalistischen Islam, dem Slawentum, den Albanern und denen, die sich als Mitteleuropäer verstanden und Anschluß an die Europäische Gemeinschaft suchten.

Ivo Andrić wußte das alles. In seinem Roman *Wesire und Konsuln* schrieb er: »Niemand weiß, was es heißt, die eine wie die andere Welt zu lieben und zu hassen, so hin und her zu wanken und zu taumeln ein Leben lang, eine doppelte und doch keine Heimat zu haben, überall zu Hause zu sein und ewig ein Fremder zu bleiben, kurz: zu leben, an das Kreuz genagelt, Opfer und Folterknecht in einer Person.«

Ivo Andrić stammte aus einer katholischen Handwerkerfamilie. Er ist in Višegrad an der Drina aufgewachsen. Mit zwei Jahren verlor er seinen Vater. Viel Zeit hat er in Sarajewo zugebracht. Diese Stadt war ein Schmelztiegel aller Konfessionen. Das Leben in Bosnien war vor allem muslimisch und serbisch-orthodox geprägt.

Schon als Schüler war er Konflikten ausgesetzt, die ihn sein Leben lang beschäftigen sollten. An seine Jugend erinnerte sich Andrić mit der Bemerkung: »Unsere Generation hatte das Gefühl, die ersten Feuer einer neuen Zivilisation anzuzünden und die letzten Flammen einer anderen, die ausgebrannt war, zu löschen. Man kann von uns sagen, daß keine Generation kühnere Phantasien entwickelte, und mit ihren Illusionen ärger gescheitert ist.«

Ein Stipendium verhalf ihm dazu, in Zagreb, Wien, Krakau und Graz Philosophie, Slawistik und Geschichte zu studieren. 1914 schloß er sich einer revolutionären Organisation an, die sich ›Junges Bosnien‹ nannte. Weil er angeblich einen Attentäter, der auf Erzherzog Franz Ferdinand geschossen haben sollte, bei sich unterschlüpfen ließ, wurde er verhaftet, kam jedoch 1917 frei, als Karl I., der letzte Kaiser, die politischen Gefangenen Österreich-Ungarns amnestierte. Dann ging Andrić nach Zagreb, wo der sogenannte Nationalrat eine Union von Serbien, Kroatien und Slowenien ausrief und zum Königreich Jugoslawien erklärte.

In Belgrad schlug er eine Diplomatenkarriere ein und war in vielen Missionen als Konsul tätig. 1939 wurde er zum jugoslawischen Gesandten in Berlin ernannt. Ein Pakt mit den Achsenmächten Deutschland, Italien und Japan wurde rasch vereinbart und ebenso eilig gebrochen. Andrić bat um seine Abberufung. Als Hitler Belgrad bombardierte und Jugoslawien überfiel, schied er aus dem Dienst und beschloß, sich ganz der Arbeit an seinen Romanen zu widmen.

Nach dem Zweiten Weltkrieg wurde er Vorsitzender des Schriftstellerverbandes und Abgeordneter des Parlaments. Der Kommunistischen Partei ist er erst 1954 beigetreten. Er heiratete und zog sich aus der Öffentlichkeit nach Travnik in Bosnien zurück.

1961 wurde ihm der Nobelpreis für Literatur verliehen »für die epische Kraft, mit der er Motive und Schicksale aus der Geschichte seines Landes gestaltet«. Damit sind vor allem zwei Werke gemeint: *Die Brücke über die Drina. Eine Višegrader Chronik* und *Wesire und Konsuln*, beide 1942 begonnen, aber erst 1945 erschienen. Es gibt auch eine Ausgabe seiner sämtlichen Werke in 16 Bänden.

In Serbien wird der einzige Nobelpreisträger der Region verehrt, in Kroatien und in Bosnien hingegen weiß man ihn wenig zu schätzen. Manche behaupten, er begegne Türken und Muslimen mit Abneigung. Das bestreitet er aus gutem Grund. Wie diese Anhänger Mohammeds in Zukunft mit den Christen auskommen werden, das weiß auch Andrić nicht zu sagen, obwohl sein ganzes Werk um diese Frage kreist. »Wenn du wissen willst, wie Staat und Regierung beschaffen sind, mußt du zu erfahren trachten, wie viele unschuldige Menschen im Gefängnis sitzen und wie viele Mörder und Verbrecher frei herumlaufen.« Das ist ein Rat, den man sich nicht nur in Istanbul, sondern überall hinter die Ohren schreiben sollte.

XXXV

»Ich werde sterben in Paris, mit Wolkenbrüchen,
schon heut erinnre ich mich jenes Tages.
Ich werde sterben in Paris, warum auch nicht,
an einem Donnerstag vielleicht, wie heut, im Herbst.
Tot ist César Vallejo … Die Donnerstage
sind seine Zeugen, Zeugen seine Knochen,
der Regen, die Verlassenheit, die Straßen …«

César Abraham Vallejo Mendoza, von dem dieses Gedicht
stammt, ist in Santiago de Chuco geboren, einem Ort, der
über 3000 Meter hoch in einem Seitental der peruanischen
Anden liegt. Die Reise nach der Hauptstadt Lima kostet leicht
mehrere Tage. Vallejos Großmütter waren Indios vom Stamm
der Quechua, seine Großväter Priester aus dem spanischen Ga-
licien. Er war das jüngste von elf Geschwistern. Mit 19 Jahren tauchte er in den Städten auf, ein melancholischer Mesti-
ze, mager, dunkelhäutig, schwarz gekleidet, mit einer riesigen,
pechschwarzen Mähne, das Gesicht beherrscht von großen
Augen, die wie Tollkirschen glänzten.

Seine Eltern wollten einen Pfarrer aus ihm machen. Liturgische und biblische Motive finden sich in seinen ersten Versen, ebenso wie »abergläubische« Vorstellungen aus dem Erbe der Indios. Er brachte es nie ganz zum lupenreinen Atheisten.

César ging in die Schule, aufs Gymnasium und fing 1913 ein Studium in der Großstadt an, das er mit einer Studie über die romantische Dichtung Spaniens abschloß. Um 1915 gab es in Peru, wie in ganz Lateinamerika, Dichter zu Dutzenden. Aber als sein erstes Buch, *Die schwarzen Boten*, in Lima erschien, verstand niemand seine chaotische Kraft, seine Obsessionen und seinen grenzenlosen Pessimismus.

Sein Anzug glänzte, weil er zu oft gebügelt worden war. Er hatte kein Geld. Sein Brot verdiente er als Lehrer an einer Abendschule und als Buchhalter auf einer Zuckerrohrplantage.

1920 wurde er in Santiago de Chuco verhaftet und in ein Gefängnis in Trujillo gebracht. Der Vorwurf lautete, er habe sich an einem politischen Aufruhr beteiligt. Weil dafür keine Beweise vorlagen, wurde er auf freien Fuß gesetzt. Doch das Gerichtsverfahren schleppte sich hin. Erst 1926 endete es in Abwesenheit des Beschuldigten mit einem Freispruch.

Inzwischen hatte sich Vallejos Name im Klima der provinziellen Avantgarde von Lima herumgesprochen. Er war berüchtigt. Das genügte schon fast, um ihn zu einer Berühmtheit zu machen. Dazu trug sein zweiter Gedichtband bei, der den Titel *Trilce* trägt. Ein Buch der Revolte, der bodenlosen Grübelei und der selbstquälerischen Enttäuschung. Unerhört war seine Sprache, eine Fusion der Alltagsrede auf der Straße mit raffinierten technischen Mitteln, die an Quevedo und Góngora erinnern.

Paris galt damals bei der südamerikanischen Intelligenzija noch als unwiderstehlicher Attraktor. 1928 wanderte Vallejo nach Frankreich aus. Es war für ihn eine Reise ohne Wiederkehr. Um zu überleben, blieb ihm nichts anderes übrig, als hastig Hunderte von Zeitungsartikeln für wechselnde Auftraggeber zu schreiben. Verschmierte Treppenhäuser, schmutzige Bidets,

Petroleumkocher in winzigen Zimmern, das war die Misere, die Paris für ihn bereithielt. Manchmal wußte er abends nicht, wo er übernachten könnte.

Nach einer Reihe von unglücklichen Liebesgeschichten traf er eine Frau, die ihm durch alle Wechselfälle hindurch treu geblieben ist: die 19jährige Georgette Travers. Debatten über den Surrealismus in der ›Rotonde‹, wo er Tristan Tzara, Vicente Huidobro und Pablo Neruda begegnete, konnten ihn über den Pariser *cafard* nicht hinwegtrösten. Schon eher gelang das dem Magnetismus der kommunistischen Verheißung. Obwohl er der Partei nie beitrat, faszinierte ihn die Sowjetunion, die er 1928 zum ersten Mal besuchte. 1929 wurde er als »unerwünschter Ausländer« aus Frankreich abgeschoben und ging mit Georgette nach Madrid.

Dort erlebte er den Sturz der Monarchie und den Sieg der zweiten spanischen Republik und freundete sich mit García Lorca, Rafael Alberti und Antonio Machado an. Er schrieb das einzige seiner Bücher, das zu einem verlegerischen Erfolg wurde: *Rußland 1931. Reflexionen am Fuße der Kremlmauer.*

Nach dem Sieg der Volksfront unter Léon Blum kehrte er nach Paris zurück. Die Poesie, die er fast vergessen hatte, brach sich wieder Bahn, als die Falange den Spanischen Bürgerkrieg anzettelte, den General Franco mit der Niederlage der Republik beendete. Um dieses Martyrium kreiste Vallejos nächste Gedichtsammlung, die *Poemas humanos*, ein extremes Werk, das Pathos, Schmerz und Humor zugleich auf die Spitze treibt, so als hätten sich alle Furien seines Lebens am Bett des kranken Dichters eingefunden.

Es war kein verregneter Donnerstag, sondern der Karfreitag des Jahres 1938, als Vallejo in eine Klinik am Boulevard Arago eingeliefert wurde. Auf eine Diagnose konnten sich die Ärzte nicht einigen. »Todesursache unbekannt« heißt es in den Akten. In Wahrheit wird er an einer Krankheit gestorben sein, die älter ist als die Medizin: am Hunger.

Seine Witwe Georgette hat Césars Manuskripte durch alle Fährnisse der Schlamperei und der deutschen Okkupation gerettet. Ausgerechnet die Päpstliche Katholische Universität gab eine 14bändige Gesamtausgabe von Vallejos Werken heraus, die von 1997 bis 2003 in Lima erschienen ist.

XXXVI

Das ist einer, für den ich eine Vorliebe habe, seitdem ich sein Hauptwerk las: die *Erzählungen vom Leben*, geschrieben und publiziert zwischen 1945 und 1963. Unmittelbar nach dem Krieg hat Konstantin Paustowski damit angefangen. Den ersten von sechs Bänden, *Ferne Jahre*, konnte er 1946 veröffentlichen. Als die Herrschaft Stalins sich wieder radikalisierte, war damit Schluß. Erst während des »Tauwetters«, von 1954 bis 1963, meldete er sich wieder zu Wort und vollendete sein Zeitpanorama, das vom Anfang des 20. Jahrhunderts über den Ersten Weltkrieg bis in die Anfänge der Sowjetunion reicht. Eine vollständige Werkausgabe ohne die Kürzungen durch die Zensur konnte erst postum erscheinen.

Sein Vater stammte aus einer Kosaken-, seine Mutter aus einer polnischen Intellektuellenfamilie. In seiner Jugend lebte Paustowski in Kiew. Im Gymnasium war er Mitschüler von Michail Bulgakow. Der dramatische Wendepunkt seiner Biographie war die Februar-Revolution in Sankt Petersburg. Dieses Ereignis überraschte im Kiew des Jahres 1917 einen ahnungslosen 25jährigen Taugenichts, der keinen festen Beruf erlernt hatte. Im Ersten Weltkrieg konnte er als Sanitäter seine Haut retten, aber dann geriet er in den Strudel einer Umwälzung, während deren man jederzeit aus reinem Zufall erschossen werden konnte.

Im Bürgerkrieg war er in Odessa gestrandet. Die Blockade der Stadt führte zu einer panischen Flucht jener Emigranten, die sich auf die Seite der Weißen geschlagen hatten. Danach trat plötzlich eine große Stille ein. Paustowski lernte in dieser Zeit die ›Schule von Odessa‹ mit ihren Protagonisten Isaak Babel, Walentin Katajew und Juri Olescha kennen, deren Einfluß in seinem Frühwerk nicht zu übersehen ist. In dieser Stadt, sagte er, habe er »zweitausend Banditen und Räuber« gezählt.

Er fuhr nach Jalta und nach Batumi, wo es scheinbar relativ idyllisch zuging. 1930 beschloß er, nach Moskau zu ziehen. Er wurde Redakteur, schrieb für die *Prawda* und veröffentlichte Erzählungen über die forcierte Industrialisierung der Sowjetunion. 1941 wurde er Kriegskorrespondent an der Südfront. Von 1948 bis 1955 lehrte er am Maxim-Gorki-Institut in Moskau.

Es ist sonderbar, daß er nie verhaftet worden ist, obwohl er immer für die Freiheit der Literatur eintrat und nie einen Funktionärsposten angenommen hat. Viele sowjetische Autoren witterten 1964 einen Rückfall in die Zeiten Stalins. Mit einer Reihe von namhaften Wissenschaftlern und Künstlern, darunter Andrei Sacharow, wandte sich Paustowski mit einem offenen Protestbrief an das Plenum der Kommunistischen Partei, während der Schriftstellerverband sich vorsichtig ausschwieg. Den »Organen« war er zwar lästig, aber verhaftet wurde er nie. Er hatte Glück; auch von Sinekuren und großen Regierungseinladungen blieb er, bis auf einen Lenin-Orden, verschont.

Er ist, wie es sich gehörte, in Peredelkino gestorben. Das war ein sehr sonderbares Gemeinwesen, wie es nur in Rußland denkbar ist: eine Kolonie von Sommerhäusern, die Gorki einst vor den Toren Moskaus für seine Autoren gegründet hatte. Dort lebten die Abweichler Wand an Wand mit ihren Aufpassern. In ihren Küchen fiel nie ein böses Wort über Paustowski. Alle liebten ihn.

Die Ideologie ist ihm nie unter die Haut gedrungen. Er verstand sich nicht als Akteur, sondern als Zuschauer. Die atmosphärische Dichte seiner Erzählung, seine Fähigkeit, große Ereignisse *en miniature* zu beschreiben, und vor allen seine unerklärliche Heiterkeit machen eine verschwundene Zeit lebendig, ohne die auch das heutige Rußland nicht zu verstehen ist. Unvergeßlich ist und bleibt für mich ein Satz von ihm, der besagt, er könne am Pflaster eines Trottoirs in Odessa oder Leningrad den Gang der Weltgeschichte ablesen.

XXXVII

Trivialliteratur? Das kann es nicht gewesen sein, obwohl ihm
das immer wieder nachgesagt worden ist.
Eigentlich hieß er Rudolf Wilhelm Friedrich Ditzen. Schon
bei seinem Debüt nahm er das Pseudonym an, mit dem er in
die Literaturgeschichte eingegangen ist: Fallada. Er entlieh es
zwei Grimmschen Märchen, dem »Hans im Glück« und dem
sprechenden Pferd aus der »Gänsemagd«, dessen abgeschlage-
ner Kopf so lange weiterredet, bis die betrogene Prinzessin zu
ihrem Recht kommt.
Geboren wurde er in Greifswald. Sein Vater war Richter. Die
Familie zog nach Leipzig, als der Vater zum Reichsgericht berufen wurde. Als Gymnasiast hatte er unter dem väterlichen
Regiment viel zu leiden. Weil er in Leipzig hinter einem Mädchen her war, wurde er nach Bad Berka in ein Sanatorium verbannt, das ihm wie ein »Satanorium« vorkam. Weil er es auch
in der Schule nicht aushielt, faßte er den Plan, sich mit seinem
Freund Dietrich von Necker zu duellieren. Sie wollten einander töten. Fallada war schwer verletzt, der Freund starb. Der
Überlebende wurde wegen Totschlags angeklagt, für schuld-

unfähig erklärt und in eine psychiatrische Klinik eingewiesen. Zu einem Schulabschluß hat Fallada es nie gebracht.

Zu Beginn des Ersten Weltkriegs meldete er sich freiwillig zur Armee, wurde aber abgewiesen, weil er damals schon alkoholabhängig war. Dann verfiel er auch noch dem Morphium. Die Droge nannte er »sein Benzin«. Zwei Jahre brachte er in Entzugskliniken und Sanatorien zu. Seine schriftstellerischen Versuche schlugen fehl. Er hielt sich mit Gelegenheitsarbeiten über Wasser. Um seinen Stoff zu finanzieren, unterschlug er Geld aus den Firmenkassen. Vor Gericht wurde er zu längeren Haftstrafen verurteilt.

1929 heiratete er Anna Issel, genannt Suse, das »Lämmchen« in seinem Roman *Kleiner Mann – was nun?*. Sie hatte es nicht leicht mit seinen Tobsuchtsanfällen nach durchwachten Nächten.

In *Bauern, Bonzen und Bomben*, einem Buch, das 1931 in Berlin bei Ernst Rowohlt erschien, schildert Fallada die Protestaktionen der Bauernschaft, die vom Widerstand gegen Zwangspfändungen bis zu Bombenattentaten eskalierten. Typisch für ihn ist, daß er in seinem eigenen Roman auftrat, nämlich als ein ohnmächtiger, opportunistischer Kleinbürger, der den Auseinandersetzungen in einer holsteinischen Kleinstadt zum Opfer fällt.

Rowohlt gab ihm eine Anstellung in seinem Verlag, damit er seinen nächsten Roman schreiben konnte. Mit seinem schnellen Tempo und dem präzisen Tonfall seiner Dialoge wurde *Kleiner Mann – was nun?* 1932 zu einem augenblicklichen Verkaufserfolg. Das Buch schildert den Untergang einer kleinbürgerlichen Familie in der Wirtschaftskrise von 1929. Robert Musil äußerte sich begeistert: »Das Leben zappelt in seinen Büchern.«

Als Hitler Kanzler wurde, denunzierten Nachbarn, die ihn belauscht hatten, Fallada bei der SA. Sie behaupteten, er habe staatsfeindliche Gespräche geführt. Um ihn einzuschüchtern, wurde er zehn Tage lang eingesperrt. Seinen nächsten Roman, *Wer einmal aus dem Blechnapf frißt*, ließ die Zensur passieren, weil er die Gefängnisse in der »Systemzeit« kritisierte, die den Nationalsozialisten verhaßt war.

Ohne Kompromisse war er seines Lebens nicht mehr sicher. Er war kein Mitglied der Partei und hat nie jemanden denunziert. Von nun an mußte er sich auf möglichst harmlose Themen verlegen. Titel wie *Altes Herz geht auf die Reise* und *Hoppelpoppel – wo bist du?* sprechen für sich. Dennoch wurde er als »unerwünschter Schriftsteller« eingestuft, und seine Auflagen gingen zurück. Der listenreiche Goebbels wußte jedoch den Roman *Wolf unter Wölfen* über die Inflationsjahre zu schätzen. »Der Junge kann was«, sagte er und beschäftigte ihn bei den illustrierten Wochenblättern.

Falladas erste Ehe scheiterte und wurde 1944 geschieden. Im Streit mit seinem »Lämmchen« richtete er schwerbetrunken eine Pistole auf sie, verfehlte aber das Ziel. Erneut wegen versuchten Totschlags angeklagt, wurde er »zur Beobachtung« in eine Haftanstalt eingewiesen. Im Knast durfte er schreiben. Es entstanden Kurzgeschichten, auf denen sein postum veröffentlichter Roman *Der Trinker* beruht. Dort hat er aber auch ein heimliches Tagebuch geführt, das erst nach 60 Jahren aufgefunden, entziffert und veröffentlicht worden ist. »Ich weiß, daß ich wahnsinnig bin«, kritzelte er hin. »Ich gefährde nicht nur mein Leben, ich gefährde, wie ich immer mehr beim Weiterschreiben merke, das Leben vieler Menschen, von denen ich berichte.« Das Manuskript, eine Mischung aus Bekenntnis und Kolportage, ist in winziger Sütterlinschrift gehalten. Seine Versuche, sich zu rechtfertigen, weil er sich zu weit mit dem Apparat des NS-Staates eingelassen hatte, und seine Haßausbrüche gegen Goebbels versteckte er in harmlosen Passagen. Er rechnete nicht nur mit dem Regime, sondern auch mit sich selbst ab, doch hinterlassen seine fiebrigen Klagen in diesem »Totenhause« einen widersprüchlichen und wehleidigen

Eindruck. Es gelang ihm sogar, seine Manuskripte aus dem Gefängnis zu schmuggeln.

Nach seiner Entlassung, Ende 1944, heiratete er wieder, eine junge, reiche Witwe namens Ursula Losch. Das konnte schon deshalb nicht gut enden, weil sie ebenfalls Morphinistin war. »Richtig ist«, gestand er in einem Brief, »daß ich mit meiner jungen Frau nichts besprochen habe als die Vorzüge des Zyankali vor dem Strick.«

Nach Kriegsende zogen die beiden nach Berlin. Er arbeitete, unterstützt von Johannes R. Becher, für die *Tägliche Rundschau* und wohnte am Majakowskiring, einem privilegierten Quartier, das nach außen hin abgeschottet war. Wie immer griff Fallada auf seine eigenen Erfahrungen zurück und berichtete darüber im Roman *Der Alpdruck*.

Der Drogenkonsum der Falladas nahm so beunruhigende Ausmaße an, daß sie bei Becher hoch in der Kreide standen. Ursula mußte Gottfried Benn um Morphin bitten. Fallada versuchte vergeblich, sich das Leben zu nehmen, und schrieb weiter. Wieder folgten Klinikaufenthalte. In der Charité verfaßte er sein letztes Buch, in dem er einen authentischen Fall schildert: Das Ehepaar Hampel hatte Flugblätter gegen den Führer verbreitet, war angezeigt und hingerichtet worden. Fallada nahm seinen Titel wörtlich. Er lautet: *Jeder stirbt für sich allein.*

Es dauerte noch ein Jahr, bis er starb, wahrscheinlich an einer Überdosis. Auf dem Totenschein steht »Tod durch Herzversagen«.

Falladas letzter Roman ist nach dem Krieg nur in gekürzter und verstümmelter Form erschienen. Das Original wurde zum ersten Mal im Ausland publiziert, in einer englischen Übersetzung von Michael Hofmann, die zu einem großer Bucherfolg wurde. Daraufhin wurde es endlich auch auf deutsch veröffentlicht. In kurzer Zeit wollten es über 300 000 Käufer lesen. Ebenso erging es *Kleiner Mann – was nun?.* Diesem Roman fehlte 1932 ein Viertel des Textes, der den Verlegern zu brisant schien. Auch in diesem Fall wurde die Urfassung erst anno 2016 gedruckt.

Hans Fallada war ein Unglücksrabe, der alle seine Katastrophen überlebt und mehr als 60 Jahre nach seinem Tod als Schriftsteller mit einer überraschenden internationalen Renaissance triumphiert hat.

XXXVIII

Ach so, der darf natürlich nicht fehlen! Niemand wird bestreiten, daß er ein Ekel war, ein Schreihals, Verleumder, Scharlatan, Hetzer, Pornograph, Antisemit, Kollaborateur, Paranoiker, Megaloman, Holocaust-Leugner, usw. usf. Gottfried Benn hat Louis-Ferdinand Céline so abgefertigt: »Er ist ein primärer Spucker u. Kotzer ... Worüber, ist nebensächlich ... Jetzt also gegen die Juden ... Er fand kein Ende u. fand auch nicht mehr weiter u. schnatterte drauflos.«

»Ich bin voll von Stil ...«, sagte er selbst. »Die Epoche gehört mir, ich bin der Gesegnete der Literatur, wer mich nicht imitiert, existiert nicht.« Seine Interpunktion hat er selbst erfunden: hinter jedem dritten Wort drei Pünktchen. Aber trotzdem ... Er hat es uns allen gezeigt ... *Die Reise ans Ende der Nacht!* ... Das war eine Halluzination ... Eine Sauerei ... Ein Kitzel war das ... Nein, mit Célines Redefluß kann unsereiner nicht konkurrieren. Da ist es klüger, aufzugeben.

Im Ersten Weltkrieg meldete sich Louis Destouches – so hieß er bei seiner Geburt – freiwillig, wurde verwundet, kam mit einem gelähmten Arm nach Hause und galt als vaterländischer

Held. Dann studierte er Medizin und wurde, weil er sich für Seuchen interessierte, Epidemiologe. Er war viel im Dienst des Völkerbundes unterwegs, in den USA, in Kanada, Afrika, England, Cuba und Deutschland, kehrte zurück nach Paris und ließ sich als praktischer Arzt nieder.

Er war selber arm dran. Leute, die kein Geld hatten, hat er oft umsonst behandelt, obwohl ihm Katzen lieber waren als Menschen. Zu seinen Hunden, Kanarienvögeln und Papageien soll er sehr lieb gewesen sein, zu seinen Frauen schon weniger. Er bevorzugte Tänzerinnen und Huren, eine Vorliebe, die auf Gegenseitigkeit beruhte; denn er litt nicht nur an den Folgen einer Malaria, an Amöbenruhr und an Schlaflosigkeit, sondern auch an sexuellen Obsessionen, die in der Psychiatrie mit so hilflosen Begriffen wie Satyriasis oder Hypersexualität bedacht werden.

1932 kam der Erfolg, und zwar mit einem Schlag, mit *Voyage au bout de la nuit*. Linke wie rechte Kritiker waren begeistert. An schäumenden Gegnern hat es auch nicht gefehlt. Nun war Céline also berühmt, berüchtigt und eine kurze Zeit lang reich.

1937 entdeckte er seine Sympathie für Adolf Hitler. Er erklärte, statt sich von den Juden verblöden zu lassen, zöge er es vor, von einem Deutschen erschossen zu werden. Für jüdisch hielt er übrigens auch Racine, Stendhal, Picasso und den Papst.

Als der Zweite Weltkrieg kam, wurde er den deutschen Besatzern, wie Hitlers Pariser Botschafter Otto Abetz, unheimlich, weil ihm das Regime von Vichy nicht radikal genug war. Ernst Jünger berichtet in seinem Tagebuch, unter vier Augen habe Céline von der Wehrmacht verlangt, Juden zu schlachten und »keinen übrig zu lassen«.

Als der Endsieg ausblieb, brachten die deutschen Behörden ihn zwangsweise in Sicherheit, und zwar in das Sigmaringer Schloß. Dorthin war Pierre Laval mit dem Rest seines Regimes geflohen. Céline schilderte seine Erfahrungen in einem ebenso grotesken wie unzuverlässigen Bericht, dem 1957 erschienenen

Roman *D'un château à l'autre*. Im April 1945 hatte Céline die Nase voll von der SS, die ihn für geistesgestört hielt. Es gelang ihm, nach Dänemark zu verschwinden. Dort wurde er interniert und wegen Beihilfe zum Mord angeklagt. Er saß zwei Jahre lang im Gefängnis und danach ebensolange im Hausarrest in einem Bauernhaus in Korsør. Dann ließen ihn die Dänen frei.

Aber die französische Justiz hatte ihn als Kollaborateur zum Tode verurteilt. 1950 wurde er begnadigt, konnte nach Frankreich zurückkehren und nahm seine Praxis als Armenarzt wieder auf. In rascher Folge schrieb er neue Bücher. Aufgegeben hat er nie, sich nie entschuldigt und nie ein Wort zurückgenommen.

Er liegt auf dem Friedhof von Haut-Meudon begraben.

In eine Parade von Lebenskünstlern paßt er schlecht, aber seine Bewunderer halten ihm bis heute die Treue. Henry Miller will viel von Céline gelernt haben; auch Milan Kundera bedankte sich bei ihm; Charles Bukowski schrieb über sein literarisches Vorbild: »Céline war der größte Schriftsteller der letzten zweitausend Jahre«; und Philip Roth erklärte: »Mein ›Proust‹ in Frankreich ist Céline.«

Ein Klassikergrab hat man ihm in der ›Pléiade‹ bereitet und ausgeschmückt: fünf Bände Dünndruck und Ganzleder, samt seiner abstoßendsten Schrift, *Bagatelles pour un massacre,* und 4000 seiner Briefe. Der Fall Céline ist nicht der erste und wird nicht der letzte sein, der beweist, daß es, zumindest in der Literatur, möglich ist, den eigenen Tod noch eine Zeitlang zu überleben.

XXXIX

In Polen kann es bis heute keinen Lyriker geben, der beliebter ist. Julian Tuwims gesammelte Werke werden wenig gelesen, aber jedes Schulkind kennt ein paar Kinderreime von ihm auswendig.

Dieses beneidenswerte Los ist allein schon deshalb ungewöhnlich, weil Tuwim Jude war. Geboren wurde er in Łódź, einer Stadt, die er ungeachtet ihres rauhen Fabrikklimas liebte und von der er sagte: »Mögen jene, die keiner Schönheit widerstehen können, Sorrent und die Krim lobpreisen. Ich aber bin aus Łódź. Und der schwarze Rauch ist mir angenehm und süß.«

Sein Vater, Buchhalter von Beruf, hing der jüdischen Orthodoxie nicht an. Er ließ den Sohn an der Warschauer Universität Jura und Philosophie studieren, aber der wollte lieber Gedichte schreiben.

1919, in der euphorischen Stimmung der neuen nationalen Unabhängigkeit und Freiheit, gründete er die einflußreiche Skamander-Gruppe, die das literarische Leben Polens zwischen den Kriegen stark beeinflußt hat. Die Ambitionen der Avantgarde beeindruckten ihn. Aber bald wandte sich Tuwim von ihr ab und der Umgangssprache zu. Die traditionelle Rolle eines Retters des Vaterlandes, wie Adam Mickiewicz sie verkörpert hatte, wollte er auf keinen Fall spielen, und die autoritären, militaristischen und antisemitischen Tendenzen der zweiten polnischen Republik mißfielen ihm. Ebendas, was die Konservativen »Asphaltliteratur« nannten, reizte ihn. In seinen Gedichten besang er die Großstadt.

Die Unterscheidung von E- und U-Literatur war ihm egal. Die Titel seiner Bände hießen *Lauern auf Gott* oder *Jahrmarkt der Reime*. Er schrieb Kabarett- und Schlagertexte, die von Slang, Flüchen und erotischen Provokationen durchsäuert waren, und sogar ein Wörterbuch für Säufer hat er verfaßt. Eines seiner Kindergedichte, *Lokomotyve*, wurde in der kongenialen Übersetzung von James Krüss auch in Deutschland zu einem Klassiker.

Tuwims umstrittenstes Werk, *Opernball*, war seine Abrechnung mit der polnischen Oberschicht, die »auf dem Vulkan tanzte«. Die Uraufführung von 1936 wurde von der Zensur verboten; das Stück konnte erst zehn Jahre später gedruckt werden. Mit seinen burlesken Mitteln fängt es die apokalyptische Stimmung vor der Katastrophe des Zweiten Weltkriegs ein.

Tuwim war unermüdlich. Wen er alles aus dem Russischen, dem Französischen und dem Deutschen übersetzte, das hätte bei einem anderen ein ganzes Lebenswerk ausgemacht: Puschkin, Lermontow, Gogol und Majakowski, Rimbaud, Schiller und Nestroy ...

Aber dann überfielen die Deutschen Polen. Tuwims Mutter wurde deportiert und kam ums Leben. Er selbst flüchtete erst nach Frankreich, dann nach Südamerika und in die Vereinigten Staaten. Als er 1946 aus dem Exil nach Polen zurückkehrte, hielt er große Stücke auf die wiedergewonnene Unabhängigkeit seines Landes. Als Leiter eines Warschauer Musiktheaters konnte er an seine Vorkriegserfahrungen anknüpfen.

Die kommunistisch dominierte Volksrepublik versuchte, den

populären Dichter für sich zu gewinnen. Doch bald war Tuwim ernüchtert; denn mit der sowjetischen Herrschaft und der Wiederkehr der Zensur konnte und wollte er sich nicht abfinden. Er zog sich immer mehr zurück und begnügte sich damit, Sprachspiele in einer Kolumne zu sammeln, die er *Cicer cum caule oder Kraut und Rüben* nannte. Seitenlang, wie immer rhetorisch, ein wenig konfus, aber sympathisch erinnert sich Ilja Erenburg an ihn:

»Im Jahr 1922 betrat eines Tages ein mir unbekannter Mann die gutbürgerliche Pension in der Trautenaustraße, die ich bewohnte, und sagte verlegen und stolz: ›Ich bin Tuwim.‹ Wir sprachen sofort eine gemeinsame Sprache ... Er war damals achtundzwanzig Jahre alt. Schön blieb er bis ans Ende seiner Tage ... Sein Lächeln war wehmütig, fast schuldbewußt. Im Krieg erklärte er mir einmal, die Politik sei nicht sein Beruf. Er litt an Platzangst; es fiel ihm schwer, einen großen Platz zu überschreiten. Und dabei mußte er durch große Einöden und Wüsten aus einer Epoche in die andere gehen.«

Auf späten Photographien sieht er wie ein Habicht aus. »Lebe so«, sagte er, »daß sich deine Bekannten langweilen, wenn du gestorben bist.«

1953 ist er einem Schlaganfall erlegen.

XL

Er ragt unter den Überlebenden schon durch seine Anciennität hervor. Wer die Photographie gesehen hat, die ihn mit 99 Jahren in der Münchner Alten Pinakothek zeigt, weiß, daß Ernst Jünger der Dienstälteste von allen war, wie immer ungerührt, hellwach, aufmerksam und in einer Haltung, die an Eleganz nichts zu wünschen übrigließ. Unter dem vielen, was die Mitwelt an ihm auszusetzen hatte, fehlt eine Eigenschaft: die Feigheit. Man hat ihn getadelt, doch nicht bezweifelt, daß er ein Ritter ohne Furcht gewesen ist.

Was mich betrifft, so habe ich seinen Weg immer nur aus den Augenwinkeln verfolgt; denn sympathisch war er mir nicht. Ich war viel zu sehr Zivilist, als daß ich sein Zutrauen hätte gewinnen können, und auch nicht hinreichend prominent, um mit den Kanzlern und Staatspräsidenten zu wetteifern, die ihn in seinem Wilflinger Forsthaus aufsuchten. Es war mir lieber, Jünger aus der Ferne zu bewundern. Mich beeindruckte seine Leidenschaft für Käfer und Schmetterlinge, die er aufspießte und sammelte, sein Vorpreschen im Krieg und die Rückzüge, die er zu den Zeiten einer Diktatur antrat, die er zuvor begrüßt hatte.

Ein Einzelgänger ist er immer gewesen. Das hat wohl auch mit seiner unsicheren Herkunft zu tun. Sein Lebenslauf ist inzwischen gründlich erforscht. Dieser Aufgabe hat sich besonders Heimo Schwilk mit seiner Biographie von 2014 gewidmet, in der davon die Rede ist, daß er ein uneheliches Kind war. Die Familie hat alles getan, um diese Unannehmlichkeit zu verschleiern.

Als Gymnasiast verpflichtete sich Jünger heimlich bei der französischen Fremdenlegion. Er wurde in Algerien ausgebildet, ist aber nach wenigen Wochen desertiert. Sein Vater gab sich alle Mühe, ihn herauszuholen. Aber 1914 meldete der 19jährige sich schon wieder freiwillig, zog ins Feld und wurde zum ersten Mal verwundet. Er tat sich als Offizier und Stoßtruppführer hervor. Alle Schlachten hat er überlebt. Der preußische König zeichnete ihn wegen seiner Tapferkeit mit dem Orden *Pour le mérite* aus.

Über seine Erfahrungen schrieb er viele Bücher: *Afrikanische Spiele* handelt von seinem Abenteuer mit der Fremdenlegion. *In Stahlgewittern*, das 1920 als Privatdruck erschien, den er selbst bezahlt hat, und *Feuer und Blut* berichten vom Ersten Weltkrieg. Faszination, Schrecken und Verblendung gehen in diesen Büchern ein unheimliches Amalgam ein.

Jüngers Tagebücher sprechen allerdings eine andere Sprache; sie sind von jeder Kriegsverherrlichung weit entfernt und wirken eher wie eine unbestechliche Chronik der Gewalt. Solche Ambivalenzen sind bezeichnend für Jüngers weiteren Lebensweg.

Nach der deutschen Niederlage von 1918 schied er aus der Reichswehr aus und wählte die Schriftstellerei als Beruf. Er wütete gegen die Republik und ihre Parteienherrschaft. Eine »Nationale Revolution« unter Hitlers Führung schien ihm wünschenswert. Später formulierte er die Parole von der »totalen Mobilmachung«. Dabei war es zwischen Hitler und ihm bereits zu einem öffentlichen Bruch gekommen. Danach hielt er sich von der NSDAP so fern wie möglich. Das hat sie ihm nie vergessen. Dem Regime blieb er bis zuletzt verdächtig. Nach dem Sieg der Nationalsozialisten durchsuchte die Gestapo mehrmals sein Haus, weil sie seine politische Zuverlässigkeit zu Recht bezweifelte. Hitler selbst wagte nicht, gegen den Kriegshelden vorzugehen. Ich vermute, daß der kleine Gefreite ihn beneidet hat.

Um die Distanz zu gewinnen, auf die er Wert legte, zog sich Jünger aus Berlin zurück, doch dem Ruf zu den Fahnen konnte er 1939 nicht widerstehen. Er meldete sich unverzüglich freiwillig. »Darf man denn hoffen, daß man noch ins Feuer kommt?« fragte er sich 1940 in seinem Tagebuch *Strahlungen*. 1941 wurde er in den Stab des Militärbefehlshabers in Frankreich berufen. (Sein Büro lag im Hotel ›Majestic‹, wo zufällig auch mein Vater auf derselben Etage Dienst tat.)

In Paris traf er sich mit Céline, Henri de Montherlant, Jean Paulhan und dem unvermeidlichen Jean Cocteau. Man lebte gut mit Austern und Champagner. Doch sein oberster Vorgesetzter war der General von Stülpnagel, ein Mann, der sich schon früh an der Verschwörung gegen Hitler beteiligte und nach dem Scheitern des Attentats vom 20. Juli hingerichtet wurde. Um Jünger aus der Schußlinie zu nehmen, schickte er ihn rechtzeitig an die Front im Kaukasus. Dort wurde der Chronist Augenzeuge von den Verbrechen der sogenannten »Einsatzgruppen«. In seinen Aufzeichnungen äußert sich Jünger dazu mit diesen Worten: »Ein Ekel ergreift mich dann vor den Uniformen, den Schulterstücken, den Orden, dem Wein, den Waffen, deren Glanz ich so geliebt.«

Damals begann er an seiner Schrift *Der Friede* zu arbeiten, in der er sich Gedanken über die Zeit nach dem Sturz Hitlers machte. Zu seinem Umdenken trug sicherlich bei, daß sein erster Sohn denunziert, verhaftet, vor ein Kriegsgericht gestellt und zu einer Gefängnisstrafe verurteilt wurde. Kurz vor dem Ende ist er in Italien gefallen.

Nach dem Rückzug aus Frankreich und der Kapitulation Deutschlands belegte die britische Militärregierung Jünger mit einem Publikationsverbot, das nicht lange währte. Er zog sich nach Wilfingen in ein Haus zurück, das den Freiherren Schenk von Stauffenberg gehörte. Bald konnte er seine *Strahlungen* veröffentlichen. Dieses Tagebuch wurde sofort zu einem großen Bucherfolg.

Aber damit begann der Streit um Jünger von neuem. Er nahm schärfere Formen denn je an und währt bis heute. Als ihm in Frankfurt der Goethepreis verliehen wurde, mußte die Polizei die Festversammlung in der Paulskirche vor wütenden Demonstranten schützen. In der DDR durfte nie eine Zeile von ihm gedruckt werden. Carl Zuckmayer und Hannah Arendt verteidigten, Alfred Andersch verehrte ihn. Er war übrigens der letzte lebende Träger der militärischen Klasse des Ordens *Pour le mérite*. Diese alte Auszeichnung wurde den jüdischen Mitgliedern durch den NS-Staat aberkannt. Verboten wurde der Orden damals nicht, schon weil Göring ihn trug. Theodor Heuss hat ihn nach dem Krieg »sozusagen vor dem Aussterben gerettet«, indem er nach dem Vorbild Alexander von Humboldts die »Friedensklasse« zu neuem Leben erweckte.

Jünger schrieb unaufhaltsam weiter und erlebte zwei Gesamtausgaben seiner Werke, von denen die jüngste einen Umfang von 22 Bänden erreichte. Auch eine Sammlung letzter Worte hat er angelegt. Einem seiner Sekretäre soll er anvertraut haben, er wünsche sich zum Abschied den Satz: »Ich bitte wegtreten zu dürfen.« Daraus ist nichts geworden. Er starb mit 102 Jahren schmerz- und wortlos in einem Krankenhaus, wohlversehen mit den Sakramenten der katholischen Kirche, zu der er kurz davor konvertiert war.

XLI

Dieser phänomenale Wichtigtuer hat es mit verbissenem Eifer dazu gebracht, daß die Geschichte der Kunst und der Literatur nicht ohne ihn auskommt. André Breton hat eine Zeitschrift nach der anderen gegründet, eine Ausstellung nach der anderen organisiert. Vor allem aber hat er sich das Warenzeichen ›Surrealismus‹ angeeignet, ein Schlagwort, das nicht er, sondern der Dichter Guillaume Apollinaire anno 1917 erfunden hat. Breton hat daraus eine ziemlich folgenreiche »Bewegung« gemacht.

Er veröffentlichte eine Menge von Büchern, aber seine Hauptwerke sind zweifellos die beiden *Manifeste*, die er unter diesem Namen lancierte. Er berief sich dabei auf Rimbaud und Lautréamont, im Vergleich zu denen seine eigenen Gedichte ziemlich schmalbrüstig wirken. Er hat es allerdings so gut verstanden, eine bunte Schar von sehr viel produktiveren Geistern unter diesem Banner zu versammeln, daß er nicht nur von ihrem Ruhm zehren, sondern sich sogar zu ihrem Dompteur aufschwingen konnte.

Diese Gruppe baute er nach dem Muster einer leninistischen Partei auf. Wer nicht auf ihn hörte, dem drohte der »Ausschluß«. Diese Säuberungen, die sich gegen Max Ernst, Salvador Dalí und andere Genossen richteten, mußten sich jedoch mit Verleumdungen begnügen, weil Breton keine Tscheka und keine GPU, sondern nur die Pariser Presse zur Verfügung stand. Seine Macht war eher parodistisch als ernst zu nehmen, auch wenn er sich in seiner Rhetorik gern radikal gebärdete. *Le Surréalisme au service de la révolution* verkündete er 1930. Seine kleinen Skandale wie den Bruch mit der KP und seinen Flirt mit dem Trotzkismus inszenierte er sorgfältig.

Vom Zweiten Weltkrieg hat er sich ferngehalten. 1941 konnte er, finanziert von Peggy Guggenheim, nach New York fliehen, wo er sofort die nächste Ausstellung eröffnete und, übrigens zusammen mit Max Ernst, seine nächste Zeitschrift, *VVV,* gründete. 1946 kehrte er nach Paris zurück und trommelte fleißig weiter für seine inzwischen zerstrittene »Bewegung«. Als Inquisitor spielte er keine Rolle mehr.

Er war ein hingebungsvoller Sammler. Seine Wohnung in der Rue Fontaine am Fuß des Montmartre war vollgestopft mit Masken, Puppen, Fetischen, Spazierstöcken, Schmetterlingen und 450 Gemälden seiner Anhänger und Gefolgsleute, darunter Werke von Max Ernst, de Chirico, Man Ray, Dalí und Magritte. Nach seinem Tod wurde der größte Teil versteigert. Der Auktionskatalog von 2003 zählte mit 5400 Posten seine Beute auf. Der Erlös lag bei 46 Millionen Euro.

Bei Gallimard gibt es in der ›Bibliothèque de la Pléiade‹ Bretons *Œuvres complètes* auf 7000 Seiten. Wenn sie lange genug tot sind, wie der Marquis de Sade, weiß Frankreich seinen Klassikern zu huldigen.

XLII

Obwohl er ein Dutzend Jahre lang anderswo ausharren mußte, konnte ein solcher Schriftsteller nur in Wien gedeihen. Franz Carl Heimito von Doderer, gern auch als Ritter tituliert, hat es zu einer großen Gemeinde gebracht, die den Zugang zu seinem überaus komplexen Werk durch ihre Pedanterie verbarrikadiert. Sein Verlag ging soweit, ein *Doderer-ABC* herauszubringen, das im Untertitel *Ein Lexikon für Heimitisten* heißt, 478 Seiten stark ist und im Personenregister 337 Namen verzeichnet. Der Leser erfährt darin auch, daß in Doderers Roman *Dämonen* 16mal Whiskey, aber 18mal Cognac getrunken wird. Die zweite Auflage ist vergriffen. Dafür ist im selben Verlag neuerdings zum Ladenpreis von 28 Euro Klaus Nüchterns *Kontinent Doderer. Eine Durchquerung* lieferbar.

Seinen ungewöhnlichen Vornamen verdankt Doderer seiner Mutter, die den spanischen Jaime auf ihre Art eindeutschte. Im Kreis seiner Familie und seiner Freunde wurde er auch »Heimo«, »Heimerl« oder »Heimchen« gerufen. Der Vater war nicht nur Baumeister, Ingenieur und mehrfacher Millionär, sonder auch ein Haustyrann.

Heimito, ein mittelmäßiger Schüler, machte mit seinem Haus-
lehrer die ersten sexuellen Erfahrungen. Männer oder Frauen,
das galt ihm gleich. Seinen sadomasochistischen Neigungen
ging er im Bordell nach. Das gehörte damals durchaus zu einer
großbürgerlichen Lebensführung. Ein paar Jahre lang hat er
Jura an der Wiener Universität studiert.

Das Vermögen der Familie schmolz im Lauf des Ersten Weltkrieges zusammen. Ist Doderer tatsächlich arm gewesen? Hat
er in einer Mansarde gehaust? Wenn es so war, hat er sich schon
aus Stolz nicht über seinen Geldmangel beklagt. 1915 meldete
er sich freiwillig, kam als Fähnrich zur Infanterie und geriet bei
Czernowitz in russische Kriegsgefangenschaft. In verschiedenen sibirischen Lagern beschloß er, vielleicht aus Langeweile,
Schriftsteller zu werden.

1920 wurde er endlich entlassen und nahm sein Studium wieder auf. Diesmal wählte er die Fächer Geschichte und Psychologie. Er beschäftigte sich mit der Wiener Stadthistorie, fing
an, Feuilletons zu veröffentlichen, arbeitete an Gedichten und
an seinem ersten Roman.

1923 kam das erste Buch, ein Gedichtband, dann der Roman
Die Bresche heraus; beide waren erfolglos. Doderer heiratete
nach zahlreichen Trennungen und Versöhnungen seine Freundin Gusti Hasterlik, eine katholisch getaufte Wiener Jüdin aus
einer gebildeten Arztfamilie. Die Ehe wurde nur *pro forma* geführt und war ein katastrophales Liebesdrama, das bald sein
Ende fand. Doderer bedachte seine Frau regelmäßig mit antisemitischen Klischees. 1932 trennte sich das Paar. Zur Scheidung, auf die er drang, kam es erst nach dem »Anschluß«.
Gusti konnte noch rechtzeitig nach Amerika entkommen.

1933 trat Doderer, eine Woche vor Herbert von Karajan, der
österreichischen NSDAP bei. 1936 zog er nach Dachau – ausgerechnet Dachau! –, erneuerte dort seine Parteimitgliedschaft
und beantragte seine Aufnahme in die Reichsschrifttumskammer. In Deutschland fand er zum Verlag C. H. Beck, der seinen

ersten großen Roman, *Ein Mord, den jeder begeht*, publizierte. Dann kehrte er in sein geliebtes Wien zurück. Dort konnte er seinen Gefühlen freien Lauf lassen, besonders dem Haß auf die Hausmeister, die er schon wegen ihrer »bösartigen und fast dämonischobstinaten Ausdünstung« nicht ausstehen konnte. Außerdem fand er Zeit, sich zum katholischen Glauben zu bekehren. Vom Nationalsozialismus distanzierte er sich allmählich, verließ aber die Partei nicht, obwohl er gar kein Nazi war. Das hat er nach dem Krieg als »barbarischen Irrtum« bezeichnet.

1940 wurde er zur Wehrmacht eingezogen. Als Reserveoffizier zur Luftwaffe abkommandiert, war er im Hinterland mit Verwaltungsarbeiten beschäftigt. Als er nach Rußland verlegt wurde, ließ er sich wegen einer Nervenentzündung vom Fronteinsatz befreien. Er bevorzugte die Heimatfront. Als man ihn am Ende des Krieges nach Oslo schickte, nahmen ihn die Norweger gefangen, ließen ihn aber bald wieder laufen. In Österreich fürchtete er, wegen seiner NSDAP-Mitgliedschaft belangt zu werden. Er bemühte sich um einen »Persilschein« und um die Aufhebung des Publikationsverbotes, das fünf Jahre lang über ihn verhängt war. Er mußte eine sogenannte »Sühneabgabe« zahlen und wurde von der Liste der »Belasteten« gestrichen.

Doderer war nun 52 Jahre alt und immer noch weitgehend unbekannt. Das änderte sich plötzlich, als sein Roman *Die Strudlhofstiege oder Melzer und die Tiefe der Jahre* erschien. Die Vergleiche der Kritik zielten hoch, auf Proust und Thomas Mann, auf Joseph Roth und Nabokov. Auch Robert Musil wurde genannt, woraufhin Doderer blaffte: »Ich schreibe keine Fragmente.«

Viel strenger hielt er über sich selbst Gericht. In einem Rundfunkinterview hat er einmal festgestellt: »Der Schriftsteller ist ein ekelhafter Kerl.«

Die Treppe im Wiener Bezirk Alsergrund war keine Sehenswürdigkeit, bevor er sie in seinem Roman dazu gemacht hat.

Bereits in der zweiten Zeile erfährt der Leser ganz nebenbei, daß eine schöne Frau namens Mary K. eines Tages durch einen Unfall mit der Straßenbahn ein Bein verlieren wird. Dieses Ereignis tritt jedoch erst nach 834 Seiten ein. Wegen seines Personenreichtums und der verzwickten Handlung läßt sich schwer angeben, worum es in dem Roman eigentlich geht. Es kommen nämlich immer neue Personen ins Spiel, adlige Herren und Kleinbürger, Arbeiter, Direktoren, Vertreter, Künstler, Verbrecher, Portiers, Diplomaten, Journalisten und dazu eine Unzahl von sehr dicken Witwen, Prostituierten und heiratssüchtigen Mädchen.

Noch ärger geht es in *Die Dämonen* zu. Doderers umfangreichstem Roman ist zu entnehmen, wie Frau Mary K., die Dame aus der *Strudlhofstiege*, nach ihrem Unfall eine Art Happy-End erlebte. Aber nicht nur das. Wir werden auch über Schmetterlinge, über Kraken, über das Geigenspiel und über Hexenprozesse belehrt. Die Geschäftsusancen der Großbanken werden ebenso gnadenlos beschrieben wie das Wiener Kanalisationssystem. Die Konstruktion ist, mit den Worten von Martin Mosebach, »derart an den Haaren herbeigezogen, derart verstiegen«, als käme es darauf an, irgendwie alles mit allem zu verknüpfen. Der Plot interessierte Doderer nicht im mindesten. Zum Reiz dieses Autors und zu seiner Methode gehört alles andere: die Liebe zum Detail, die penible Recherche und der Umweg als philosophisches Prinzip.

Ursprünglich sollten *Die Dämonen*, wie aus den beiden Bänden seiner *Tagebücher 1920-1939* hervorgeht, *Dicke Damen* heißen. »Denn was ist ein Satz? Der unmittelbarste Ausdruck für das Leben, dort wo es dick wird.« Noch zwei Tage vor seiner Heirat hat Doderer nach einer Frau von »außergewöhnlich starker, korpulenter, üppiger Statur« gefahndet. An eine Säule gefesselt und spärlich bedeckt, mußte das Objekt seiner Begierde die wehrlose Büßerin mimen.

1958 begann Doderer an seinem *Roman No. 7* zu schreiben,

der auf vier Bände angelegt war. Daß er sich wegen seines starken Alkohol- und Nikotinkonsums einer Kehlkopfoperation unterziehen mußte, hielt ihn nicht davon ab, *Die Merowinger oder Die totale Familie*, seine *Commentarii* und eine Menge anderer Dinge zu verfassen.

Doderer starb am 23. Dezember 1966 an einem zu spät erkannten Darmkrebs.

XLIII

Leider habe ich ihn nur ein einziges Mal zu Gesicht bekommen. Das war im Sommer 1947, als Carl Zuckmayer in München vor der »Jugend« – das waren wir – unter freiem Himmel eine kleine Rede hielt. Auf der Theresienwiese, in einer Trümmerwüste oder auf einem Sportplatz, das weiß ich nicht mehr. Nur daß er sehr sympathisch war und eine schöne Tochter namens Winnetou hatte. Als wir von den würdevollen offiziellen Ansprachen genug hatten, ging ich mit ihr spazieren. Ich war neugierig und wollte wissen, wie sie zu diesem Vornamen gekommen war. Sie erzählte mir, daß ihr Vater Karl May verehrte und ganze Passagen aus *Winnetou* auswendig konnte. Außerdem fragte ich sie nach ihren Jahren in Amerika aus. »Ich bin mit Truthähnen und Hühnern aufgewachsen. Wir hatten eine Farm in Vermont, und daher hatten wir immer genug zu essen.«

Ich beschloß, mehr über ihren Vater in Erfahrung zu bringen. Er wurde als Sohn eines rheinhessischen Fabrikanten geboren. Seine Mutter Amelie kam aus einer jüdischen Familie. Er wuchs in Mainz auf, hatte oft Ärger mit seinen Lehrern, machte ein Notabitur und meldete sich 1914 freiwillig zum Heer. Das Kriegsende erlebte er als Leutnant der Reserve. Seine Erfahrungen an der Westfront verleideten ihm das Militär für immer. Nach dem Krieg fing er ein eher zielloses Studium an, das zu keinem Abschluß führte. Von 1917 an flirtete er mit dem Expressionismus, der damals in Zeitschriften wie der *Aktion* blühte. 1920 wurde sein Drama *Kreuzweg* am Staatstheater Berlin uraufgeführt. Obwohl Kritiker wie Herbert Ihering und Siegfried Jacobsohn es lobten, wurde es nach drei Aufführungen abgesetzt.

Im selben Jahr heiratete er seine Mainzer Jugendliebe, von der er sich schon 1921 wieder scheiden ließ, weil er sich in die Schauspielerin Annemarie Seidel verliebt hatte, die später zur Ehefrau des Verlegers Peter Suhrkamp wurde. Offenbar kannten sich damals alle, die im Kulturbetrieb mitspielten. Zuckmayer half das wenig; er mußte sich als Bänkelsänger, als Statist und als Türsteher durchschlagen. Ein Engagement beim Kieler Stadttheater endete damit, daß er nach der ersten Generalprobe gefeuert wurde. Doch er gab sich nicht geschlagen. In München und am Deutschen Theater in Berlin brachte er es zum Dramaturgen und konnte mit Bertolt Brecht zusammenarbeiten. Dort lernte er eine weitere Schauspielerin kennen, die er zu seiner Sekretärin machte. Alice Frank war eine geborene von Herdan. Er heiratete sie 1925 und hat zur Überraschung seiner Freunde bis zu seinem Tod mit ihr zusammengelebt. Maria Winnetou, 1926 geboren, war seine Lieblingstochter.

Sein erster großer Erfolg gelang ihm mit der Uraufführung der Komödie *Der fröhliche Weinberg* im Theater am Schiffbauerdamm. Sie führte zwar zu einem kleinen Skandal, weil sich das Stück über die Corpsstudenten lustig machte. Es wurde aber dennoch und vielleicht deswegen zum meistgespielten Theaterstück der 1920er Jahre. Von den Tantiemen konnte Zuckmayer ein Landhaus in Henndorf am Wallersee bei Salzburg erwerben.

Berlin blieb, nachdem er im Oktober 1927 mit dem *Schinderhannes* seinen nächsten Theatererfolg gelandet hatte, sein beruflicher Mittelpunkt. Im *Fröhlichen Weinberg*, sagte er, sei es ihm gelungen, die Leute zum Lachen zu bringen. Nun wolle er die Leute auch einmal flennen lassen. Damit wandte er sich gegen die sogenannte Neue Sachlichkeit und gegen das lehrhaft-politische Theater.

1928 folgte sein Volksstück *Katharina Knie,* eine Seiltänzerkomödie. Zuckmayer arbeitete auch am Drehbuch zum *Blauen Engel* mit, einer Filmfassung des Romans *Professor Unrat* von Heinrich Mann, die 1930 in die Kinos kam. Der Erfolg suchte ihn förmlich heim, vor allem mit der Komödie *Der Hauptmann von Köpenick. Ein deutsches Märchen*, die ihm schon im ersten Jahr 160 000 Mark einbrachte.

Den Nationalsozialisten mißfiel nicht nur die antimilitaristische Tendenz des Stückes. Sie betrachteten ihn auch als Halbjuden. Als sie an die Macht kamen, wurden seine Werke in Deutschland verboten. Die Familie verließ Berlin und zog nach Österreich.

Nach dem »Anschluß« sah Zuckmayer sich zur Flucht gezwungen. In seinen Memoiren *Als wär's ein Stück von mir* schildert er, wie er buchstäblich im letzten Moment, als ein Rollkommando bereits vor der Tür stand, um ihn festzunehmen, mit den Seinen in einen Zug stieg und nach Zürich entkam. Die ganze Familie Zuckmayer wurde ausgebürgert und floh über Paris und Rotterdam in die USA.

Zeitweise konnte Zuckmayer in Hollywood als Drehbuchautor und in New York an der New School for Social Research arbeiten. Das war aber nie seine Sache. Außerdem brachte es zu wenig Geld. So beschloß er, etwas ganz Neues auszuprobieren. Mit seiner Frau pachtete er 1941 in Vermont eine Farm. Alice schrieb dort auch zwei erfolgreiche Bücher. Später ist sie mit ihrem Mann nach Saas-Fee in der Schweiz gezogen und im Alter von 89 Jahren gestorben.

1943 setzte Zuckmayer mitten im Krieg für den ersten Vorläufer der CIA, das Office of Strategic Services, ein Dossier auf über die Schriftsteller, Schauspieler, Regisseure, Intendanten, Verleger und Journalisten, die von 1933 bis 1945 in Deutschland geblieben waren. Er stellte dar, wieweit sie sich anpaßten und wieweit sie sich dem politischen Druck entziehen konnten. Seine Porträts teilte er in vier Gruppen ein: die »vom Nazi-Einfluß Unberührten, Widerstrebenden, Zuverlässigen«, die »Nazis, Anschmeißer, Nutznießer, Kreaturen«, die gemischten »Sonderfälle« und schließlich die »Indifferenten, Undurchsichtigen, Verschwommenen, Fraglichen«. Außen vor ließ er Nazi-Größen wie Johst und Schlösser. Dabei hoffte er wohl, an einem Neubeginn in Deutschland mitzuwirken. Sein *Geheimreport* ist erst 2002 veröffentlicht worden.

1946 wurde er amerikanischer Staatsbürger. Er kehrte, nicht in Uniform, sondern in Zivil, als Kulturbeauftragter des amerikanischen Kriegsministeriums nach Europa zurück. Er fuhr fünf Monate lang durch Deutschland. Auch über diese Reise schrieb er einen ausführlichen Bericht. Er kritisierte manche Maßnahmen der Militärregierung und machte Vorschläge, was an ihnen zu verbessern wäre. Auch diese Arbeit ist erst viel später publik geworden.

Sein Stück *Des Teufels General* wurde zu seinem größten Nachkriegserfolg. Als Vorbild diente ihm der Jagdflieger Ernst Udet, der sich als Chef der Luftrüstung überfordert und ausgetrickst sah und sich 1941 erschoß. Resigniert mußte Zuckmayer feststellen, daß das Publikum sich lieber mit dem schneidigen Helden identifizierte, als sich die antifaschistische Intention des Autors zu Herzen zu nehmen.

Nach den fünfziger Jahren ließ das Interesse an seinem Werk deutlich nach. Im Schweizer Kanton Wallis kaufte Zuckmayer ein Haus und erwarb das Schweizer Bürgerrecht. 1977 ist er in Visp gestorben. Sein Nachlaß liegt im Deutschen Literaturarchiv in Marbach. Reich-Ranicki, der nicht immer unrecht

hatte, sagte über ihn: »Für die Kritik galt er oft als zu volks-
tümlich und für das Volk als zu kritisch. Die Linken hielten
ihn für konservativ und die Konservativen für allzu links. So
saß er oft zwischen allen Stühlen. Das ist für einen Schriftsteller kein schlechter Platz.«

XLIV

Er hat sich wohl als negatives Abziehbild des Korsen Bonaparte verstanden, aber tatsächlich hieß er Kurt Erich Suckert, und sein Vater kam aus dem sächsischen Zittau, die Mutter war allerdings aus Mailand. Man kann nicht sagen, daß er ein Wendehals war, denn auch das kräftigste Rückgrat hätte seine Verwandlungen nicht bruchlos überstanden.

Mit Grundsätzen oder Überzeugungen durfte man diesem Mann nicht kommen. Curzio Malaparte war abwechselnd Anarchist, Dichter, Kriegsfreiwilliger, Diplomat, Avantgardist, Reporter, Chefredakteur der Zeitung *La Stampa*, Faschist, Aufhetzer von Schlägertruppen, Tierfreund, Monarchist, Dandy, Volkstümler, Pazifist, amerikanischer Spion, Bestsellerautor, Mythomane, Kommunist, Antikommunist und Verehrer Mao Tse-tungs. Kurz vor Toresschluß ist er in den Schoß der Kirche heimgekehrt.

Schon als junger Mann war Malaparte ein geübter Lügner. Fiktion und Fakten wollte und konnte er nicht voneinander unterscheiden. Als Virtuose der Mimikry hat er seine Autobiographie des öfteren umgeschrieben.

Er war ein begabter, aber kränklicher Junge, der es anfangs schwer hatte. Wonach hätte er haschen sollen, wenn nicht nach Effekten? Sein erstes Buch mußte er 1921 auf eigene Kosten drucken lassen. Sofort bekam er damit Ärger. Die erste Auflage wurde wegen »Verleumdung der Streitkräfte« aus dem Verkehr gezogen. Daraufhin schloß er sich Mussolini an, den er bewunderte, wurde Parteigenosse der Faschisten und nahm am »Marsch auf Rom« teil.

1931 veröffentlichte er, vorsichtshalber in Paris, *Die Technik des Staatsstreichs*, die so treffend war, daß sie Mussolini an seinen eigenen Putsch erinnerte, weshalb er sie kurzerhand verbot. Zwei Jahre später wurde Malaparte, obwohl er sich als »Faschist der ersten Stunde« fühlte, von der Partei ausgeschlossen und unter Hausarrest gestellt. Verhaftet wurde er mehr als einmal, konnte aber seinen Kopf nach ein paar Tagen stets aus der Schlinge ziehen. In Rom rief er seinen Freund Ciano, den Außenminister Mussolinis, zu Hilfe.

Nach dem Sturz des Diktators bot er seine Dienste dem amerikanischen Geheimdienst CIC an und wurde freigelassen. Der Stehaufmann konnte seine Karriere unbeeindruckt und nahtlos fortsetzen.

Unter seinen ungefähr 40 Büchern gab es auch zwei Reißer, die nicht nur in Italien Furore machten. Der eine hieß *Kaputt* (1944) und war eine wilde Mixtur aus durcheinandergeworfenen italienischen und deutschen Brocken, die zuverlässig skandalös wirkte. Auch *Die Haut* (1949) war ein Welterfolg. Neapel wurde als Paradies des Schwarzmarkts und als Hölle auf Erden geschildert, in der Jungen und Mädchen von ihren Eltern prostituiert wurden, um die eigene Haut zu retten. »Mir war der Krieg lieber als die Pest«, beteuert der Erzähler, der die Befreier als Vergewaltiger darstellt. Natürlich hat der Vatikan das Buch sofort auf den Index gesetzt und damit zu seiner Verbreitung beigetragen.

Feigheit kann man Malaparte nicht nachsagen. Vor Risiken

ist er nie zurückgeschreckt. Als Kriegskorrespondent in Offiziersuniform besichtigte er Front und Etappe in Frankreich, in Polen, wo er mit Himmler dinierte, auf dem Balkan, in Nordafrika, Finnland, Rußland, der Ukraine und in Bessarabien. Die Kritiker waren lange Zeit von ihm begeistert; sie übernahmen sogar ein eigenes Wort für seinen Stil; sie nannten ihn *tremendismo*; das ist spanisch und bedeutet sinngemäß etwas, wovor man zittert. In den vierziger Jahren wurde es zur Markenbezeichnung für ein bestimmtes Genre des Sensationsromans, dessen bekanntester Vertreter Camilo José Cela war.

Malaparte wurde reich genug, um sich eine großzügige Residenz auf Capri bauen zu lassen, die er wenig überraschend ›Villa Malaparte‹ nannte. Im Lauf der Zeit gingen in diesem architektonisch hervorragenden Gebäude nicht nur Gäste wie Cocteau und Moravia, sondern auch der Generalfeldmarschall Rommel und Togliatti, der Chef der Kommunistischen Partei, ein und aus. Godard hat dort mit Brigitte Bardot einen Film gedreht, und Karl Lagerfeld konnte es nicht lassen, einen teuren Bildband mit seinen Photos von diesem Haus zu publizieren.

Malaparte wollte sein Anwesen, weil er ein paar Wochen lang Mao bewunderte, der Volksrepublik China hinterlassen, aber seine Erben wußten diese Laune zu verhindern. Sie strengten einen Prozeß an, den sie gewannen.

Als der Bauherr mit 59 Jahren an Lungenkrebs gestorben war, blieb von seinem Ruhm wenig übrig. Daran konnte auch die 600 Seiten lange Biographie nichts ändern, für die 2011 ein Italiener in Paris gelobt worden ist. Immerhin kann, wer eine halbe Wegstunde nicht scheut, in Prado, dem Geburtsort Malapartes, auf einer Anhöhe ein stattliches Mausoleum aufsuchen, das die Stadt ihrem Sohn errichtet hat.

XLV

Über B. B. ist schon alles gesagt. Jeder Winkel seines Daseins ist ausgeleuchtet und ausgelegt worden. Er war jemand, der zu bewundern und zu vermeiden war. Ich wußte, daß er immer ein Ausbeuter war und daß er stank. Alle seine Schüler und seine Anbeterinnen hat er plattgedrückt.

Ich mochte manche von seinen Sachen. An der *Hauspostille* war nicht vorbeizukommen, und *Mahagonny* war scharf, lustig und böse. Unangenehm waren die meisten Theaterstücke, in denen er den Zeigefinger wie ein Schulmeister hob, im *Jasager*, im *Neinsager* und in der berüchtigten *Maßnahme* von 1930. Man mußte den Haufen, den er hinterließ, entschieden auskämmen. Er hat ja wie Goethe jeden Wisch aufgehoben, vom Schmierzettel bis zur Wäscherechnung, weil er schon als Pennäler wußte, daß er das Zeug zum Klassiker hatte.

Das beste war, mit ihm so umzugehen, wie er es mit anderen hielt: Nur wo etwas Brauchbares zu finden war, galt es ihn auszubeuten. An diese Regel habe ich mich allerdings nicht immer gehalten. In einem Gedichtbuch habe ich ihm nachgeplappert, was er anno 1927 in seinem *Kurzen Bericht über*

400 (vierhundert) junge Lyriker behauptet hat: daß Gedichte Gebrauchsgegenstände seien. Das ist eine Viertelwahrheit von geringer Halbwertszeit.

Aber ansonsten habe ich ihm viel zu verdanken, auch wenn ich mit seinen vielen Talenten nicht konkurrieren konnte. Fabelhaft waren seine Selbstinszenierungen. Er war unerhört intelligent, eine Eigenschaft, die er nicht mit allen Dichtern teilte. Bekanntlich kann man in der Poesie auch ohne sie auskommen und ganz beachtliche Lyrik zustande bringen. Auf die Dauer allerdings ziehe ich die gescheiteren Mitbrüder in Apollo vor.

Das ist nicht nur eine Frage der Poetik. Brecht war ein weitblickender politischer Stratege, der alle Wendungen der Geschichte wie ein Haruspex aus ihren Eingeweiden las. Die Diktaturen in Italien, in Deutschland und in Spanien hat er kommen sehen und ihre katastrophalen Folgen sofort verstanden.

Weniger einsichtig war er, was die Parteiherrschaft in der Sowjetunion angeht. 1930 verstieg er sich zu ihrem Lob. In seinem tückischen Lehrstück *Die Maßnahme* singt ein »Kontrollchor«:

»Der einzelne kann vernichtet werden,
Aber die Partei kann nicht vernichtet werden.
Denn sie ist der Vortrupp der Massen
Und führt ihren Kampf
Mit den Methoden der Klassiker, welche geschöpft sind
Aus der Kenntnis der Wirklichkeit.«

Das sind nicht nur ziemlich schlechte Verse. Auch politisch verraten sie eine ganz verkehrte Einschätzung. Wie es seine Gewohnheit war, hat Brecht auch in diesem Stück den einen oder anderen »dialektischen« Vorbehalt versteckt. Er verfügte über ein ganzes Arsenal von solchen Manövern. Schon 1922 schrieb er in sein Tagebuch: »Das Gesündeste ist doch einfach: Lavieren.«

Zwar entwickelte er sich in der Weimarer Republik zu einem gelernten Kommunisten, doch vermied er es sorgfältig, in die KPD einzutreten.

1927 war die herrliche Sammlung *Bertolt Brechts Hauspostille* erschienen. Schon damals zeigte sich, wie er vorging. Er arbeitete am liebsten mit anderen zusammen, achtete aber darauf, daß er stets die Zentralfigur des Teams blieb. Er war in der Lage, von Lebenden und von Toten zu klauen.

Sein eigenes Copyright jedoch wußte er mit Zähnen und Klauen zu verteidigen. Seine vielen Mitarbeiterinnen und Geliebten, wie Ruth Berlau, Elisabeth Hauptmann und Margarete Steffin, hatten wenig zu lachen.

Im Mai 1933 wurden seine Bücher dem Feuer übergeben und seine Werke verboten. Er verließ Deutschland rechtzeitig, genau einen Tag nach dem Reichstagsbrand. Seine Flucht führte über Prag, Wien und Zürich nach Paris. Kurz darauf erwarb er ein Haus in Dänemark. Als die Deutschen das Land besetzten, ging er nach Finnland, das damals noch neutral war.

Obschon er an Stalins Terror, seinen »Säuberungen« und Schauprozessen, öffentlich nichts auszusetzen hatte, gelang es ihm im Mai 1941, sich ein Einreisevisum in die Vereinigten Staaten zu verschaffen und mit seiner Familie über Moskau nach Kalifornien zu gelangen. Für seine Freundin und Mitarbeiterin Carola Neher, die in die Sowjetunion emigriert war, konnte er nichts tun. Sie war als »trotzkistische Agentin« verhaftet und zu zehn Jahren Lagerhaft verurteilt worden. 1942 ist sie im Gulag gestorben.

In Hollywood, wo er erfolglos blieb, gefiel es Brecht nicht. Als die USA in den Krieg eintraten, galt er als *enemy alien* und wurde vom FBI überwacht. 1947 sollte er vor einem Kongreßausschuß wegen »unamerikanischer Umtriebe« Rede und Antwort stehen. Seine ironischen Antworten machten aus der Anhörung eine bravouröse Kabarett-Nummer.

Am nächsten Tag kehrte Brecht nach Europa zurück, um seine Theaterarbeit wiederaufzunehmen. Die Einreise nach Westdeutschland wurde ihm verweigert; deshalb ließ er sich in der Schweiz nieder. 1948 wurde er nach Ost-Berlin eingeladen. Dort nahmen nicht nur die Künstler, sondern auch die Parteifunktionäre ihn gerne auf.

Nicht zufrieden war Brecht mit seinem Paß. Schon 1935 war ihm die deutsche Staatsbürgerschaft aberkannt worden. In seinen *Flüchtlingsgesprächen*, die größtenteils 1940/41 entstanden sind, sagte er hellsichtig voraus: »Der Paß muß ein Paß sein, damit sie einen in das Land hereinlassen … Der Paß ist der edelste Teil von einem Menschen.«

Dieses Problem löste Brecht 1950 während eines Auftritts bei den Salzburger Festspielen. Er erreichte, daß ihm die österreichische Staatsbürgerschaft verliehen wurde. Natürlich hatte er nie die Absicht, die DDR zu verlassen. Ein ausländischer Paß hatte eben auch im sogenannten Ostblock seine Vorzüge. Als die Partei den »Formalismus« zur gefährlichen Abweichung erklärte, agierte Brecht umsichtig und ließ sich auf keine theoretische Auseinandersetzung ein. 1954 konnte er endlich sein Theater am Schiffbauerdamm eröffnen.

Als es am 17. Juni 1953 in der DDR zu Massenprotesten der Arbeiter kam, ärgerte er sich. Noch am selben Tag drückte er in einem Brief an Walter Ulbricht seine Verbundenheit mit der Partei aus. Weitere Solidaritätsadressen schickte er an das Außenministerium in Moskau und beteuerte seine »unverbrüchliche Freundschaft zur Sowjetunion«. Leider hatte die Zensur seinen Brief gekürzt. Brecht war wütend. Ein paar Monate lang trug er eine Kopie des vollständigen Textes mit sich herum und zeigte sie seinen Freunden. Er konnte beweisen, daß er sich von der Haltung der Parteioberen deutlich distanziert hatte.

Das konnte sein Publikum aber erst lesen, als das Kind längst in den Brunnen gefallen war, nämlich in dem berühmten Gedicht »Die Lösung« in den *Buckower Elegien*. Die Bühnen im

Westen setzten seine Stücke ab, und es dauerte lange, bis dieser Boykott aufgehoben wurde.

Es ging ihm schlecht, und er wurde ernsthaft krank. Er starb im August 1956 an »Herzversagen«. Die Verse, die er auf seinem Grab haben wollte, sind dort nicht zu lesen. Aber daß er sich alle Reden bei der Beerdigung in seinem Testament verbat, daran haben sich alle gehalten.

Erst in seinen letzten Tagen, den Tod vor Augen, hat er mit Stalin, dem »verdienten Mörder des Volkes«, abgerechnet.

Für den Nobelpreis war Brecht ungeeignet. Überhaupt kamen, obwohl er weltberühmt war, nur wenige Auszeichnungen auf ihn herunter: der Kleist-Preis, der Nationalpreis der DDR I. Klasse und der Stalin-Preis für Frieden und internationale Verständigung, der ihm allen Ernstes im Kreml überreicht worden ist.

Er ist immer beizeiten abgehauen. Ein Gerücht besagt, daß er nicht nur einen österreichischen Paß besaß, sondern auch ein Konto und einen Banksafe in der Schweiz, in dem Dokumente lagerten, deren Publikation für die kommunistischen Parteien nicht zuträglich gewesen wären. Wer ihm aus all diesen Vorkehrungen einen Vorwurf machen wollte, dem fehlt es an historischer Phantasie.

XLVI

Ein großer Schriftsteller war er wohl nicht, obwohl er eine Reihe von bemerkenswerten Büchern verfaßt hat, insgesamt mehr
als ein Dutzend, auch unter den Pseudonymen Thomas Michael, Thomas Michel und Gustav Saarländer: kommunistische Agitationsromane wie *Wasser, Brot und blaue Bohnen* oder
Im Kreuzfeuer; historische Romane wie *Aretino*; eine Chronik
des Spanischen Bürgerkriegs, *The Great Crusade*; eine Kampf-
schrift wie *Sohn aus Niemandsland*, die erst 1994 zum Vor-
schein kam. Alles vergessen und nur in einer 15bändigen Ausgabe von Gustav Regler beim Stroemfeld Verlag zu finden.
Aber als Zeitzeuge ist er unentbehrlich. Wiederentdeckt wurde Regler 1958, als *Das Ohr des Malchus* erschien, sein Lebens-
roman, der nicht nur von ihm handelt, sondern von den kollektiven Erfahrungen vieler Deutscher im 20. Jahrhundert:
mit dem Katholizismus und der Jugendbewegung, dem wil-
helminischen Patriotismus, der Desillusion im Weltkrieg, dem
Selbsthaß des Bürgertums, dem kommunistischen Engagement, dem Exil und schließlich der Abkehr von den großen
»Meistererzählungen«.

Gustav Regler war der Sohn eines Buchhändlers aus Merzig an der Saar. Im Ersten Weltkrieg meldete er sich freiwillig, wurde an der Westfront verwundet, verschüttet und vom Chlorgas geschädigt. In den Nachkriegsjahren studierte er in Heidelberg Germanistik bei Gundolf und anderswo Philosophie, Romanistik und Geschichte. In der Künstlerkolonie Worpswede lernte er 1928 den Maler Heinrich Vogeler kennen. Er war von dessen utopischem Kommunismus beeindruckt und heiratete Vogelers Tochter Marie Luise, genannt Mieke. Die beiden zogen nach Berlin. Dort wohnten sie am Laubenheimer Platz im ›Roten Block‹, der so hieß, weil dort viele linke Künstler hausten. Regler wurde Mitglied in der KPD.

Nach dem Reichstagsbrand 1933 mußte er vor der Gestapo über das Saarland nach Paris fliehen. In Münzenbergs Stab arbeitete er mit am *Braunbuch über Reichstagsbrand und Hitler-Terror*. Im Kampf um das Saarland war er als Agitator dabei und flüchtete nach der Abstimmungsniederlage noch in der ersten Nacht über die französische Grenze. Schon im November wurde er als Staatsfeind Nr. 19 ausgebürgert.

Es folgten mehrere Besuche in der Sowjetunion. Klaus Mann beschrieb ihn in seiner Autobiographie *Am Wendepunkt* als »derartig kommunistisch, daß einem vor so viel militantem Glaubenseifer etwas ängstlich zumute wird«: Er reiste zweimal nach Moskau, wo er Maxim Gorki und Ilja Erenburg traf, und führte im August 1936 beim ersten Schauprozeß gegen Grigori Sinowjew und Genossen das Protokoll.

Dann löste er sich allmählich von der Partei und brach nach dem Hitler-Stalin-Pakt ganz mit dem Kommunismus. Er fragte sich und andere, warum sie den Terror in der Sowjetunion mit Schweigen übergangen hatten, und antwortete: »Es war bequemer, zu übersehen. Wir waren bestochen von Wünschen.«

Ein paar Jahre zuvor hatte er sich noch im Spanischen Bürgerkrieg als politischer Kommissar bei den Internationalen Brigaden engagiert und war an der Front schwer verwundet worden. Alle rühmten seinen Mut, auch Johannes R. Becher, dem später sein Lob für den Renegaten peinlich war. Aus Reglers Tagebuchaufzeichnungen ist *The Great Crusade* hervorgegangen, eine Chronik des Bürgerkrieges, die 1940 auf englisch mit einem Vorwort seines Freundes Ernest Hemingway erschien.

Als der Zweite Weltkrieg ausbrach, wurde er in dem französischen Lager Le Vernet interniert, doch freigelassen, weil Eleanor Roosevelt und Hemingway für ihn bürgten. Er konnte mit seiner Frau nach Mexiko emigrieren. Seine früheren Genossen und Freunde, darunter Egon Erwin Kisch und Ernst Bloch, wollten nichts mehr von ihm wissen. Unter den politischen Angriffen, die bis zur Verleumdung gingen, hat er sehr gelitten.

Seine Frau Mieke starb 1945 an Krebs. Seinem Heimkehrerroman *Sterne der Dämmerung* merkt man an, daß er nahe daran war, zu resignieren. Nachkriegsdeutschland hat er 1949 zum ersten Mal besucht. Er reiste viel und sprach regelmäßig im Rundfunk.

Er starb auf einer Indienreise in Neu-Delhi im katholischen Krankenhaus ›Heilige Familie‹ an einem Hirnschlag. Seine Asche liegt in seinem Geburtsort Merzig an der Saar.

XLVII

Muß jemand, der uns etwas zu sagen hat, unbedingt ein Hauptwerk geschrieben haben? Reicht es nicht, das zwanzigste zum »Jahrhundert der Wölfe« zu erklären? Nadeschda Mandelstam hat das getan und begründet. Diese Autorin ist nicht nur die Witwe Ossip Mandelstams, dessen Werk sie gerettet hat, also gewissermaßen seine Stellvertreterin, sondern sie hat auch eine Autobiographie zu Protokoll gegeben. Das ist ein Buch, aus dem man über die sowjetische Geschichte ganz andere Dinge erfährt als aus der wissenschaftlichen Geschichtsschreibung. Mit der Chronologie hatte diese Frau nichts im Sinn. Sie verwirrt den Leser, weil sie private, um nicht zu sagen intime Erfahrungen mit derselben Genauigkeit schildert wie die großen und blutigen Ereignisse im Kreml, die Verfolgungen, die Straflager und den Apparat der Geheimpolizei.

Wie mit der Handkamera richtet sie ihren Blick auf die Suche nach einer Matratze oder nach einem Stück Papier, auf einen Eimer, ein Bett, einen Petroleumkocher; dann fällt ihr ein Karamelbonbon ein, den ihr plötzlich während einer Hausdurchsuchung ein Tschekist angeboten hat.

»Zeugen dieser Epoche sind Manuskripte, die sie heil überstanden haben. Wir müssen das als Wunder anerkennen«, sagt sie. Mehr als jede andere hat sie zu diesem Wunder beigetragen, schon weil sie die Gedichte ihres Mannes auswendig lernte, um sie vor den »Organen« in Sicherheit zu bringen.

Bei der Auswahl seiner eigenen Todesart nützte Ossip Mandelstam »eine bemerkenswerte Eigenschaft unserer Führer: ihre grenzenlose Hochachtung der Dichtung gegenüber. ›Worüber beklagst du dich‹, sagte er, ›nur bei uns achtet man die Dichtung – für sie werden Menschen umgebracht. Das gibt es sonst nirgends.‹«

Geboren in Saratow in einer jüdischen Familie aus dem Bürgertum, hat Nadeschda 1919 Ossip kennengelernt und geheiratet. Eine *ménage à trois* war in der frühen Sowjetepoche nichts Außergewöhnliches. So ein Arrangement galt in manchen Kreisen als schick und progressiv. Eine Dreierbeziehung mit Anna Achmatowa schien anfangs auch nach Nadeschdas Geschmack zu sein. Sie nannte ihren Mann scherzhaft einen »Mormonen«. Über diese Verwicklungen hat sie sich später im Rückblick geäußert, in ihren *Erinnerungen an Anna Achmatowa*.

Doch konnte es auch geschehen, daß die erotische Situation außer Kontrolle geriet.

Ein Idyll war diese Ehe nie. Mandelstam war von Anfang an ein eifersüchtiger Patriarch, der ihr keine eigene Arbeit erlaubte und verlangte, daß sie völlig in seinem Leben aufging. Sie hingegen wollte unabhängig sein und sich niemandem unterordnen. Besonders sanftmütig, geduldig oder treu war sie nicht, und streiten konnte sie so gut wie ihr Mann. Sie fragte ihn: »Wozu brauchst du mich? Warum hältst du mich zurück? Wieso soll ich so leben wie in einem Käfig? Laß mich gehen!« 1925 stellten die Ärzte bei ihr ein Anfangsstadium der Tuberkulose fest, und Ossip erlitt einen Herzanfall. Seine Briefe handeln vom zermürbenden Kampf um Geld, sind aber auch Liebeserklärungen. Weil Russen bekanntlich mehr Namen haben als andere Menschen, nannte er sie Nadja, Nadka, Nadinka, Nadjuschka, Naditschka und so weiter.

Bald waren sie beide gesundheitlich angeschlagen. Weil er ein Gedicht über Stalin geschrieben hatte, in dem er ihn als Mörder und Bauernschlächter bezeichnet, wurde Ossip 1934 verhaftet und nach Woronesch verbannt, vier Jahre später von neuem festgenommen und zu fünf Jahren Lager »wegen konterrevolutionärer Aktivitäten« verurteilt. In einem Straf- und Arbeitslager im Fernen Osten der Sowjetunion auf Hungerrationen gesetzt, herzkrank und von Halluzinationen geplagt, starb er in einer Krankenbaracke und liegt an einem unbekannten Ort begraben.

Nadeschda brachte die Kriegsjahre mit ihrer Freundin Anna Achmatowa in Taschkent zu. Wir sind »bloß Späne, uns reißt der ungestüme, ja rasende Strom der Geschichte mit sich fort«, das ist ihr Resümee. »Willkür hat unser ganzes Leben geprägt ... Ich habe fast dreißig Jahre mit zusammengebissenen Zähnen gelebt.«

Ende der fünfziger Jahre begann sie, ihre Memoiren zu schreiben, die im Ausland viel Aufsehen erregten. Sie erschienen Anfang der siebziger Jahre, auf deutsch unter dem Titel *Das Jahrhundert der Wölfe* und auf englisch, mit einem Wortspiel, als *Hope against Hope,* weil *Nadeschda* im Russischen »Hoffnung« bedeutet. In Rußland fanden sie als Samisdat hingegen nur wenige Leser.

Ein zweiter Band ist mit einer ebenso symbolischen, doch weniger zuversichtlichen Überschrift versehen. Er heißt *Hope Abandoned,* so als ließe Nadeschda Mandelstam alle Hoffnung auf Rußland fahren. Sie starb 1980 mit 81 Jahren in Moskau.

XLVIII

Was für einen lebhaften, glücklichen, sympathischen Eindruck machte er damals, 1947, auf einem ersten Treffen mit europäischen Autoren wie André Gide und Rückkehrern wie Zuckmayer, die der deutschen Jugend Mut zusprachen! Es war das einzige Mal, daß ich ihn leibhaftig zu Gesicht bekam. Schade! Wie gern hätte ich, bei einem Whisky, zugehört, wie er von seiner Überlebenskunst erzählt! Von seinem Pessimismus ahnte ich nichts.

Es schien ihn nicht zu irritieren, daß er einen Namensvetter hatte, mit dem ich mehr zu tun hatte als mit ihm. Noch dazu fing auch dessen Vorname mit dem Buchstaben E an. Wie bei den vielen Schneiders, Schmieds und Beckers führt das leicht zu Verwechslungen. Die Kästners oder Kestners waren einst, dem Deutschen Namenlexikon zufolge, Hüter des Kornkastens, Rent- oder Schatzmeister. Aber das gehört nicht hierher.

Er war ein Muttersöhnchen. Dazu hat er sich zeitlebens bekannt. Von Ida Kästner war er abhängig. Die Mutter war der einzige Mensch, dem er immer treu blieb. (Der Vater spielte keine Rolle.) Das Junggesellendasein zog er dem Ehestand vor und nahm vorlieb mit seinen zahlreichen Liebesaffären.

Er legte Wert auf seine Herkunft aus »kleinen Verhältnissen«. Im Ersten Weltkrieg zog er sich schon beim Exerzieren einen Haß auf alles Militärische zu, der ihn nie mehr verließ. Wegen eines Herzschadens, den er sich überhaupt erst beim Drill zuzog, konnte er dem Wehrdienst entrinnen. Das war nicht die einzige Malaise, die ihn plagte; kein Wunder, daß er in seiner »Versfabrik« auch eine *Lyrische Hausapotheke* eingerichtet hat. Sein Studium mußte er anfangs mit obskuren Gelegenheitsarbeiten finanzieren. Dann entdeckte er seine journalistischen Talente und publizierte überall, vom *Simplicissimus* über die *Weltbühne* bis zur *Vossischen Zeitung*. Er war unerhört produktiv. Seine »neusachlichen« Gedichte trafen einen Nerv. Im Berlin der zwanziger Jahre wurde er allmählich zu einem vielseitig beschäftigten Medienstar. Er arbeitete für den Rundfunk, das Kabarett und den Film, doch seine größten Erfolge erzielte er mit seinen Kinderbüchern. Anders als in der Branche üblich, hielt er Menschen unter 16 nicht für doof, sondern für klüger als die Pädagogen. Ein Roman wie *Emil und die Detektive* brachte es 1929 ebenso wie seine Nachfolger weit über Deutschland hinaus zu Millionenauflagen, und das ist bis heute so geblieben.

Ihm schwante, daß das Klima in der Weimarer Republik von da an immer ungemütlicher wurde. Mit *Fabian* wagte er sich auf das Feld der Politik und handelte sich die Feindschaft aller rechtslastigen Parteien ein. Die Nationalsozialisten rächten sich 1933 an dem »Kulturbolschewisten« durch die übliche Bücherverbrennung, bei der er übrigens vor der Berliner Universität selber zusah, und durch den Ausschluß aus der Reichsschrifttumskammer, was einem Publikationsverbot im Inland gleichkam.

Die Emigration kam für ihn nicht in Frage. Er wollte seine Mutter nicht im Stich lassen und dachte, er müsse als Zeuge und Chronist in Deutschland am Ball bleiben. Das hat man ihm später vorgeworfen. »Politische Hilf- und Verantwortungslosigkeit«, sagte ihm 1999 ein Germanist nach, der ihn als »Gratwanderer«, »Opportunisten« und »Verdränger« entlarven wollte. An Selbstgerechtigkeit hat es solchen Leuten nie gefehlt.

Walter Benjamin hat Kästners Haltung schon viel früher und intelligenter beurteilt. In einem Aufsatz über die »Linke Melancholie« spricht er von einer »Zwischenschicht – Agenten, Journalisten, Personalchefs«, denen Kästner etwas zu sagen habe. Seine Gedichte seien »Sachen für Großverdiener, jene traurigen, schwerfälligen Puppen, deren Weg über Leichen geht«. Revolutionäre Reflexe setze dieser Lyriker in Gegenstände der Zerstreuung und des Amüsements um. Daran war mehr Wahres als am Keifen mancher Nachgeborenen.

Bei seinem Umgang mit der Diktatur kam Kästner seine Neigung zur Camouflage zustatten. Das Pseudonym gehörte zu seinen Vorlieben. Von Fall zu Fall nannte er sich Berthold Bürger, Melchior Kurtz, Robert Neuner oder Eberhard Foerster. In den Jahren vor dem Krieg konnte er seine Bücher noch in der Schweiz veröffentlichen, nach England reisen und mit Theatertexten und Drehbüchern Geld verdienen.

Daß er »zwölf Jahre unter Berufsverbot« stand, wie er nach dem Krieg behauptete, war also nur die halbe Wahrheit. 1942 erlaubte ihm Goebbels, der natürlich Bescheid wußte, das Drehbuch für den aufwendigen UFA-Farbfilm *Münchhausen* zu schreiben. Wolfgang Koeppen fragte sich: »Kästner saß im Cafe neben dem Tod. Gab es einen Engel oder Teufel, der ihn schützte?«

In seiner Büchner-Preis-Rede sprach Kästner von sich in der dritten Person über sein Verhalten: »Mit dem Schicksal der meisten anderen ›unerwünschten‹ Autoren verglichen, war das seinige ein Kinderspiel. Ihre Akademien waren das Zuchthaus und das Konzentrationslager.«

Als seine Berliner Wohnung nach einem Bombenangriff abgebrannt war, setzte er sich mit einem kühnen Trick nach Tirol ab, indem er ein Filmprojekt erfand, das gar nicht existierte. In einem kleinen Nest wartete er die Kapitulation des Dritten Reiches ab. Danach empfahl ihn Carl Zuckmayer der amerikanischen Besatzungsmacht als »einen der wenigen deutschen Nicht-Nazis von Ruf und Rang«.

Die Militärregierung engagierte ihn für das einzige gute Blatt, das es damals in den drei westlichen Zonen gab, und machte ihn zum Feuilletonchef der Münchner *Neuen Zeitung*. Figuren wie Leni Riefenstahl und Veit Harlan griff er an; Alfred Andersch holte er als Assistenten in die Redaktion. Er hat sich auch darum gekümmert, daß die Emigranten in den Ruinen der deutschen Literatur wieder zu Wort kamen. Seine Position gab er nach zwei Jahren wieder auf, weil er ungern ins Büro ging.

Zufrieden war er nicht. Die Verdrängung der Vergangenheit und die Schönfärberei der Zeitgenossen verdrossen ihn. Das »Wirtschaftswunder« nahm er mürrisch zur Kenntnis. Die Wiederbewaffnung der Bundesrepublik empörte ihn. Sein Erfolg, der ihm treu blieb, konnte ihn so wenig trösten wie der Büchner-Preis, mehrere Gesamtausgaben oder irgendwelche Orden. Er zog sich aus der Öffentlichkeit zurück, pendelte zwischen zwei Geliebten hin und her, unterzog sich Kuren in einem Sanatorium, trank immer mehr über den Durst und starb an Krebs.

Man kann einiges über ihn im Marbacher Literaturmuseum erfahren. Ich komme manchmal an seinem Grab auf dem Bogenhauser Friedhof vorbei. Dort ruht er zwischen Annette Kolb, Liesl Karlstadt und Oskar Maria Graf.

XLIX

Geboren als Netty Reiling, war sie das einzige Kind des Mainzer Kunsthändlers Isidor Reiling. Ihre Familie gehörte dem orthodoxen jüdischen Großbürgertum an. Nach dem Abitur studierte Anna Seghers Kunstgeschichte, Geschichte und Sinologie in Heidelberg und Köln. Mit einer Dissertation über *Jude und Judentum im Werk Rembrandts* wurde sie promoviert. Sie las Kierkegaard, Dostojewski und Bloch. Die christlichen Heiligenlegenden und die Gemeinden des Urchristentums machten tiefen Eindruck auf sie.

1925 heiratete Anna Seghers den ungarischen Soziologen László Radványi, der sich später Johann-Lorenz Schmidt nannte. Mit ihm hatte sie zwei Kinder. Das jüdische Ehepaar zog nach Berlin-Wilmersdorf. 1924 erschien in der *Frankfurter Zeitung* ihre erste Erzählung, *Die Toten auf der Insel Djal*, die sie mit dem Namen Antje Seghers zeichnete. Ihr Pseudonym nahm sie von Hercules Seghers, einem berühmten und rätselhaften Radierer aus den Niederlanden des 17. Jahrhunderts.

1928 erschien ihr erstes Buch, *Aufstand der Fischer von St. Barbara*. Es erzählt in einem sachlichen Ton, der Pathos und Sentiment meidet, von einer Revolte gegen ausbeuterische Reeder und Fischhändler, die am Ende scheitert.

Seghers trat der KPD bei und war Gründungsmitglied des ›Bundes proletarisch-revolutionärer Schriftsteller‹. 1930 fuhr sie zum ersten Mal in die Sowjetunion.

Nach der Machtübernahme der Nationalsozialisten wurde sie von der Gestapo verhaftet, aber bald wieder freigelassen. Ihre Bücher wurden in Deutschland verbrannt und verboten. Als Kommunistin und Jüdin doppelt bedroht, emigrierte sie mit ihrer Familie 1933 über die Schweiz nach Frankreich. Nach dem Einmarsch deutscher Truppen in Paris glückte ihr die Flucht in die sogenannte freie Zone. Das mexikanische Generalkonsulat in Marseille stellte der Familie Visa aus. Die Hintergründe hat sie in ihrem Roman *Transit* geschildert.

Nach einer langen, gefährlichen Flucht landete sie mit ihrer Familie in der mexikanischen Hauptstadt. Sie traf sich dort mit anderen deutschen Exilanten, zumeist Kommunisten, und mit mexikanischen Schriftstellern. Die Stimmung war optimistisch. Alle dachten, der Sieg über Hitler sei nicht fern. Man gründete einen Verlag: ›Das freie Buch‹; ohne Kapital, ohne Verleger, ohne Vertrieb, aber mit genügend Manuskripten. Die Exiljahre waren schwierig. Trotzdem blieb Anna Seghers außerordentlich produktiv.

Ihr bekanntester Roman, *Das siebte Kreuz*, handelt von einem KZ-Häftling, der als einer von sieben nicht gekreuzigt wurde, sondern fliehen konnte. Ein entkommener Gefangener, so dachte die Autorin, lasse immer an der Allmacht des Regimes zweifeln und sei ein Symbol des Widerstandes. Das Buch erschien 1942, zuerst auf englisch und dann auf deutsch in Mexiko. Es wurde zu einem Welterfolg. Mit Spencer Tracy verfilmt, machte es Anna Seghers berühmt. Dennoch durfte sie nie in die Vereinigten Staaten reisen, weil das FBI eine kommunistische Verschwörung witterte.

1947 kehrte sie nach Berlin zurück, in ein Land, das ihr »ganz beklemmend und ganz unwahrscheinlich frostig« vorkam. Noch 1948 schreibt sie an Georg Lukács: »Ich habe das Gefühl, ich bin in die Eiszeit geraten.« Anfangs wohnte sie im Westen der Stadt, dann zog sie nach Ost-Berlin. 1947 trat sie der SED bei und übernahm eine ganze Reihe von Ämtern. Sie wurde Vizepräsidentin des ›Kulturbundes zur demokratischen Erneuerung Deutschlands‹, der ›Gesellschaft für Deutsch-Sowjetische Freundschaft‹ und Vorsitzende des Schriftstellerverbandes. Schon wegen ihrer Parteitreue war sie hochgeschätzt. Die »Therese von Konnersreuth der KP«, so nannte sie der »Renegat« Hans Sahl. »In eine Art von transzendentalem Singsang« verfiel sie, »wenn es darum ging, die letzten Beschlüsse des Politbüros bekanntzumachen«. Ihre späteren, in der DDR erschienenen Romane halten sich an den Sozialistischen Realismus und irritieren durch ihre Verbundenheit mit der Partei.

Mit Preisen wurde sie förmlich überhäuft. Dem Büchner-Preis folgten ein Stalin-Friedenspreis, ein paar Nationalpreise, der ›Orden des Roten Banners der Arbeit‹, der einfache und dann auch noch der ›Große Stern der Völkerfreundschaft‹.

Über den Aufstand vom 17. Juni 1953, das Eingreifen der Sowjetunion in Ungarn, die Verhaftung ihres Verlegers Walter Janka, den Mauerbau von 1961, die Niederschlagung des ›Prager Frühlings‹ und die Ausweisung Biermanns hat sie sich weder öffentlich noch in Briefen geäußert. Aber hinter den Kulissen soll sie des öfteren bei Ulbricht oder Honecker interveniert haben, und als Vorsitzende des Schriftstellerverbandes ist sie 1978 zurückgetreten. Vom Staatssicherheitsdienst wurde sie, wie sich erst später herausgestellt hat, lückenlos überwacht.

Merkwürdig ist, daß sie es vermied, sich mit dem Judentum auseinanderzusetzen. Von der jüdischen Gemeinde hatte sie sich schon 1923 getrennt. Weder die Shoa noch die Gründung Israels spielen in ihrem Werk eine Rolle. Aber zu den Ungläubigen hat sie nie gehört. Im Kommunismus fand sie, was sie suchte: eine atheistische Religion.

Nach einem Staatsakt in der Akademie der Künste wurde sie auf dem Dorotheenstädtischen Friedhof beigesetzt.

L

Es liegt nahe, Glaeser mit Glaser zu verwechseln. – Aber weit gefehlt! Die beiden haben außer drei Anfangsbuchstaben nichts miteinander gemeinsam.

Wer 2012 geboren ist, wird sich vermutlich nicht besonders für den Jahrgang 1902 interessieren und nie von einem Buch gehört haben, das seinem Verfasser in der Weimarer Republik zu einem internationalen, wenngleich flüchtigen Ruhm verhalf.

Ernst Glaeser, ein gutaussehender Mann, der sich auch Anton Ditschler, Erich Meschede, Alexander Ruppel und Ernst Töpfer nannte, ist ein Überlebender, der eine seltene Strategie gewählt hat: die Remigration.

Seine Anfänge in der Weimarer Republik waren nicht ungewöhnlich. Er war Mitarbeiter der *Frankfurter Zeitung* und Dramaturg am ›Neuen Theater‹, einer Frankfurter Bühne, die damals eine bedeutende Rolle spielte. Außerdem arbeitete er als Rundfunkredakteur und als Lektor im Propyläen Verlag.

1928 erschien sein erstes Buch: *Jahrgang 1902*. Es wurde sofort der Neuen Sachlichkeit zugerechnet und war mit mehr als 20 Übersetzungen ein Welterfolg. »Ein verdammt gutes Buch«, urteilte Ernest Hemingway, und Kurt Tucholsky sagte: »Der Mann hat episches Talent. Möge er sein Talent von keinem Stoff und von keiner Doktrin auffressen lassen.«

So ermutigende Worte für den unbekannten Verfasser kamen nicht von ungefähr. *Jahrgang 1902* war eine Anklageschrift gegen die »verlogene Gesellschaft der Väter«. Der Roman schildert die Begeisterung, mit der sie in den Ersten Weltkrieg zogen. Die Stimmung schlug um, als die Zahl der Gefallenen immer weiter anstieg und als es immer weniger zu essen gab. Glaeser war ein entschiedener Pazifist und wandte sich gegen Klassendünkel, Antisemitismus und sexuelle Doppelmoral. (*Das weiße Band – Eine deutsche Kindergeschichte*, ein starker Film von Michael Haneke, erinnert an die Atmosphäre in Glaesers Roman.)

Zu Anfang der 1930er Jahre näherte er sich der KPD, schloß sich dem ›Bund proletarisch-revolutionärer Schriftsteller‹ an und nahm an einem Internationalen Kongreß für revolutionäre Literatur in Charkow teil.

Es war also nicht überraschend, daß seine Bücher im Mai 1933 verbrannt wurden. Obwohl Glaeser sich bereits vorsichtig vom Kommunismus distanziert hatte, beschloß er, zu emigrieren. Er ging mit seiner Familie zuerst nach Prag und dann in die Schweiz. Dort entstand sein Roman *Der letzte Zivilist*. Der Held ist ein Deutschamerikaner, der in seine Heimatstadt zurückkehrt, weil er hofft, der NS-Staat werde bald einer neuen Demokratie weichen, eine Illusion, die er mit dem Verfasser teilte.

Dessen ökonomische Lage wurde immer prekärer, und Glaeser ließ alle Hoffnung fahren. Dem antifaschistischen Widerstand gab er keine Chance, und von der Gemeinde der Exilautoren versprach er sich nichts.

Den entscheidenden Schritt unternahm er im April 1939: Er kehrte nach Deutschland zurück. Nicht nur seine Freunde und Bekannten fanden das unbegreiflich. Bei den Exilierten galt er nun als Opportunist und Deserteur. Zuckmayer beurteilte sein Verhalten als »Anschmeißerei, Verrat und bewußte Spekulation«. Davon hat sein Ruf sich nie mehr erholt.

Im NS-Staat hingegen wurde der verfemte Autor zu einer Art Schaufensterfigur. Ein reumütiger Rückkehrer war für die Parteipropaganda ein hochwillkommener Glücksfall. Glaeser durfte, meist unter dem Pseudonym Ernst Töpfer, wieder publizieren. Aber natürlich trauten die Machthaber dem konvertierten Kommunisten nicht über den Weg. Vermutlich haben ihm auch die homoerotischen Anwandlungen geschadet, die er in seinem Roman *Jahrgang 1902* thematisiert hatte. Alles, was er fortan schrieb, stand unter dem Vorbehalt der Zensur. Die Publikationserlaubnis, die Goebbels ihm erteilt hatte, entzog er ihm 1942 von neuem.

Allerdings fand Glaeser nach seiner Einberufung zur Wehrmacht neue Betätigungsfelder. Er wurde stellvertretender Redakteur von zwei Frontzeitungen für die Luftwaffe und schrieb für die deutschsprachige *Krakauer Zeitung* im besetzten Polen. Nach 1945 versuchte Glaeser vergeblich, sich für seine Kehrtwendung zu rechtfertigen. Er schrieb weiter. Die Bibliographien verzeichnen mindestens neun Buchpublikationen. Aber all seine Mühen waren umsonst. Er hat nie wieder Fuß gefaßt.

LI

Der Union Square in New York ist ein geschichtsträchtiger Platz. Früher konnte man dort rote Fahnen sehen. Es gab Streiks, Rednertribünen und Proteste. Davon war nicht mehr viel übrig, als ich dort Ende der 1950er Jahre vorbeikam. Aber an einem Haus, das etwa zehn Stockwerke hatte, fiel mir ein Türschild mit hebräischer Schrift auf. Darunter standen drei Wörter: *Jewish Daily Forward.*

Dieser Titel kam mir bekannt vor. Das war doch die Zeitung, in der Isaac Bashevis Singer seine jiddischen Geschichten in täglichen Fortsetzungen veröffentlicht hat! Offenbar gab es den *Forward* immer noch.

Ich läutete an seiner Tür und wurde eingelassen. Befangen, wie ich war, sprach ich den weißhaarigen Herrn in seinem altertümlichen Sessel auf englisch an. Er erkannte sogleich an meinem Akzent, daß ich Deutscher war, und bot mir einen Tee an. Ich fragte ihn, wie es der Zeitung gehe. »Schlecht. Unsere Leser sind gealtert. Die Auflage ist im Keller.« Dafür gab es einen naheliegenden Grund. Nur wenige osteuropäische Juden hatten den Genozid überlebt.

Aber der Redakteur lächelte. Er wollte wissen, wie es heutzutage in Deutschland aussehe. Diese Frage war in den Adenauer- und Globke-Jahren nicht ganz leicht zu beantworten. Aber er hörte sich meine Auskünfte geduldig an. Soviel Freundlichkeit hatte ich nicht erwartet. Zum Abschied hat er mir noch einen alten Setzkasten mit russischen Holzlettern geschenkt, der bis heute in meinem Zimmer hängt.

Isaac Bashevis Singer muß als Redakteur so manchen Tag auf diesem alten Ledersessel zugebracht haben. Er wurde als Icek Hersz Zynger in Leoncin, einem Dorf in Masowien, geboren und war der Sohn eines Rabbiners. 1908 zog die Familie nach Warschau in ein jüdisches Armenviertel. 1917 ging er mit seiner Mutter in ihre Heimatstadt Biłgoraj bei Lublin zurück, in ein traditionelles Stetl. Er sollte eigentlich Rabbiner werden, brach aber seine Ausbildung nach einem Jahr ab. Dann arbeitete er wieder in Warschau als Korrektor und begann zu schreiben.

Bereits seine zweite Erzählung unterzeichnete er mit Bashevis, ohne Vor- oder Zunamen. Pseudonyme, die er verwendete, waren Varshavsky oder D. Segal. Seinen vollen Namen verwendete er zum ersten Mal 1950 in Amerika. Sein älterer Bruder, Israel Joschua, war seinerseits ein bekannter jiddischer Autor, der beim *Forverts* arbeitete; so hieß damals noch der *Jewish Forward*. Dieser Bruder sorgte dafür, daß Isaac 1935 nach Amerika auswandern konnte. New York kam ihm vor wie eine Stadt mit einem wildgewordenen Gehirn.

Er hat ungefähr 150 Kurzgeschichten geschrieben. »Wie einem orientalischen Vater mit einem Harem voller Frauen und Kinder sind sie mir alle lieb und teuer.« Und »wenn ich der letzte Mensch wäre, der Jiddisch spräche, würde ich immer noch in dieser Sprache schreiben«; denn »wir Juden leiden an vielen Krankheiten, aber Gedächtnisschwund gehört nicht zu ihnen«.

Jeden Morgen machte er sich an die Arbeit und tippte, mit zwei Fingern, auf einer alten Maschine mit hebräischen Lettern, die nächste Seite. Was ihn zum Erzählen brachte, war sein Dibbuk, ein Dämon, der alle Pogrome, alle Kriege, alle Massaker überlebt hat. Nur einem Wundertäter, einem Baal Schem Tov, kann es gelingen, einen solchen Geist auszutreiben.

Singer heiratete 1940 Alma Wassermann, eine deutsche Jüdin, die aus München geflohen war. 1943 wurde er amerikanischer Staatsbürger. Erst durch die Übersetzungen seiner Werke aus dem Jiddischen ins Englische, die er selbst lektorierte, erreichte er ein größeres Publikum.

Seine literarischen Mitstreiter warnte er vor drei Risiken: »Die schlimmsten Gefahren, die einem Schriftsteller auflauern, sind 1. die Vorstellung, er müsse Soziologe oder Politiker sein, 2. Geldgier und die Sucht nach schneller Anerkennung, 3. die Fallgruben der sogenannten experimentellen Literatur, die das Schreiben verdunkelt, zu einer Art Esoterik gemacht und ihr den Reiz genommen hat … Im besten Fall kann die Kunst nicht mehr sein als ein Mittel, das menschliche Unglück eine Zeitlang zu vergessen.«

Als einzigem jiddischen Schriftsteller verlieh die Schwedische Akademie ihm 1978 den Nobelpreis für Literatur. Er starb 89jährig in Miami an einem Schlaganfall.

LII

Wer war denn das noch mal? Wir können uns unmöglich alle Namen derer merken, die aus Deutschland vertrieben worden sind. Zwar gibt es eine auf acht Bände angelegte, aber nie zu Ende geführte Ausgabe der Werke von Hans Sahl, der als Hans Salomon geboren war. Sie ist sogar lieferbar, liegt aber in keinem Schaufester aus. Dabei geben schon die Titel zu denken: *Der Mann, der sich selbst besuchte* oder *Memoiren eines Moralisten. Das Exil im Exil.*

Hans Sahls Familie war jüdisch, großbürgerlich und assimiliert, mit einem durchaus deutschnationalen Akzent. Mit seinem Vater, dem Bankier Paul David Salomon, wuchs er in Berlin auf. Er studierte Kunstgeschichte, Archäologie, Literaturgeschichte und Philosophie. Nach 1922 machte er das Schreiben zum Beruf und arbeitete als politischer Journalist, Theater-, Film- und Literaturkritiker für die Presse, vor allem für *Das Tage-Buch* und den *Berliner Börsen-Courier.*

Benedikt Erenz hat geschildert, wie Sahl in den zwanziger Jahren »die Kriegselefanten der Literatur und der Kunst ebenso wie das schreibende Fußvolk« kennenlernte. Das Namenregister seiner Memoiren liest sich wie ein *Who's who* des republikanischen Berlins. Man traf sich im ›Romanischen Café‹, nicht unbedingt am selben Tisch, sondern je nachdem, wer zu welcher Clique gehörte. Sahl erinnert sich genau an dieses Milieu und skizziert Porträts der Protagonisten, zu denen Bertolt Brecht, Erwin Piscator, Carl von Ossietzky, Herbert Ihering und Alfred Kerr gehörten. Mit Lotte Lenya, Kurt Weill, Alfred Polgar und Georg Grosz war er befreundet. Anna Seghers hat er gefördert, bevor sie namhaft war, und selbst ein unbekannter junger Mann namens Wolfgang Koeppen wird erwähnt, der am Rande irgendeiner Redaktionssitzung auftauchte.

Sahl hatte die Chance, in Berlin oder in Paris internationale Größen wie Asta Nielsen, Carola Neher, Greta Garbo, Sergej Eisenstein, Valeska Gert und Joseph Roth zu interviewen.

Alldem machte das Jahr 1933 ein brutales Ende. Wie er die Tage nach dem Reichstagsbrand erlebte, schildert Sahl sehr detailliert: »Ich schlief nicht mehr zu Hause, ich ging ins Kino, vier- oder fünfmal am Tag, ich wohnte im Kino, ich wohnte in Warenhäusern und Cafés, fuhr zwischendurch in meine Wohnung, stellte fest, daß noch niemand dagewesen war, verbrannte Papiere oder warf sie ins Klosett, holte sie wieder heraus, weil sie das Klosett verstopft hatten, lief über den Dachgarten auf das Nachbarhaus, weil ich glaubte, es hätte geklingelt. Jemand hatte mir gesagt, ich wäre auf der schwarzen Liste … Wohl dem, der einen Onkel in Amsterdam oder einen Neffen in Shanghai, eine Kusine in Valparaiso hatte. Ich hatte keine Verwandten im Ausland.«

Er emigrierte über Prag und Zürich nach Paris, wo er Texte für Erika Manns Kabarett-Ensemble ›Die Pfeffermühle‹ schrieb. Dort geriet er bald zwischen die ideologischen Mühlsteine des Exils. Der Widerstand gegen die NS-Diktatur war gespalten. Sahls undogmatische Haltung isolierte ihn von den Anhängern Stalins. Ihm fiel auf, daß das Regime des »Dritten Reiches« dem der Sowjetunion ziemlich ähnlich war. Das bedeutete, daß er auch im Exil ein Außenseiter war und blieb. Zu dieser Einsicht kam er ganz ohne Totalitarismus-Theorie.

1939 wurde er als »unerwünschter Ausländer« in verschiedenen französischen Lagern interniert, konnte aber nach Marseille fliehen. Varian Fry, ein amerikanischer Journalist, half im Auftrag des Emergency Rescue Committee bei der Rettung politisch Verfolgter und verschaffte ihnen ein Visum. Sahl unterstützte ihn dabei. Als die Vichy-Regierung begann, Emigranten an die Deutschen auszuliefern, floh er schließlich selbst über die Pyrenäen und über Portugal in die USA.

In New York sind mehrere seiner Bücher entstanden. Er stand einer Gruppe um Ruth Fischer nahe, die seine Einschätzungen teilte. Nach dem Krieg hat er als Kulturkorrespondent für die *Neue Zürcher Zeitung*, *Die Welt* und die *Süddeutsche Zeitung* gearbeitet. Er übersetzte Maxwell Anderson, Arthur Miller, Thornton Wilder und Tennessee Williams. Als 70jähriger sprach er vom Los der Überlebenden seiner Generation in einem Gedicht:

»Wir sind die Letzten.
Fragt uns aus.
Wir sind zuständig.
Wir tragen den Zettelkasten
mit den Steckbriefen unserer Freunde
wie einen Bauchladen vor uns her.«

1953 versuchte er einen Neuanfang in Deutschland, fühlte sich aber im Klima der Adenauerjahre nicht willkommen und ging wieder nach Amerika. Behindert durch eine tückische Augenkrankheit, kehrte er im Alter von 87 Jahren endgültig in das Land seiner Geburt zurück und ließ sich in Tübingen nieder, wo er gestorben ist.

LIII

Er war viel zu intelligent, viel zu gelehrt und viel zu lustig für einen Schriftsteller. Einmal habe ich Raymond Queneau getroffen. Da war er mit meinem Freund Roger Pillaudin im Palais de Chaillot gerade mit einem Musical zugange, das *Loin de Rueil* hieß. Die zweite Gelegenheit ergab sich in einem Funkhaus, wo er mit Jean Tardieu einen ›Club d'essai‹ bestritt. In diesen Sendungen war damals noch alles Unmögliche möglich. Queneau hatte nichts von einem Pariser Mandarin. Er schielte hinter großen Brillengläsern, und manchmal schnitt er Grimassen. In seiner Jugend nahm er sich vor, eine Enzyklopädie der inexakten Wissenschaften zu verfassen, die sich mit den literarischen Verrückten beschäftigen sollte. Aber dann hat er seit 1954 bei Gallimard die ›Encyclopédie de la Pléiade‹, eine höchst seriöse, maßgebliche Reihe, geleitet und in einer Essaysammlung mathematische Probleme aus der Zahlen-, der Graphentheorie und der Kombinatorik behandelt.
Mir scheint, daß er sich eine Tarnkappe nach der anderen aufgesetzt hat: die des Gründers eines Pariser Clubs zum Beispiel, des ›Ouvroir de littérature potentielle‹, abgekürzt ›Oulipo‹, der

sich in den Kopf gesetzt hat, völlig neue Formen der Literatur zu erfinden. Seine Freunde François Le Lionnais, Marcel Duchamp, Georges Perec und Italo Calvino verfingen sich immer mehr in solchen aberwitzigen Sprachspielen.

Aber so leicht ist Queneau nicht zu fassen. Plötzlich verblüffte er seine Mitstreiter mit dem Satz: »Ich glaube kaum, daß jemand seit der *Ilias* und der *Odyssee* viel Neues erfunden hat.« Wie hat er es fertiggebracht, den Zweiten Weltkrieg und die Jahre der Okkupation zu überstehen, ohne Schrammen davonzutragen? Er konnte damals vier Bücher veröffentlichen, ohne sich zu kompromittieren, wahrscheinlich, weil die deutschen Zensoren kein Wort von seinen Schriften verstanden haben. Eine von ihnen trägt den Titel *Les temps mêlés* – »die verworrenen Zeiten«. Das Wort *mêlée* kann allerdings auch »Handgemenge« bedeuten. Weder gibt es irgendein Indiz dafür, daß er mit den Deutschen kollaboriert, noch, daß er sich der Résistance angeschlossen hätte. Die Tagebücher, die er seit 1915 geführt hatte, verstummen 1940. Nur seitenweise Leselisten haben sich erhalten.

Queneau scheint sich wie ein ungläubiger Hieronymus in ein Gehäus zurückgezogen zu haben, um von Heraklit bis zu Simenon und von Calderón bis Scott Fitzgerald alles zu lesen, was er auftreiben konnte. Ganz anders verhielt sich sein Jugendfreund François Le Lionnais, der im Krieg verhaftet, gefoltert und in das Lager Dora deportiert wurde und Zwangsarbeit bei der deutschen Raketenrüstung leisten mußte. Die alte Freundschaft mit Queneau hat darunter nicht gelitten. Le Lionnais hat das Nachwort zu einem höchst eigentümlichen Buch verfaßt, von dem man nicht sagen kann, daß Queneau es geschrieben hätte. Es heißt *Cent mille milliards de poèmes* und besteht aus 140 Streifen, die sich zu 10^{14} Sonetten zusammensetzen lassen. Diesem Werk aus dem Jahr 1961 schulde ich großen Dank, weil ich einen Poesieautomaten konstruiert habe, der von dem Ehrgeiz beseelt ist, Queneaus Rekord zu übertreffen.

»Meine Mutter hatte einen Kurzwarenladen, und mein Vater war ihr Laufbursche«, pflegte er zu sagen. Er wurde in Le Havre geboren, konnte studieren und nahm, wie Georges Bataille, Jean-Paul Sartre und Hannah Arendt an Alexandre Kojèves berühmten Vorlesungen über Hegel teil. Ein Manuskript aus dieser Zeit, das er *Anti-Manifest* nannte, richtete sich gegen Marx und Engels. Auf Lenins Frage »Was tun?« antwortete er mit dem schlichten Wort: »Nichts.« Statt zur Revolution aufzurufen, berief er sich auf das chinesische *Tao te king*. Kein Wunder, daß die Surrealisten, bei denen er eine Weile hospitierte, ihn 1930 feierlich ausgeschlossen haben. Dafür rächte er sich an André Breton, indem er ihm in einem kleinen Roman die Zunge herausstreckte.

Nach dem Krieg erschienen seine *Exercises de style*. Die Geschichte vom »Autobus S«, die Queneau zu einer vorläufigen Unsterblichkeit verholfen hat, ist von einer Banalität, die dem Leser Tränen in die Augen treibt. Er will uns weismachen, daß er nichts weiter vorhat, als ein Späßchen mit uns zu treiben. Aber wie alle Zauberer spielt er mit gezinkten Karten. Trotzdem machten seine Tricks viel von sich reden, besonders in Deutschland, weil sie den Autor, virtuos und ausgebufft, wie er ist, auf der Höhe der rhetorischen Kunst zeigen.

Es kann nicht schaden, auch das *Intime Tagebuch der Sally Mara* zu erwähnen, schon weil Queneau diese Autorin erfunden hat und sich hinter der Tarnkappe eines Pseudonyms verbarg, aber auch, weil dieser Dame vorgeworfen wurde, ihre Unterhaltungen zwischen Wahrsagerinnen, Zuhältern und besoffenen Wirrköpfen verstießen gegen die guten französischen Sitten.

Sein sensationellster Erfolg war und ist *Zazie dans le métro*, ein Buch, das heute zur französischen Folklore gehört. Das erste Wort, das auf der ersten Seite steht, lautet »Doukipudonktan«. Man muß es schon laut hersagen, um zu verstehen, was Zazie damit meint: »Drum stinken sie alle so.« Sie ist eine zwölfjährige, rotzfreche Provinzgöre, die vor den Heiligtümern der Nation wenig Respekt zeigt. »Napoléon am Arsch!« sagt sie. »Er interessiert mich nicht im geringsten, dieser Wasserkopf mit seinem saudummen Hut.« Eigentlich verfolgt sie hauptsächlich den Plan, einmal im Leben mit der Pariser Métro zu fahren, aber leider streikt die U-Bahn, und so geht wieder einmal alles, wie das meiste, was sie sich vornimmt, schief.

Von Queneau kann man das nicht sagen. Seine letzten Jahre waren die beste Zeit im Viertel Saint-Germain-des-Prés. Das Kino und der Jazz erfreuten ihn. Er schrieb, was ihm einfiel, und flanierte durch das Quartier Latin.

Raymond Queneau starb an einem Lungentumor. Seine Asche liegt auf dem alten Friedhof von Juvisy-sur-Orge in der Île-de-France. Seine Werke sind, wie es sich gehört, in der ›Bibliothèque de la Pléiade‹ zu finden. Wer noch mehr über ihn wissen will, kann in seinem 1200 Seiten starken Tagebuch blättern.

LIV

Der amerikanische Traum hat sich nie auf die nördliche Erdhalbkugel beschränkt. Auch die Südamerikaner haben, genau wie die Yankees, die *gringos*, ihre eigenen Wunschträume gehegt und unter ihren Albträumen gelitten.

Ich gebe zu, daß ich mich als Student von ihnen anstecken ließ. Ich bildete mir ein, daß ich sie, anders als die Asiaten, verstehen konnte. Hatten wir nicht mit dem Spanischen eine gemeinsame Sprache?

Damals, in den farblosen deutschen fünfziger Jahren, traf ich in Freiburg bei einem Professor Szilasi, der mit Heidegger nichts zu tun hatte, ein chilenisches Paar, das deutsche Philosophie studierte. Carla und Roberto Torretti, die bis heute in Santiago leben, schenkten mir zwei kleine nußbraune Oktavbände, die 1947 in Chile erschienen waren: Pablo Nerudas *Residencia en la Tierra*.

Diese Gedichte haben mich sofort betört. Obwohl mein Spanisch erbärmlich war, beschloß ich, es zu halten, wie einst die deutschen Dichter. Sie lernten im 18. Jahrhundert anhand der *Odyssee* Griechisch. So versuchte ich damals, mehr schlecht als recht, Pablo Nerudas Gedichte ins Deutsche zu übertragen. Die schlimmsten Fehler bügelten meine Freunde aus, so daß mit der Zeit ein paar brauchbare Versionen entstanden sind. Auf Anhieb gefiel mir auch seine Poetik, die er in einem programmatischen Essay formulierte: »So soll die Dichtung aussehen, die wir suchen … unrein wie ein Anzug, wie ein Körper, von Speisen befleckt, der die Handlungen der Scham und der Schande kennt, Träume, Beobachtungen, Runzeln, schlaflose Nächte, Ahnungen; Ausbrüche des Hasses und der Liebe …, Behauptungen, Zweifel, Steuerbescheide.«

Überschrift: »Für eine unreine Poesie.« Das war im Deutschland der fünfziger Jahre ein ganz neuer Tonfall, der mich faszinierte.

Ich wollte wissen, wer dieser Neruda war. Aber schon bei seinem Namen fielen mir ein paar Merkwürdigkeiten auf. Warum hat der Dichter statt seines Geburtsnamens Neftalí Reyes Basualto ein Pseudonym gewählt, das sich eher tschechisch anhört? Niemand weiß es. Wie hat er es geschafft, im diplomatischen Dienst zu überleben? In Ceylon, Burma, Indonesien und Singapur war er allerdings nur Honorarkonsul. Dieser Titel bedeutet bekanntlich, daß man nie einen Pfennig Gehalt bezieht. Neruda war bettelarm und deprimiert. Damals hat er *Residencia en la Tierra* geschrieben, wahrscheinlich sein bestes Buch, von dem er später nichts mehr wissen wollte, weil es so schwermütig ist.

Besonders gebildet war er nicht. Am liebsten las er Kriminal- und Spionageromane. Eric Ambler und Dashiel Hammett gehörten zu seinen Lieblingsautoren.

Als der Spanische Bürgerkrieg ausbrach, hielt er sich in Barcelona und in Madrid auf. Obwohl er sich eher für die Poesie interessierte als für die europäischen Machtspiele, hat ihn diese Katastrophe nachhaltig politisiert. Glücklicherweise hat niemand auf ihn geschossen. Nach dem Sieg Francos konnte er nach Paris reisen und in sein Heimatland zurückkehren. 1945 trat er in die Kommunistische Partei ein, die ihn zum Senator machte. Dort hat er sogar etwas Gutes getan: Er organisierte einen Transport für ein paar hundert spanische Flüchtlinge und sorgte dafür, daß sie in Chile bleiben konnten. Einmal trug ihm die Partei die Kandidatur zum Amt des Präsidenten der Republik an. Daraus ist zum Glück nichts geworden. Er verzichtete zugunsten von Salvador Allende.

Kurz darauf führte ein Regimewechsel zum Verbot der Kommunistischen Partei und zu den üblichen Haftbefehlen gegen störende Oppositionelle. Neruda konnte unterschlüpfen und nutzte die Zeit in seinem Versteck, um ein ausferndes Versepos zu schreiben, den *Canto General*. Dieses Buch wurde von den Genossen als sein Hauptwerk gefeiert. Mir waren diese 700 Seiten ein bißchen zuviel.

Mit Hilfe seines Freundes Miguel Asturias, der ihm seinen Paß lieh, konnte er über Argentinien nach Paris reisen. Erst nach einer Neuwahl kehrte er als Parteigenosse nach Chile zurück. Ein Strom hemmungsloser Parteilyrik aus dieser Zeit beweist allerdings, daß er politisch nicht ganz zurechnungsfähig war.

Mit Ideologien und anderen Abstraktionen hat er nie viel anfangen können. Wie weit er unter sein poetisches Niveau gehen konnte, ist an einem Gedicht aus dem Jahr 1952 abzulesen:

»Menschen Stalins! Wir tragen mit Stolz diesen Namen.
Menschen Stalins! Das ist die Rangordnung unserer Zeit!
Gelehrte, Studenten und Bauern Stalins!
Handwerker, Angestellte und Frauen Stalins! …
Das Licht ist nicht entschwunden,
das Licht, das Brot, das Feuer und die Hoffnung
der unbezwinglichen Stalin-Epoche!«

Nun gehörte es damals zum guten Ton, zu den jeweiligen Führergeburtstagen ein Gedicht zu schreiben. Es war ungehörig und anstrengend, nichts dergleichen zu liefern. Prompt verlieh man Neruda einen nach Stalin benannten Preis (der freilich später rückwirkend zugunsten Lenins umgetauft wurde). Seitdem ging der Dichter als Repräsentant auf Tournee und reiste überallhin, wo es Weltfriedenskongresse, Weltjugendfestspiele und Weltfriedenspreise gab.

Auch auf internationalen Poesie-Festivals war Neruda ein hochgeschätzter Gast. Sogar ich gehörte, wer weiß warum, jenem unsichtbaren Dichterclub an, der sich pünktlich in Amsterdam, Mexiko oder Kapstadt traf, um etwas vorzulesen. So hatte ich das Vergnügen, den Dichter 1967 in London näher kennenzulernen. In der Queen Elizabeth Hall, einem bunkerartigen Neubau, trug er seine Gedichte vor, laut, langsam, priesterlich und, wenn seine Rede stockte, mit von Tränen fast erstickter Stimme.

Abends war eine Schar von Poeten auf ein Hausboot auf der Themse eingeladen. Nach dem Mahl fragten sie sich, wo der Stargast geblieben war. Man fand ihn schließlich in einem Winkel, das Ohr an ein Radio gepreßt. Er hatte auf eine Botschaft aus Stockholm gewartet. Aber die Schwedische Akademie hatte ihn übergangen und ihren Preis nicht ihm, sondern Miguel Asturias verliehen, einem Dichter aus Guatemala, demselben, der ihm einst seinen Reisepaß ausgeliehen hatte, um ihm die Flucht nach Europa zu ermöglichen. Diesen *faux-pas* haben die Schweden nach ein paar Jahren wiedergutgemacht.

Unterdessen hatte ich Neruda eines Tages in Moskau wiedergetroffen. Er pflegte dort im besten Zimmer im besten Stockwerk des Hotels ›National‹ abzusteigen, gleich in Sichtweite des Kremls. Er lud mich sofort zum Frühstück ein. »Was machst du? Was willst du trinken? Kaffee? Champagner? Wodka? Hier, ich schenke dir mein letztes Buch, eine Luxusausgabe.« Leider aber war dieser Band so groß, daß er in keinen Koffer paßte. Auf die erste Seite schrieb er eine großspurige Widmung.

Er hielt gerne hof in seiner Suite. Er dachte, ihm stünde alles zu, weil er doch ein Dichter war. »Wann kommst du nach Chile?« fragte er. Dort hatte er eine Villa auf der Isla Negra gebaut, die einem Museum glich. Er war nämlich ein gieriger Kunst- und Trophäensammler, der vor nichts zurückschreckte, um sich Galionsfiguren mit Drachen- oder Löwenköpfen oder eine barbusige Sirene anzueignen.

Dann siegte Salvador Allende in Chile und ernannte Neruda zum Botschafter in Paris, und so schien es, als sei der kleine Junge, geboren in einer unscheinbaren Kleinstadt, mit 67 Jahren endlich dort angekommen, wo er immer schon hinwollte. Aber als der widerliche Augusto Pinochet die Macht ergriff, nahm seine Glückssträhne ein Ende. Zwölf Tage nach dem Putsch ist Neruda gestorben.

Ja, er war ein Trickster, ein Bonvivant und ein Kindskopf. Es nimmt also nicht wunder, daß sein abenteuerliches Leben nicht bloß in Büchern verewigt worden ist, sondern auch in Spielfilmen, Oratorien, Rock-Alben und Kriminalromanen.

Aber unter seinen Tausenden von Gedichten gibt es mehr als ein Dutzend, die schwer zu vergessen sind.

LV

Nein, Kulturkritik kann man das, was er getrieben hat, nicht nennen. Kulturkritik, das hört sich ja so müde an. Dagegen Witold Gombrowicz und seine noble Unverschämtheit! Dieses aggressive Rollenspiel, diese Attacken auf alles und auf jeden, Polen, Franzosen, Argentinier, Deutsche! Wie er schimpft und predigt, wie er sich lustig macht über uns und über sich, das ist inspiriert und hat einen langen Atem.

Nichts ist diesem Tagebuchschreiber heilig. Seine Kennerschaft in Sachen Dummheit ist unübertroffen. Damit provozierte er natürlich Rechte wie Linke, Gerechte wie Ungerechte. Mit größter Lust schlachtete er die Kühe des Patriotismus, der Kirche, der Ideologie, und am allerwenigsten schonte er die Kultur und ihren Jahrmarkt der Eitelkeiten.

Nie kann man sicher sein, wie er es meint. Der Ton kippt von der haarsträubenden Komik in den bitteren Ernst. Von der Banalität des Alltags bis zur philosophischen Menschheitsfrage (und umgekehrt), vom Größenwahn bis zur bösen Selbstironie (und umgekehrt) ist es nur ein kleiner Schritt. Kein Zufall, daß er im Exil geblieben ist; nur einem ewigen Außenseiter ist eine derartige Perspektive vergönnt. Ihre Kehrseite ist die Egomanie.

Kein Wunder also, daß sein Tagebuch einen über 1000seitigen Folianten füllt. Das ist nicht jedermanns Sache. Vor mehr als 40 Jahren geschrieben, schärfen diese Seiten den Blick, und sie beweisen, daß die Tragikomödie unsterblich ist.

Witold Marian Gombrowicz stammt aus dem polnischen Landadel. Er wurde 1904 in Małoszyce geboren, einer Gegend, in der damals der Zar das Sagen hatte. Von 1911 an wuchs er in Warschau auf. Er studierte Jura an der Universität Warschau, ließ aber die schöne Aussicht auf eine Karriere sausen, als man ihn bei der Justiz nicht haben wollte. Er schrieb Artikel für Warschauer Zeitungen und sein erstes Theaterstück *Yvonne, die Burgunderprinzessin*.

1933 erschien sein Erzählungsband *Memoiren aus der Epoche des Reifens*. Er ärgerte sich über die »Kulturtanten«, wie er die Rezensenten nannte, mit denen er boshaft und energisch bis in seine letzten Tage hinein abgerechnet hat.

Kurz vor Beginn des Zweiten Weltkrieges schiffte er sich nach Argentinien ein. Von dieser Reise ist er nie nach Polen zurückgekehrt. Sein Leben mußte er acht Jahre lang als Bankangestellter in Buenos Aires fristen.

Sein Roman *Trans-Atlantik* spielt in dieser Stadt. Der Held heißt natürlich Gombrowicz. Er bekommt es mit schäbigen Emigranten, mit Botschaftsräten und Transvestiten zu tun und verstrickt sich in sonderbare geschäftliche Intrigen. 1953 begann Gombrowicz, ein Tagebuch zu schreiben, das heute als sein bedeutsamstes Werk gilt.

Er nahm verlegerische Beziehungen zum wichtigsten Medium der polnischen Exilschriftsteller auf. Das war die Pariser Zeitschrift *Kultura*. Sie hat dafür gesorgt, daß er als Schriftsteller überlebte.

In den sechziger Jahren entstanden zwei weitere Romane, *Pornographie*, auch *Die Verführung* genannt, und *Kosmos*. Im kommunistischen Polen mochte man ihn nicht, weil er angeblich die »Argumente deutscher Chauvinisten« aufgegriffen haben soll, aber auch, weil er an seiner lebenslangen »Unreife« festhielt und sich gegen alle Ideologien, Religionen, Nationalismen, Normen und literarischen wie künstlerischen Konventionen zur Wehr setzte. Auch machte sich Gombrowicz über das nationalromantische Erbe Polens lustig. Das wurde als Provokation betrachtet und war einer der Gründe für das langjährige Publikationsverbot in seiner Heimat.

1963 kehrte er nach Europa zurück, jedoch nicht nach Polen, sondern für ein Jahr nach West-Berlin. Danach ließ er sich im provenzalischen Vence nieder.

Dort ist er an einem asthmatischen Leiden gestorben.

LVI

Kann ein verwöhnter, schwuler Junge aus der englischen Gentry vor dem bevorstehenden Untergang der Weimarer Republik einfach nach Berlin fahren und sich unter hübsche Buben, Exzentriker und ganz alltägliche Leute mischen, die der politischen oder der »sexuellen Unterwelt« angehören?
Und ob er das kann! Christopher Isherwoods *Berlin Stories*: *Mr. Norris Changes Trains* und *Goodbye to Berlin*, schildern die Jahre von 1930 bis 1933, in denen ein mittel- und ahnungsloser Schriftsteller sich in der deutschen Metropole mehr schlecht als recht durchbringt, indem er den Berlinern Englischstunden gibt. Er behauptete: »Ich bin eine Kamera, die nicht denkt, nur registriert, was der Fall ist.«
Aber das stimmt nicht. Weil er frei war vom obsessiven Klassendenken und von den sexuellen Tabus der britischen Gesellschaft, atmete er auf in der nervösen, ungemütlichen Berliner Luft. Er fühlte sich wohl bei Fräulein Schröder, der Pensionswirtin, bei der englischen Barsängerin Sally Bowles, die immer pleite war, obwohl sie ihre Liebhaber bis auf Heller und Pfennig ausplünderte. Er verliebte sich in freche, lebenshungrige junge

Arbeiter aus dem Wedding, in brave und in ekelhafte Strichjungen, lernte einen jüdischen Millionär und einen exzentrischen Baron kennen, dessen heimliche Phantasien um die englischen Internate kreisten. Er wußte auch die ominösen Vorzeichen der Zukunft zu deuten: die obskure Angst, die in Deutschland herrschte, die politische Schizophrenie, die antisemitische Hetze, den Terror auf der Straße, und nahm am Ende widerwillig Abschied von dieser Stadt, die ihm am Herzen lag.

Ich gestehe, daß mir die *Berlin Stories* lieber sind als alles, was Isherwood davor und danach geschrieben hat.

Christopher ist auf dem Gut einer Familie aus der Gentry in Cheshire geboren, als Sohn eines Offiziers, der im Burenkrieg gedient hatte. Die Mutter kam aus einer wohlhabenden Kaufmannsfamilie. Er ging zum Studium nach Cambridge, verließ aber sein College ohne Abschluß. Auch ein späteres Medizinstudium ließ er bald wieder fallen. Mit W. H. Auden fing er eine Affäre an und schrieb mit ihm zusammen drei Stücke. Auch mit Stephen Spender freundete er sich an. Ein kurzer Flirt des Trios mit der englischen Linken endete damit, daß sie die politische Rhetorik leid wurden und vom Sozialismus nichts mehr hören wollten.

1939 schifften sich Isherwood und Auden in die Vereinigten Staaten ein. Wegen dieser Reise wurden die beiden in England heftig angegriffen. Sie galten als Drückeberger. Evelyn Waugh hat sie in seinem Roman *Put Out More Flags* als Parsnip und Pimpernel, »zwei erbärmliche Dichter«, karikiert, die sich vor den Gefahren des Krieges in Sicherheit bringen wollten.

Isherwood zog nach Hollywood und verdiente viel Geld mit der Bühnenfassung und der Verfilmung der *Berlin Stories* unter den Titeln *I Am a Camera* und *Cabaret*. Das letztere wurde auch als Musical zu einem internationalen Erfolg. Als erklärter Pazifist war Christopher nicht zur Verteidigung der USA bereit. Erst nach langem Hin und Her wurde er amerikanischer Staatsbürger.

Dann überraschte er seine Freunde damit, daß er sich zum Vedanta bekehrte, einer Variante des Hinduismus, die sich auf die Veden und die Lehren Sri Ramakrishnas berief. In Hollywood betrieb diese Bewegung eine populäre Anlaufstelle. Zum Leidwesen Isherwoods beharrten ihre Anhänger nicht nur auf vegetarischer Ernährung, sondern auch auf dem Zölibat.

Damit konnte sich der Novize nicht abfinden. Er zog es vor, sich für die Schwulenbewegung zu engagieren. Viele seiner Bücher handeln von seinen Liebschaften. Doch hat er in einem Interview mit der *Paris Review* etwas gesagt, was auch alle andern Spielarten der Liebe angeht: »Als Schriftsteller war für mich nie Homosexualität die Frage. Es geht mir vor allem darum, die Welt aus einem anderen, schrägeren Blickwinkel zu sehen. Wäre Homosexualität die Norm, wäre sie literarisch für mich nicht von Interesse.«

Dort, wo es wenigstens warm war, im kalifornischen Santa Monica, ist er mit 82 Jahren gestorben.

LVII

Obwohl sie nicht nur denselben Namen führten, sondern auch dasselbe Monogramm, E. K., habe ich die beiden nie miteinander verwechselt. Sie zogen ganz verschiedene Bahnen, waren nicht verwandt und kamen einander nie in die Quere. Zufällig kannte ich sie beide, wenn auch nur flüchtig. Erich war berühmt, Erhart Kästner zog es vor, der Öffentlichkeit den Rükken zu kehren.

Eines Tages war ich Erharts Kofferträger. Das muß vor der sogenannten Währungsreform, also in der Zeit gewesen sein, als die Deutschen darbten. Ein Besucher in umgefärbtem Offiziersrock brachte mir einen notdürftig mit einem Strick zugebundenen alten Koffer, bat mich, ihn seinem Besitzer zu überbringen, und gab mir dessen Adresse in Augsburg. Ich kannte niemanden dort, war aber neugierig genug, um bald das lächerlich rostige Kofferschloß zu öffnen. Der Inhalt war merkwürdig: eine neugriechische Grammatik, einige Broschüren, Photographien von Tempeln und nackten Jünglingen, ein Röhrchen mit Tabletten und ein paar Kondome. Ich war verblüfft, aber entschlossen, das Gepäckstück dem geheimnisvollen Eigentümer auszuhändigen. Das war Kästner; ein bebrillter, höflicher 40jähriger mit einem rötlichen Wuschelkopf, der mich in einer winzigen Wohnung in der Altstadt empfing und mir ein Heft schenkte.

Es war ein illustrierter Pappband aus dem Jahr 1942. Auf dem Titel stand: *Griechenland. Ein Buch aus dem Kriege.* »Für die deutschen Truppen im Südosten zu Weihnachten 1942«, mit Zeichnungen von Helmut von Kaulbach. Offenbar handelte es sich um eine Gabe der Wehrmacht zur geistigen Ertüchtigung der Truppe. Das konnte nur mit Genehmigung des Militärbefehlshabers für Griechenland gedruckt worden sein. Ich schloß daraus, daß der Verfasser das Vertrauen eines hochgestellten Vorgesetzten genoß, der ihn beschützte und dafür sorgte, daß er Hellas nicht nur mit der Seele, sondern auch bei anmutigen Jünglingen suchen durfte. Dieser Gönner war ein General der Luftwaffe, der Wilhelm Mayer hieß.

Erst viele Jahre später begriff ich, wie Kästner überlebt hatte. Er war ein studierter Mann, der sein Geld in Friedenszeiten als Buchhändler und Bibliothekar verdiente. Mit Ernst Jünger war er befreundet. Gerhart Hauptmann hat er zwei Jahre lang als Sekretär gedient. Er war Mitglied der Partei und der Reichsschrifttumskammer, und als er sich freiwillig zum Kriegsdienst meldete, stellte ihn das Propagandaministerium frei, um mit seinen Talenten die Truppe über Griechenland, die Wiege der europäischen Kultur, aufzuklären. Er hat sich immer daran gehalten, »über das Dunkle zu schweigen«. Das ist vielleicht seine bekannteste Maxime. Martin Heidegger war so von ihm angetan, daß er den Plan faßte, mit ihm nach Griechenland zu fahren. Daraus ist nichts geworden. Es blieb bei einem Briefwechsel, den die beiden bis ins hohe Alter fortsetzten.

Auf Rhodos hat ihn das britische Militär 1944 verhaftet, weil man sich nicht erklären konnte, was er während der Okkupation getrieben hatte. Zwei Jahre brachte er als Gefangener in einem nordafrikanischen Lager zu. In seinem besten Buch, dem *Zeltbuch von Tumilad*, hat er von dieser Zeit berichtet.

Er war weder laut noch prominent. Seine politischen und erotischen Vorlieben haben ihm nicht geschadet. Sein Buch aus dem Krieg holte er aus der Schublade, schrieb es um und reinigte es von anstößigen Passagen. Nicht nur konnte er in der Bundesrepublik veröffentlichen, was er wollte, er wurde 1950 sogar als später Nachfolger von Leibniz und Lessing zum Direktor der Wolfenbütteler Herzog August Bibliothek berufen. Dieser Aufgabe hat er sich 18 Jahre lang mit Bravour gewidmet. Dann zog er sich nach Staufen im Breisgau zurück.

Es gibt heute noch eine kleine Gemeinde, die sich über seine Biographie in die Haare gerät.

LVIII

Vom Saulus zum Paulus, ein solcher Vergleich ist waghalsig. Immerhin war Wassili Grossman ein Jude, der in der Diaspora geboren wurde, nicht in Tarsus, sondern im ukrainischen Berditschew, und sein Jerusalem war Moskau. Statt von einem Damaskus-Erlebnis zu reden, wird es besser sein, eine solche Parallele nicht weiterzuverfolgen.

Josif Solomonowitsch Grossman wurde als Sohn einer assimilierten Familie in Berditschew in der heutigen Ukraine geboren. Er erhielt keine traditionelle jüdische Erziehung und sprach nur gebrochen Jiddisch. Ein russisches Kindermädchen verwandelte seinen Namen Jossja in das russische Wassja. Sein Vater war Sozialdemokrat und schloß sich den Menschewiki an. Der junge Grossman sah sein Heil in der russischen Revolution.

Während seines Ingenieurstudiums an der Moskauer Universität begann der schmächtige Brillenträger Kurzgeschichten zu schreiben. Maxim Gorki und Michail Bulgakow wurden auf ihn aufmerksam. Wassili Grossman gab seinen Beruf auf, veröffentlichte zwei Bände mit Geschichten und wurde Mitglied des Schriftstellerverbandes. Leicht hätte er als einer der vielen braven Parteischriftsteller enden können, die längst vergessen sind. Seine Karriere ließ sich gut an: Während der Große Terror wütete, feierte er mit seinem Roman *Stepan Koltschugin* Erfolge im offiziellen Literaturbetrieb. Das Thema war unverfänglich: Ein Arbeiter im zaristischen Rußland schärft sein Klassenbewußtsein und kämpft am Ende als überzeugter Bolschewik auf der Seite der Revolution.

Doch dann wurden 1936-1937 während des Großen Terrors einige seiner Freunde und nahen Verwandten verhaftet, darunter auch seine Frau Olga. In den Schauprozessen wurden alte Bolschewisten wie Kamenew, Sinowjew und Bucharin zum Tode verurteilt. Grossman konnte allerdings erreichen, daß seine Frau freigelassen wurde. Aber dann druckte die Redaktion der Zeitschrift *Snamja* einen offenen Brief ab, in dem die »trotzkistisch-bucharinistische Verschwörung« verdammt und die Todesstrafe für die Angeklagten gefordert wurde. Unter diesem Aufruf stand auch Grossmans Unterschrift.

Das hat er sich nie verziehen. Als die Deutschen die Sowjetunion überfielen, blieb seine Mutter in Berditschew und wurde mit anderen Tausenden von Juden ermordet. Er meldete sich freiwillig zur Front und wurde Kriegsreporter für die *Krasnaja Swesda*, eine Zeitung der Roten Armee. Er war Augenzeuge der Schlacht von Stalingrad und beschrieb die Eroberung von Berlin. Auch über die Vorgänge in der Ukraine, in Weißrußland und Polen, über die Vernichtungslager in Treblinka und Majdanek hat er schon 1943 berichtet. Seine Reportagen dienten während der Nürnberger Prozesse als Dokumente der Anklage.

Als Nachfolger Ilja Erenburgs wurde er zum Herausgeber eines *Schwarzbuches* beim ›Jüdischen Antifaschistischen Komitee‹ berufen, das Holocaust und jüdischen Widerstand im Bereich der Sowjetunion dokumentieren sollte. Die Zensoren forderten jedoch Änderungen, weil das Manuskript die Rolle der ukrainischen Kollaborateure bei der Vernichtung der Juden offen aussprach. Grossman weigerte sich, diese Stellen zu streichen. Der Satz des *Schwarzbuches* lag bereits vor, und einige Bogen waren schon gedruckt. Die Folge war, daß dieses Buch nicht veröffentlicht werden durfte.

Grossman hatte sein Judentum lange verleugnet. Aber nun bekannte er sich offen dazu, in seinem Hauptwerk, dem großangelegten Roman *Leben und Schicksal*. Dieses Werk, das er 1959 beendete, beruht auf den Erfahrungen, die er im Krieg gemacht hat. Zwei Passagen weisen auf die entscheidenden Traumata seines Lebens hin.

Als die Deutschen im Juni 1941 die Sowjetunion überfielen, hätte er noch Zeit gehabt, seine Mutter nach Moskau zu holen. Das hat er nicht getan, weil in seiner Wohnung kein Platz war. Die Mutter starb am 15. September, als die SS die 20 000 jüdischen Bewohner Berditschews umbrachte. Am Jahrestag ihres Todes schrieb Grossman lange Briefe an sie. Man kann wohl sagen, daß seine literarische Arbeit nach dem Ende des Krieges ein einziger, endloser Brief an die Mutter war. Jedenfalls hat er *Leben und Schicksal* ihrem Andenken gewidmet.

Der zweite Strang seiner Abrechnung betrifft nicht ihn persönlich, sondern seinen Glauben an die Parteidoktrin. Bei einer gespenstischen nächtlichen Begegnung lädt der SS-Obersturmbannführer Liss den Häftling Mostowskoi, einen Bolschewisten der ersten Stunde, in sein Arbeitszimmer vor und versucht ihm zu beweisen, daß der deutsche Nationalsozialismus dem sowjetischen System gleicht. Beide sind Diktaturen, beide deportieren Volksfeinde, die ihrem Klassen- oder Rassenideal nicht entsprechen, in ihre Konzentrationslager und beide gehen gegen die Juden vor. Das zu äußern war zu sowjetischen Zeiten natürlich ein unerträgliches Sakrileg.

Doch Grossman brach in seinem Roman noch ganz andere Tabus. Er erwähnte die Ermordung Trotzkis, die Hungerkatastrophe in der Ukraine und den Hitler-Stalin-Pakt. Zur Erklärung des militärischen Desasters am Anfang des Krieges klagte er Stalin an, der 1937 über ein Dutzend Generäle und Tausende von Offizieren in Schauprozessen hatte aburteilen und hinrichten lassen. Auch die Vergewaltigungen deutscher Frauen durch die Soldaten der Roten Armee verschwieg er nicht.

Unter diesen Umständen wundert es nicht, daß er beim Versuch, sein Buch zu publizieren, auf enorme Schwierigkeiten stieß. 1960 reichte er das Manuskript bei den Zeitschriften *Snamja* und *Nowy mir* ein. Die Redakteure waren beeindruckt, wagten es aber nicht, den Text zu drucken. Sie legten es der ›Glavlit‹ vor. So hieß die zentrale Zensurbehörde, die sofort erkannte, daß das Buch viel gefährlicher war als Pasternaks *Doktor Schiwago*. Schon die Kampagne gegen die Verleihung des Nobelpreises an Pasternak hatte das Prestige der Sowjetunion schwer beschädigt. Die zuständigen Organe entschlossen sich daher, nicht etwa den Autor zu verhaften, sondern sein Werk zu konfiszieren.

Herren vom KGB durchsuchten Grossmans Wohnung und nahmen das Manuskript mit. Nach Stalins Tod schrieb der Autor an Chruschtschow und beschwerte sich: »Was nützt es mir, daß ich frei herumlaufe, daß aber das Buch, dem ich mein Leben gewidmet habe, verhaftet ist? Ich sage mich nicht los von ihm.« Er erhielt keine Antwort. Nur Michail Suslow, der Ideologe im Politbüro, lud ihn vor und sagte ihm: »Dein Buch kann frühestens in zweihundert Jahren veröffentlicht werden.« Aber Grossman war kein Neuling. Er hatte Kopien bei Bekannten versteckt. Andrei Sacharow half dabei, einen Mikrofilm in den Westen zu schmuggeln. Ein Schweizer Exilverlag publizierte 1980 das russische Original, das schnell übersetzt wurde. Erst 1988, während der Perestroika, konnte Grossmans Roman auch in Rußland veröffentlicht werden. *Leben und Schicksal* machte so großen Eindruck auf die Kritik, daß sie das Buch mit Tolstois *Krieg und Frieden* verglich.

1964 ist Wassili Grossman im Glauben, sein Buch würde für immer verschwunden bleiben, gestorben.

LIX

Unterhaltung ist Schwerarbeit. Wer sie sich leichtmacht, wirkt plump und langweilig. Das funktioniert vielleicht im Fernsehen, aber nicht in der Literatur. Irmgard Keun gilt als wichtige Vertreterin der ›Neuen Sachlichkeit‹, die auf englisch *New Objectivity* heißt. Aber objektiv oder sachlich ist sie nie gewesen. Als Irmgard Charlotte Keun war sie hineingeboren in die Behaglichkeit einer großbürgerlichen Familie. Geld war vorhanden. Mit den Eltern lebte sie zunächst in Berlin, dann in Köln. Es war damals Mode, Stenographie und Schreibmaschine zu lernen. Aber bei diesem Beruf wollte sie nicht bleiben. Wie wäre es, sich als Schauspielerin zu versuchen? Das hat sie getan; es war aber auch nicht das Richtige. 1932 fing sie an zu schreiben. Es war Alfred Döblin, der ihr Talent entdeckte. Er sagte: »Wenn Sie nur halb so gut schreiben, wie Sie sprechen, erzählen und beobachten, dann werden Sie die beste Schriftstellerin, die Deutschland je gehabt hat.«
Ihr erster Roman, *Gilgi, eine von uns*, erschien 1931, im selben Jahr wie Erich Kästners *Fabian*. Das Buch machte sie über Nacht berühmt. Klaus Mann, Graham Greene und Ludwig

Marcuse waren begeistert. Bereits ein Jahr später kam *Das kunstseidene Mädchen* auf den Buchmarkt und wurde zu einem Verkaufserfolg. Sie wolle sich an der Sprache des Alltags orientieren und schreiben wie im Film, sagte sie. Photos aus jener Zeit zeigen eine rundliche junge Frau mit weichen Gesichtszügen und einer Dauerwelle, keine mondäne Dame, aber eine Frau mit Charme und Esprit, die zu leben wußte und den Männern den Kopf verdrehte. Allerdings litt sie schon damals an Depressionen, gegen die sie den Alkohol zu Hilfe nahm.

Die Heldinnen ihrer Romane sind junge Frauen aus bescheidenen Verhältnissen, die mehr vom Leben erwarten als einen schlecht bezahlten Bürojob, eine gutbürgerliche Ehe und die Mutterschaft. Sie sind selbstbewußt, bleiben aber abhängig von ihren Männern und ihren Liebhabern. »Ein Glanz« wolle sie sein, sagt Doris, das kunstseidene Mädchen. Mit 18 der Gewalt und dem Mief des Elternhauses entronnen, sucht sie ihr Glück in Berlin. Doch keiner ihrer hochfliegenden Pläne trägt. Desillusioniert und von der Liebe enttäuscht, gelangt sie zu den Einsichten: »Auf den Glanz kommt es gar nicht so an« und »nur wenn man unglücklich ist, kommt man weiter«.

Nach der Machtergreifung durch die Nationalsozialisten standen *Gilgi* und *Das kunstseidene Mädchen* als »Asphaltliteratur mit antideutscher Tendenz« auf der schwarzen Liste. Die Bücher wurden beschlagnahmt und verboten.

»Ich habe mich schon auf der Schule geschämt, wenn ›Deutschland, Deutschland über alles‹ gesungen wurde, so ein widerwärtiges Lied, so fett zu sprechen, so fett zu denken, den ganzen Mund voll Lebertran.« Solche Sätze wollte man im NS-Staat nicht lesen. Ihr Antrag, sie in die Reichsschrifttumskammer aufzunehmen, wurde abgelehnt. Das war gleichbedeutend mit einem Berufsverbot. Sie entschied sich zur Auswanderung und entkam, zuerst nach Ostende und dann in die Niederlande. Dort entstanden ihre nächsten vier Romane. Es gab in Amsterdam deutschsprachige Exilverlage wie Allert de Lange und Querido; dort konnte sie noch veröffentlichen. Ihr wichtigstes Werk aus dieser Zeit, *Nach Mitternacht,* beschreibt den deutschen Alltag, die Gleichschaltung, die Gleichgültigkeit, mit der die Rassengesetze aufgenommen wurden, und die Zersplitterung des Widerstandes.

Sie hielt sich an ihren Freundeskreis, zu dem Egon Erwin Kisch, Hermann Kesten, Stefan Zweig, Ernst Toller und Heinrich Mann gehörten. 1936 verliebte sie sich in Joseph Roth, den sie in Ostende kennengelernt hatte. »Er war der einzige Mann, der mich je gefesselt hat.« Das war gut für die Arbeit der beiden, und sie gingen auf Reisen nach Polen und anderswohin. Egon Erwin Kisch sagte ihnen nach: »Die beiden saufen wie die Löcher.« Die Trennung von Roth, zwei Jahre später, machte ihr zu schaffen: »Durch seine wahnsinnige Eifersucht fühlte ich mich immer mehr in die Enge getrieben, bis ich es nicht mehr aushielt … Da hatte ich das Gefühl, einen Menschen zu sehen, der einfach vor Traurigkeit in den nächsten Stunden stirbt … Aber er war auch noch der beste und lebendigste Hasser.«

Nach dem Einmarsch der Wehrmacht in die Niederlande blieb ihr nichts anderes übrig, als nach Deutschland zurückzukehren. Sie lebte nun mit gefälschten Papieren unter dem Namen Charlotte Tralow im Kölner Haus ihrer Eltern. Ihre Rettung war, daß der *Daily Telegraph* in einer Falschmeldung behauptete, sie habe Selbstmord begangen.

Nach dem Krieg lebte sie verarmt in einem Schuppen, der auf einem Ruinengrundstück übriggeblieben war. Einer Gesellschaft, die nicht an ihre Vergangenheit erinnert werden wollte, begegnete sie mit Mißtrauen. Ihre Bücher erwiesen sich als unverkäuflich. 1951 wurde ihre einzige Tochter geboren. Den Vater hielt sie geheim, was damals noch als anstößig galt. Sie arbeitete als Journalistin und schrieb Kleinigkeiten für Funk, Kabarett und Feuilletons, konnte jedoch literarisch nicht wieder Fuß fassen.

Dann wurde sie wegen ihrer Alkoholsucht entmündigt und in die Bonner Psychiatrie eingewiesen. Nach ihrer Entlassung kündigte sie ihr letztes Buch an, *Kein Anschluß unter dieser Nummer,* eine Autobiographie. In ihrem Nachlaß fand sich davon jedoch keine Zeile. Das wunderte Hiltrud Häntzschel nicht, die eine Monographie über Irmgard Keun schrieb. Sie war »mal aufrichtig, mal leichtsinnig, mal erfinderisch aus Sehnsucht nach Erfolg, mal phantasievoll aus Lust, unehrlich aus Not, mal verschwiegen aus Schonung«.

Oft machte Irmgard Keun sich jünger, als sie war. Von ihrer Kindheit versicherte sie, es sei bei ihren Eltern sehr armselig zugegangen. Das war nur eine ihrer Lügen.

Aber dann wurde sie 1979 nach langen Jahren des Vergessens, vor allem durch die Frauenbewegung, wiederentdeckt. In einem »Selbstporträt einer Frau mit schlechten Eigenschaften« wehrte sie sich gegen alle Versuche, sie zu vereinnahmen. »Trotz der moralischen Verpflichtung, die der Frauenüberschuß einem jeden (oder jeder?) von uns auferlegt, habe ich – von wenigen Ausnahmen abgesehen – Männer lieber als Frauen. Meine Gründe dafür sind mannigfaltig. Ich selbst möchte kein Mann sein. Der Gedanke, dann eine Frau heiraten zu müssen, schreckt mich.«

Ihre Lage verbesserte sich durch Neu- und Wiederauflagen. Zu ihrem 100. Geburtstag war in der *Frankfurter Allgemeinen Zeitung* zu lesen: »Was die Keun aus der schon nicht mehr ganz Neuen Sachlichkeit machte, das war eine artistische Popliteratur: eine rasante Melange aus Schlager und Schreibmaschine, aus innerem Monolog, zarten Lyrismen und genau gehörter Umgangssprache, aus Werbeplakaten und Revuenummern.«

1982 starb Irmgard Keun an Lungenkrebs. Auf dem Kölner Melaten-Friedhof liegt sie begraben.

LX

Wiedergutmachung – geht das überhaupt? Einen zerbrochenen Teller zu ersetzen ist möglich, aber ein ruiniertes Leben kann niemand flicken. Deshalb haftet dem Versuch immer etwas höchst Fragwürdiges an, so gut er auch gemeint sein mag. Manès Sperber wurde als 70jähriger in Deutschland mit Ehrungen überhäuft, mit dem Büchner-Preis, in der Frankfurter Paulskirche und anderswo. Seine Romantrilogie *Wie eine Träne im Ozean* wurde viel gelesen und gefeiert, gerade weil sie einen Titel trug, der viel zu poetisch war für das, was Sperber zu erzählen hatte. Heute ist sein Name in Vergessenheit geraten. Gewiß war er kein großer Stilist, doch war und bleibt er ein denkwürdiger Zeitzeuge.

Viele der Utopien und Irrtümer des 20. Jahrhunderts hat Sperber ausprobiert und hinter sich gelassen: Jugendbewegung, Zionismus und Anarchismus, die Reformpädagogik, Alfred Adlers »Individualpsychologie«, den Bolschewismus, die Psychoanalyse und den militanten Antikommunismus. Nur die Nazis und ihre Verbündeten bekämpfte er von Anfang an. Er war ein Philosoph des Irrtums, der verlorenen Gewißheiten, und auch seine Biographie ist die eines Mannes auf der Flucht.

Manès Sperber stammt aus Zabłotów, einem ostgalizischen Stetl, das damals zu Österreich-Ungarn gehörte und heute ukrainisch ist. Seine Familie waren fromme Chassidim, die 1916 vor dem Krieg nach Wien flohen, wo sie in bitterer Armut lebten. Das Gymnasium verließ er ohne Abitur, wurde Schüler und Mitarbeiter Adlers und arbeitete als Therapeut. 1927 ging er nach Berlin und trat der KPD bei.

Nach der Machtübernahme Hitlers im Januar 1933 tauchte Sperber bei verschiedenen Freunden und Freundinnen unter; nur einmal kehrte er in seine eigene Wohnung zurück. Es war der falsche Zeitpunkt, denn SA-Einheiten, getarnt als Polizisten, griffen die Künstlerkolonie in Wilmersdorf an, wo nicht nur Sperber wohnte, sondern auch Ernst Bloch, Arthur Koestler, Walter Hasenclever und Gustav Regler. Sperber wurde verhaftet und verschleppt. Dennoch hatte er Glück: Nach fünfwöchiger Inhaftierung wurde er entlassen, weil er einen österreichischen Paß hatte. Über Jugoslawien fuhr er im Auftrag der Partei nach Paris. Dort arbeitete er für die Komintern und als Mann Willi Münzenbergs für die Propaganda, unter anderem an den beiden *Braunbüchern*. Erst nach Jahren brach er unter dem Eindruck der Moskauer Schauprozesse mit der Partei. Nach dem Hitler-Stalin-Pakt mußte er nicht nur vor der Gestapo, sondern auch vor seinen früheren Genossen auf der Hut sein, weil er sich öffentlich gegen das Sowjetregime aussprach. Wie Hans Sahl stand ihm das Exil im Exil bevor.

Mit seinem Freund Arthur Koestler, der die Partei ebenfalls verlassen hatte, arbeitete er eng zusammen. Während die Kommunisten an dem Renegaten Münzenberg Rache nahmen, hatte Sperber auch diesmal unwahrscheinliches Glück im Unglück. Er fand Helfer, die ihm falsche Papiere verschafften, und konnte 1942 vor der Deportation in die Schweiz entkommen. Das Leben in der Schweiz war mühsam, armselig und riskant. Von seinem politischen Glauben hatte er sich längst verabschiedet. Als ihm 1943 ein aus Treblinka entkommener jüdischer Häftling von den Gaskammern berichtete, besann er sich darauf, daß er jenseits aller irdischen Heilslehren vor allem Jude war. Schon deshalb kehrte er nach dem Krieg nicht nach Berlin, sondern nach Paris zurück, wo er bis zu seinem Tod als Schriftsteller und Publizist lebte.

Er hat immer auf deutsch geschrieben. Merkwürdig ist die lange Liste seiner Pseudonyme: Taras Achim, N. A. Menlos, C. L. Chauvraux, Jean Clémant, Paul Halland, Paul Haller, Jan Heger – und das sind noch lange nicht alle. Solche Alibis dienten Sperber als Camouflage im Blätterwald.

An seinem Hauptwerk, der Trilogie *Wie eine Träne im Ozean*, arbeitete er schon seit 1940. Die Autobiographie war das Genre, in dem er sich am wohlsten fühlte. Auch sein späteres Werk *All das Vergangene* trägt solche Züge.

Ein Störenfried ist er geblieben. Auf dem Höhepunkt der westdeutschen Friedensbewegung forderte er die Stationierung atomarer Mittelstreckenraketen in der Bundesrepublik; auf die europäische Studentenbewegung von 1968/69 reagierte er gereizt; den ›Kongreß für kulturelle Freiheit‹ und ›Radio Free Europe‹ hat er immer verteidigt, auch dann noch, als sich herausstellte, daß die CIA dahintersteckte.

Sperbers Eigensinn war mit Naivität gepaart. Manchmal hatte er mehr Glück als Verstand. Wie Arthur Koestler ist er oft nur mit knapper Not davongekommen. Anders als seinem ungarischen Freund, der sich 1983, weil er an Parkinson und Leukämie litt, zusammen mit seiner Frau umbrachte, war Manès Sperber ein natürlicher Tod in Paris beschieden.

LXI

Ganz gleich, ob es die *Bild-Zeitung* war oder *Le Monde*, in der Nachkriegszeit kam kein europäisches Medium an ihm vorbei. Fadejew, der Chef des sowjetischen Schriftstellerverbandes, nannte Jean-Paul Sartre 1948 »einen Schakal an der Schreibmaschine« und einen »kosmopolitischen Söldner des Imperialismus«. George Orwell sagte über Sartre, er sei ein großer Windbeutel. Castro kam 1971 zu dem Schluß, daß er ein bourgeoiser Verleumder und ein Spion der CIA war, und rief: »Sie haben Hausverbot in Cuba!« De Gaulle belehrte seinen Innenminister mit dem Satz: »Einen Voltaire verhaftet man nicht.« Und so weiter.

Das war übertrieben; aber die Übertreibung gehörte zu Sartres Strategie. Die Vermutung liegt nahe, daß der hochbegabte, ehrgeizige und fleißige Mann damit zweierlei kompensieren wollte: eine Linsentrübung, an der er schon als Junge litt, so daß er immer stärker schielte, und seinen Spitznamen in der Schule, wo er »le petit homme« hieß, weil er nur 156 cm groß war.

Jean-Paul Charles Aymard Sartre wurde in Paris als Sohn eines Marineoffiziers geboren. Seinen Vater, der an Gelbfieber starb, verlor er früh. Abitur, Internatsschüler, École Normale Supérieure, Kurse und Prüfungen in Psychologie, Moralphilosophie, Soziologie, Logik, Metaphysik und Latein – bis dahin verlief alles für ihn, wie es sich gehörte.

Dann wurde er Gymnasiallehrer in Le Havre, wo er einsam war und sich fehl am Platz fühlte. Seine Depressionen führten zu plötzlichen Schüben von Panik. Eine Drogenpsychose brachte ihn eine Weile sogar in die psychiatrische Klinik. Auf diesen Erfahrungen gründet sein Roman *La nausée*.

Endlich begegnete er Simone de Beauvoir, der Frau, mit der er jahrzehntelang liiert war. Sie ist später selbst als Autorin hervorgetreten, vor allem durch *Le deuxième sexe*, eines der wichtigsten Werke der feministischen Literatur. Die beiden haben nie daran gedacht, zu heiraten. Sartre legte keinen Wert auf eine bürgerliche Existenz, und de Beauvoir wollte weder Ehefrau noch Mutter sein. Gegen seine Liebschaften hatte sie nichts einzuwenden; im Gegenteil. Sie ermutigte ihn und verhalf ihm zu Rendezvous mit jungen Mädchen.

Vom Herbst 1933 an hospitierte Sartre als Stipendiat beim Institut français in Berlin. Die Politik interessierte ihn nur am Rande. Hitlers Sieg hielt er, wie viele andere, für einen vorübergehenden Betriebsunfall. Er vertiefte sich in Heidegger, den er nach dem Zweiten Weltkrieg den Franzosen als Geburtshelfer des Existentialismus empfahl.

1939 machte er sich im Elsaß Notizen für eine größere philosophische Abhandlung, doch wurde er zum Kriegsdienst eingezogen, den er für Zeitverschwendung hielt. Dann geriet er in deutsche Gefangenschaft. Anders als die meisten, die gezwungen waren, in der Landwirtschaft und in Rüstungsfabriken zu arbeiten, kam er 1941 wieder frei. Die Kommunisten fanden seine rasche Entlassung verdächtig und verbreiteten das Gerücht, er sei ein deutscher Agent.

Er beschränkte sich darauf, an *L'Être et le néant* zu arbeiten, das er als sein Hauptwerk betrachtete. Im Frühjahr 1943 konnte er dieses Buch veröffentlichen; auch sein Theaterstück *Les mouches* wurde in Paris aufgeführt, beides unter den Augen der deutschen Zensur. In wenigen Tagen schrieb er *Huis clos* hin, ein Drama um drei Personen, die sich das Leben zur Hölle machen, indem sie einander psychisch unter Druck setzen. Die Inszenierung löste 1944 einen Skandal aus.

Von diesem Moment an wurde Sartre im intellektuellen Paris zu einer zentralen Figur. Er verkehrte mit allen, die in diesem Milieu eine Rolle spielten, mit Jean Cocteau, Albert Camus, Raymond Queneau, Georges Bataille, Jean Genet und Jacques Lacan.

Nach der Landung der Alliierten in der Normandie verließen er und de Beauvoir die Hauptstadt. Erst als die deutschen Truppen abzogen, kehrten sie nach Paris zurück.

In den Nachkriegsjahren galt Sartre als Meisterdenker. Seine Romane wurden respektvoll aufgenommen und seine Stücke auf allen französischen und vielen europäischen Bühnen aufgeführt. Auch als Publizist wuchs sein Einfluß von Jahr zu Jahr. Er gründete mit Simone de Beauvoir und Maurice Merleau-Ponty *Les Temps Modernes*, eine Zeitschrift, die für Autoren wie Lévi-Strauss, Beckett, Queneau und Genet zum Forum wurde. Reich an Windungen war sein Verhältnis zum Kommunismus. Anders als sein Freund Paul Nizan wollte er zwar kein Mitglied der KP werden, doch 1952 schlug er sich öffentlich auf die Seite der Partei. Diese Entscheidung führte zum Bruch mit Albert Camus. Er hat sich nie wieder mit ihm versöhnt, obwohl Sartre ein paar Jahre später den Kommunisten plötzlich den Rükken kehrte, weil er die russische Intervention in Ungarn mißbilligte.

Auf Reisen in die Sowjetunion wollte er nicht verzichten. In Moskau hat er die Herrschaft der Kommunistischen Partei nie in Frage gestellt.

Ich war zufällig dabei, wie er sich im Kreml geschlagen gab, weil er den zahlreichen Trinksprüchen nicht gewachsen war.

Ein diskreter Leibwächter mußte ihn in Sicherheit bringen; es hieß, ein Notarzt habe ihn wegen einer Alkoholvergiftung mit Blaulicht in eine Klinik für die Nomenklatura gebracht. Ich kann bezeugen, daß er sich bei einem Besuch in Chruschtschows Landhaus lammfromm verhielt, ganz im Gegensatz zu Paris, wo er der Macht gegenüber gern Mutproben ablegte. Im Mai 1968 unterstützte er die studentische Linke und wurde bis 1973 zum Weggefährten der Maoisten.

1964 war es zu einer peinlichen Auseinandersetzung gekommen, als ihm der Nobelpreis für Literatur zuerkannt wurde. Er kündigte an, daß er ihn ablehnen würde, forderte aber später das Preisgeld von der Schwedischen Akademie ein. Die in den Statuten verankerte Frist für ein solches Verlangen war jedoch längst abgelaufen. Somit fiel das Geld an den Nobelfonds zurück.

Gegen die französischen Kolonialkriege in Indochina und in Algerien hat Sartre heftig protestiert, ebenso wie gegen die amerikanischen Kriegsverbrechen in Vietnam.

Seine Linsentrübung führte dazu, daß er fast völlig erblindete. Obwohl er nicht mehr schreiben konnte, gab er weiter Interviews im Rundfunk und in der Presse. Ein letztes Mal sorgte er für einen weltweiten Skandal, als er zu Andreas Baader fuhr, der als Mitglied der sogenannten ›Roten Armee Fraktion‹ in einem Stammheimer Gefängnis saß, und das gewalsame Vorgehen dieser Gruppe guthieß.

Jean-Paul Sartre war 74 Jahre alt, als er in Paris verstarb. Bei der Beerdigung folgten 50 000 Menschen seinem Sarg. Die Ausgabe seiner Werke in der ›Pléiade‹ stockt seit ein paar Jahren bei 5100 Seiten.

LXII

Mit kleinen Themen hat er sich gar nicht erst abgegeben. Das Terrain, auf dem andere sich tummelten, war ihm zu flach. Er trabte immer hoch.

Elias Canettis berühmtestes und verrufenstes Werk ist *Die Blendung*. Geschrieben 1931, dauerte es vier Jahre, bis dieser Roman zum ersten Mal gedruckt wurde. Die zweite Auflage wurde nach dem Krieg verramscht, und erst 1963 hat sich der Ruhm des Verfassers allmählich herumgesprochen.

Die Blendung ist ein unerträgliches Buch, ein literarisches Monster. Davon verrät seine Fabel nichts. Sie ist einfach, beinahe platt. Dr. Peter Kien, Privatgelehrter und »der größte Sinologe seiner Zeit«, lebt in seiner Bibliothek wie in einer Muschel, wortlos und einsam, ein gottloser Trappist. Seine Haushälterin Therese bricht das Gehäuse auf, in dem er sich eingerichtet hat, und richtet ihn nach einem langen, erbarmungslosen Ringen zugrunde. Die Feinde, und in diesem Roman kommen nur Feinde vor, bekämpfen einander buchstäblich bis zum Wahnsinn. Alle anderen Figuren sind ebenso irre wie gewöhnlich. Nichts Unmenschliches ist ihnen fremd.

Canetti wollte an diesem Modell dartun, wie sich die Paranoia in Europa ausbreitete. Aus Thereses Tonfällen, die an Nestroy und Qualtingers *Herrn Karl* erinnern, ist unschwer die geistige Heimat des Buches herauszuhören: Sie liegt an der schönen schwarzen Donau.

Warum sollte man aus dem Autor einen zweiten Kafka oder einen zweiten Joyce machen? Damit täte man Canetti Unrecht. Seine sprachlichen Mittel sind arm. *Die Blendung* ist quälend weitschweifig und erschreckend monoton; das könnte auch gar nicht anders sein, denn jeder Wahn ist eintönig.

Dennoch ist Canettis Scheitern denkwürdig. Er hat zum Roman einen theoretischen Schlüssel geliefert, eine Untersuchung über *Masse und Macht*, die 1960 erschienen ist. Zwanzig Jahre hat er an ihr gearbeitet. Sie handelt von Häuptlingen, Führern und anderen Irren. Alle sind sie vom selben Wahn geblendet wie die Haushälterin Therese und ihr Herr; dem Wahn der Macht. Nur werden diejenigen, die ihm verfallen sind, nie und nimmer Canettis Bücher lesen.

Elias Salomon Canetti wurde 1905 im bulgarischen Russe geboren. Seine Eltern kamen aus spaniolisch-jüdischen Kaufmannsfamilien, die ins Osmanische Reich eingewandert waren. Als Kind erkrankte er an den Masern und verlor sein Sehvermögen. Vielleicht liegt hier der Keim seiner Angst vor der Blendung.

Das judenspanische Ladino war seine erste Sprache. Erst später brachte ihm die Mutter Deutsch bei. Er hat schon immer ein unstetes Leben geführt. Um dem Weltkrieg auszuweichen, brachte man ihn in die Schweiz; in Berlin traf er später Bertolt Brecht und Isaac Babel; in Wien lernte er seine spätere Ehefrau Veza Taubner kennen, verehrte Karl Kraus, ließ sich von Hermann Broch helfen und beneidete Robert Musil.

1938 mußten die Canettis nach England fliehen. Frau Veza ernährte ihren Mann, der gleichzeitig langjährige Beziehungen zu anderen Frauen unterhielt. Die getreue Veza wußte über diese »Nebenfrauen« immer genau Bescheid. In Wien hatte Elias es sogar einmal mit Alma Mahler probiert, die ihn jedoch abblitzen ließ.

Nachdem er Zuflucht in England gefunden hatte, veröffentlichte Canetti 20 Jahre lang nichts mehr. Die wenigen Dramen, die er schrieb, blieben erfolglos. Immerhin brachte er es in London zu einem gewissen Renommee, weil eine englische Übersetzung der *Blendung* in Intellektuellen- und Künstler-Kreisen respektvoll aufgenommen wurde. 1952 erwarb er die britische Staatsbürgerschaft. Nach vielen Jahren veröffentlichte endlich ein Hamburger Verlag *Masse und Macht*. Canetti war enttäuscht, weil die Kritik sein theoretisches Hauptwerk nur zögerlich aufnahm und der Buchhandel es nicht ins Schaufenster legte.

Veza Tubner, seine erste Ehefrau, war 1963 gestorben. 1970 heiratete Canetti eine viel Jüngere und zog mit ihr nach Zürich. Nun fühlte er sich eher vom Genre der Autobiographie angezogen. Zwei Bände, *Die gerettete Zunge* und *Die Fackel im Ohr*, wurden endlich auch vom deutschen Publikum wohlwollend aufgenommen, wenngleich ihnen nicht unbedingt zu trauen ist, weil er offenbar vieles, was ihm unangenehm war, verschwiegen oder verharmlost hat.

Mit dem Tod, den er als seinen persönlichen Feind betrachtete, focht er über Jahrzehnte hin einen eigensinnigen Kampf aus. Diese Obsession war wohlbegründet. Als Siebenjähriger hatte Canetti seinen Vater verloren; 1937 starb die Mutter, mit der er sich überworfen hatte; die eine oder andere Geliebte verschied; sein Bruder erlag der Tuberkulose; am Ende überlebte er auch noch seine zweite Ehefrau.

Seinen zähen Kampf gegen den Tod hat er auf Tausenden von Seiten in seinen *Aufzeichnungen* geführt, die, wer will, in einigen Auswahlbänden studieren kann. »Siegen ist Überleben«, hat er an einer Stelle geschrieben. »Wie soll man es machen: weiter leben und doch nicht Sieger sein? – Die moralische

Quadratur des Zirkels.« Darin liegt die unfreiwillige Tragikomik seines Ringens.

Mit ihm auszukommen war nicht leicht. Er war streitbar, geizig, eitel und von seiner Einmaligkeit überzeugt, ein eifersüchtiger Verführer, der seine Geliebten gnadenlos ausnutzte. Selbst seine Frauen und die engsten Freunde waren nicht vor seiner bösen Zunge sicher. Hilde Spiel nannte ihn eine »wirkliche Giftspritze«.

Weder der Büchner- noch der Nobelpreis konnte ihn trösten. Hinter der schweren Brille sah er immer ziemlich unglücklich aus.

Mit 89 Jahren hat er seine Wette gegen den Tod in Zürich verloren.

LXIII

Wer zwei Generationen nach seinem ersten Erscheinen *Das Treibhaus* zur Hand nimmt, dem steht eine eigentümliche Überraschung bevor. Dieses Buch war nicht nur seiner Zeit voraus; vieles, von dem Wolfgang Koeppen spricht, gilt ebenso für die Gegenwart und vermutlich sogar für das, was uns bevorsteht:

»Viele Wege führten zur Hauptstadt ... Sie kamen alle, Abgeordnete, Politiker, Beamte, Journalisten, Parteibüffel und Parteigründer, die Interessensvertreter im Dutzend, die Syndiken, die Werbeleiter, die Jobber, die Bestecher und die Bestochenen, Fuchs, Wolf und Schaf der Geheimdienste ... alle, die Geld haben wollten, die Schnorrer, Schwindler, Quengler, Stellenjäger«, und so geht es weiter in dieser verblüffend aktuellen Litanei, die stilistisch nicht gealtert ist und frischer, kühner wirkt als das meiste, womit Koeppens Nachfahren heute aufwarten. Seine Prosa schreit nie, aber sie ist hellwach und von äußerster Schärfe.

Die Rolle eines Propheten hat er nie in Anspruch genommen. »Da ich nur am Rande geschwommen bin, ein Nichtschwimmer, konnte ich mich außen fühlen, wie ein Tierarzt«, sagte er über seinen einzigen Besuch bei der ›Gruppe 47‹. »Es gab Sekt mit Orangensaft.«

Damals habe ich ihn kennengelernt, soweit er das zuließ. Wir waren zwar beinahe Nachbarn, aber er verstand sich darauf, seine Geheimnisse zu hüten. München hatte einen Vorteil: Es ließ ihn in Ruhe. »Vielleicht bin ich ein Ausländer des Gefühls«, bemerkte er. In einem möblierten Zimmer träumte ihm von der Vergangenheit, von der »Furcht, in Greifswald zu sein und Greifswald nicht wieder verlassen zu können«.

In dieser Hansestadt wurde Wolfgang Arthur Reinhold Köppen als nichteheliches Kind geboren. Seine Mutter war Weißnäherin und arbeitete später als Souffleuse am Stadttheater. Sein Vater Reinhold Halben, ein Augenarzt, vermied jeden Kontakt zu ihm. Weil kein Geld da war, wurde er Laufbursche in einer Buchhandlung, Hilfskoch auf See, Fabrikarbeiter und Platzanweiser.

Woher mag sein großbürgerlicher Habitus nur gekommen sein? Wo wird er die anspruchsvollen Geschmacksnerven trainiert haben, die ihm Genuß verschafften und Ekel einflößten?

In Berlin lernte er Anfang der dreißiger Jahre Erwin Piscator kennen. Koeppen war Mitarbeiter, später Feuilletonredakteur und Ressortleiter beim *Berliner Börsen-Courier*, bis die Zeitung von den Nationalsozialisten geschlossen wurde. »Es war eine schöne Zeit der Not. Man saß im ›Romanischen Café‹ unter den Gescheiten, die dann der Teufel holte.« Die meisten glaubten damals, es werde schon nicht so schlimm kommen. Doch Koeppen wußte, daß Hitler auf den Krieg zusteuerte.

Er reiste nach Italien, finanziert von Bruno Cassirer, der auch seinen ersten Roman, *Eine unglückliche Liebe*, verlegte. 1938 kehrte Koeppen nach Deutschland zurück, weil er nirgendwo sonst seine Miete bezahlen konnte. Er arbeitete als Drehbuchautor für die UFA, was ihm den Kriegsdienst ersparte. Soldat war er keinen einzigen Tag lang. Er hörte auf, Bücher zu schreiben. 1944, als er einen Filmstoff auf die Linie der Partei »trimmen« sollte, ist er untergetaucht. Das letzte Kriegsjahr hat er illegal in Feldafing bei München zugebracht.

Dort traf er ein 16jähriges Mädchen, das er, um es zu schützen, geheiratet hat. Marion war eine schwere Alkoholikerin. Er mußte sie in eine Klinik einweisen lassen. Sie starb 1985, und er hat nie aufgehört, sich an ihrem Ende schuldig zu fühlen. Das geht aus seiner »Trilogie des Scheiterns« hervor, besonders aus dem ersten Teil, *Tauben im Gras*. Es versteht sich, daß man eine Romanfigur nicht umstandslos mit einer realen Person identifizieren kann. Gegen solche Vergleiche hat sich Koeppen immer zur Wehr gesetzt.

Tauben im Gras ist wie *Das Treibhaus* und *Der Tod in Rom* in den fünfziger Jahren bei Henry Goverts erschienen, einem mutigen Verleger, der diesem widerwillig gelobten und wenig geliebten Schriftsteller treu blieb, so wie es später auch Siegfried Unseld tat.

Jahrelang konnte Koeppen dann für den Rundfunk nach Spanien, Rom, Warschau, Den Haag, London und Frankreich, in die Sowjetunion und die USA reisen und darüber schreiben; darum kümmerte sich Alfred Andersch, der beim Südwestrundfunk in Stuttgart über ein eigenes Programm und über feste Sendezeiten verfügte.

Als ihm 1962 der Büchner-Preis verliehen wurde, regte sich niemand mehr über Koeppen auf. Er verstummte. In einem Interview sagte er: »Es hat viele Schriftsteller gegeben, die jahrelang nichts veröffentlicht haben, oder sie waren klug genug, im rechten Zeitpunkt zu sterben. Es bereitet mir Unbehagen, daß Leute fragen: Wann kommt der nächste Roman? Aber Tatsache ist, daß ich gerade an einem sitze. Er heißt *Das Schiff*. Leider gefällt er mir nicht. Ich hätte ihn längst aufgegeben, wenn Siegfried Unseld, mein Verleger, ihn nicht unbedingt haben wollte.«

Angekündigt hat er noch ein paar andere Romane: *In Staub mit allen Freunden Brandenburgs, Tasso, Ein Maskenball, Das unerreichbare Petra.* Keiner davon ist erschienen.

An André Müller erinnern sich viele wegen der großen Interviews, die er vor der Jahrhundertwende für *Die Zeit* geführt hat. Er reizte Koeppen mit der Behauptung, der Romancier sei marktwirtschaftlich gesehen ein Verlustgeschäft. »Was geht mich die Marktwirtschaft an?« entgegnete der. »Manche Schriftsteller haben das Geldproblem schon mit der Geburt gelöst. Flaubert, Proust, Gide waren Erben. Das gibt es auch. Musil war in einer ähnlichen Lage wie ich. Dem ging es sogar noch schlechter.« Bemitleidet werden wollte er nicht. Mit Siegfried Unseld und mit Ulla Berkéwicz wechselte er mehr als 500 Briefe.

Koeppen starb 1996 in einem jüdischen Pflegeheim in München; den Platz darin hatten ihm Unseld und Rachel Salamander besorgt. Ob er sich schon als Kind gewünscht hat, ein Schriftsteller zu werden? »Ja«, hat er gesagt, »als kleiner Junge habe ich ein Schild an meine Tür gehängt. Darauf stand: Herr Tod, Literat.«

LXIV

Inventur hat er 1945 selbst gemacht, in einem berühmten Gedicht, das er im Kriegsgefangenenlager schrieb. Bei allen, die damals anfingen, ging es von Mund zu Mund. Günter Eich zählte auf, was sich in seinem Brotbeutel befand. Es war wenig. Neben einem Paar wollener Socken schleppte er allerhand mit sich, »was ich niemand verrate«.

Als diese Verse 1948 erschienen, gab der Titel *Abgelegene Gehöfte* nicht zu erkennen, was dem Publikum bevorstand. Fassungslos las man ein Gedicht, das »Latrine« hieß, und mußte zur Kenntnis nehmen, daß sich Hölderlin im Deutschen auf Urin reimt. Daß diese Verse später in allen Lesebüchern stehen würden, konnte sich niemand vorstellen, auch der Dichter nicht, dem seine Popularität immer lästiger wurde. Iris Radisch fand die glückliche Formulierung, Eichs Zeilen seien zu den »Merseburger Zaubersprüchen« der Nachkriegsliteratur geworden.

Günter Eich war in Lebus, nahe zur polnischen Oder-Grenze, geboren. In Berlin nahm er ein Sinologie-Studium auf, das er abbrach, um als freier Schriftsteller zu leben. Sein erstes Buch veröffentlichte er mit 18 Jahren unter dem lakonischen Titel *Gedichte*.

Nach 1933 ist er in Deutschland geblieben. Mit 26 Jahren wollte er Mitglied der NSDAP werden. Daraus wurde nichts, weil die Partei eine Aufnahmesperre verhängt hatte. Mit dem Radio, einem Medium, das damals eine enorme Reichweite hatte, kam Eich über die Runden. Angeblich schrieb er 150 Rundfunkmanuskripte, darunter auch viel Dutzendware. Was ihm wohl wie eine Nische vorkam, erwies sich mit den Jahren als Falle, weil er sich der Propagandamaschinerie nie ganz entziehen konnte.

Ende August 1939 wurde er zur Luftwaffe einberufen. Dem Einsatz an der Front entging er. Beschützt von seinem Vorgesetzten Jürgen Eggebrecht, mit dem er befreundet war, diente er bei der Zensurstelle für Wehrmachtsbüchereien in Berlin. Gegen Ende des Krieges war er Einsatzleiter bei der Luftverteidigung in Bayern und an der Ruhr.

Dann geriet er in amerikanische Gefangenschaft. Dort fing er sofort wieder an zu schreiben. Nicht nur der Lyrik, auch dem Rundfunk hielt er die Treue. Mit dem Hörspiel, dem er zu neuem Glanz verhalf, und dem Gedichtband *Botschaften des Regens* wurde er zu einem Star der sogenannten ›Gruppe 47‹, die ihm ihren ersten Literaturpreis verlieh. Zu den Verdiensten dieses Clubs gehört, daß er auf einer seiner Tagungen Ilse Aichinger kennenlernte, die er 1953 heiratete. Die beiden zogen nach Oberbayern und später ins Salzburger Land.

In den sechziger Jahren war die große Zeit des Hörspiels schon vorbei, und Günter Eich ließ kaum etwas von dem gelten, was er geschrieben hatte. Das letzte Mal, daß er sich zu allgemeinen Fragen geäußert hat, war bei der Verleihung des Büchner-Preises: »Nein, mich ergreift kein freudiger Schauer angesichts der Macht, ich finde sie abscheulich, wo immer sie beansprucht oder erlistet, erkämpft, erzwungen oder wohl erworben sei. Das Ach, das sie enthält, und die Nacht, auf die sie sich reimt, das ist sie: Der Seufzer und die Finsternis in unserm Leben.« Eher widerwillig sagte er denen, die ein Bekenntnis zum Abendland von ihm erwarteten, das erinnere ihn »an das dienstfreudige Gesicht, das ich einmal machen mußte«.

Er wußte nur zu gut, wovon er sprach. Seine erste Frau hatte sich umgebracht, und mit seiner Gesundheit stand es schon lange schlecht. Er war von Gelbsucht und Diabetes geplagt. Später erlitt er mehrere Herzattacken.

Im Alter wurde er gewissermaßen immer chinesischer. Darauf verstand er sich. Experten wie Annemarie Schimmel schätzten seine Übersetzungen von einem guten Hundert klassischer Gedichte, vor allem aus der Zeit der Han-, der Tang- und der Sung-Dynastien. Vielleicht hat er später auch noch Japanisch gelernt. Jedenfalls ist er 1962 zum ersten Mal nach Tokio geflogen. Es kann sein, daß es dort Verlockungen gab, von denen man in Oberbayern, wo er wohnte, keine Ahnung hatte.

Er zog sich immer mehr aus der Öffentlichkeit zurück und drückte sich immer elliptischer aus. »Jedes Gedicht ist zu lang«, behauptete er 1962. Sein liebster Gestus war das Abwinken. Mit »Zuversicht« überschrieb er die folgenden Zeilen:

»In Saloniki
weiß ich einen, der mich liest,
und in Bad Nauheim.
Das sind schon zwei.«

Immer rätselhafter wurden seine *Maulwürfe*, Texte, die zwischen Prosa und Poesie changieren, so wie *Ein Tibeter in meinem Büro*, das letzte Buch, das er zu seinen Lebzeiten gedruckt sehen wollte.

Nach langer, quälender Krankheit ist er in einem Salzburger Sanatorium gestorben.

Da der antifaschistische Eifer der Nachgeborenen bekanntlich nie erlahmt, ist er nach dem Tod vor ein Scherbengericht

gestellt worden, das 1999 zusammentrat. Was man ihm vor-
warf, war nicht neu. Schon seit Jahren war bekannt, daß er
im Mai 1933 ein Beitrittsgesuch an die NSDAP gerichtet hatte,
das abgelehnt wurde. Für die längst vergessenen Beisitzer stand
das Urteil natürlich schon vor der Verhandlung fest: Er habe
»bewußt für den NS-Staat optiert«, sei »Teil der NS-Propagan-
damaschinerie«, »opportunistisch«, »verantwortungs- und ge-
wissenlos« gewesen. Daß Günter Eich sich zu seinem Verhalten
schon früh geäußert hat, spielte keine Rolle. »Ich habe dem Nationalsozialismus keinen aktiven Widerstand entgegengesetzt«,
bekannte er 1947. »Jetzt so zu tun als ob, liegt mir nicht.« Damit war für ihn alles gesagt.

LXV

Jede Gesellschaft, auch der kleinste Clan, hat seine ungeschriebenen Regeln, die strenger gelten als alle Gesetze. Die *dolce vita* kündigte sich bereits in den 1950er Jahren an, besonders bei den Schriftstellern. Damals nahmen mich ein paar Freunde mit an die Piazza del Popolo. Sie erklärten mir, daß die Wahl des Cafés dort wichtiger war als jede politische Weltanschauung. Unverbrüchlich saßen Fellini und die Seinen im ›Canova‹, während Pasolini und Calvino im ›Rosati‹ hofhielten, einem Lokal in der überladenen Manier des italienischen Jugendstils.

Dort saß auch Alberto Moravia, der reichste Schriftsteller des Landes. Er machte keinen glücklichen Eindruck und legte, wie mir schien, eine finstere Miene an den Tag. Man tuschelte über ihn und machte sich lustig über seinen Geiz, der dortzulande als besonders schändliches Laster gilt; es ist in Italien nämlich üblich, sich über die Frage zu streiten, wer im Restaurant die gesamte Zeche bezahlen darf, so daß er eine *bella figura* abgibt. Geboren war dieser Mann als Alberto Pincherle, Sohn eines jüdischen Vaters und einer katholischen Mutter. Er brachte

Jahre in einem Sanatorium zu, weil er an Knochentuberku-
lose litt. Deswegen hinkte er sein Leben lang. Studiert hat er
nie; seine Kenntnisse eignete er sich als besessener Autodidakt
an. Seinen ersten Roman schrieb er mit 25 Jahren und ließ ihn
1929 anonym auf eigene Kosten drucken. »Sie wollen, daß ich
selbst dafür zahle«, eröffnete er seinem Vater. »Wieviel?« war
die Antwort. »Fünftausend Lire.« Der alte Herr hat die Rechnung des Druckers sofort beglichen, aber immerhin ließ er sich
eine Quittung geben.

Moravias Produktivität war manisch. Er hat mindestens
30 Romane verfaßt und mit ihnen eine Weltauflage von über
150 Millionen erzielt. Viele wurden von Regisseuren wie De
Sica, Bertolucci und Godard verfilmt, mit Stars wie Brigitte
Bardot und Sophia Loren, Marcello Mastroianni und Jean-
Louis Trintignant. Erzählen konnte Moravia, nur war er kein
glänzender Prosaist. Seine Romane lesen sich eher dürr und
holzig.

Seine fulminante Karriere als Auslandskorrespondent begann
er 1930 bei *La Stampa*, wo Curzio Malaparte das Sagen hatte.
Sie führte ihn bis nach China und in die Vereinigten Staaten.
Seine Schereiein mit dem faschistischen Regime fingen schon
früh an. Ein Buch wurde beschlagnahmt, ein anderes verboten.
Seine Verbannung fiel mild aus; er zog sich 1941 nach Capri zurück und schrieb weiter. Als Rom von den Deutschen besetzt
wurde, floh er in ein Versteck in einer armen Berggegend.

Nach Kriegsende nahm er seine Weltkarriere unverzüglich wieder auf. Daß der Vatikan alle seine Werke wegen Obszönität
auf den Index setzte, gefiel ihm. In den Medien war er allgegenwärtig. Er reiste unentwegt, vielleicht um seine Gehbehin-
derung zu kompensieren.

Sein Appetit auf Frauen war bemerkenswert. Lange war er mit
Elsa Morante verheiratet, die besser schrieb als er; dann lebte er
mit Dacia Maraini zusammen; und als er fast 80 war, nahm er
eine Spanierin zur Frau, die beinahe 50 Jahre jünger war, ent-

zückt, wie er verkündete, von ihrem »afrikanischen Hintern«. Damals entsandte ihn die Kommunistische Partei ins Europaparlament, obwohl er ihr nie beigetreten ist.

»Mein Leben ist ein Chaos«, hat er gesagt. »Die einzige Verbindung sind meine Werke.«

Sein römischer Leichenzug glich einem Staatsbegräbnis.

LXVI

Dieser geborene Londoner wurde von den tonangebenden Kritikern lange unterschätzt. Das hatte einleuchtende Gründe. Nicht nur arbeitete Eric Ambler neun Jahre lang in einer großen Werbeagentur, sondern er konzentrierte sich auch, als er zu schreiben anfing, auf den Spionageroman, ein Genre, in dem er es auf ungefähr 18 weltweit erfolgreiche Titel brachte. Nicht immer ist Hochnäsigkeit leicht von gelbem Neid zu unterscheiden.

Eine Figur wie die Macho-Puppe James Bond wird man bei ihm vergebens suchen. Amblers Bücher sind nicht nur äußerst spannend, sie sind auch sorgfältig recherchiert. Die historischen Konflikte und Hintergründe auf Schauplätzen, die vom Balkan bis zum Libanon und zum postkolonialen Afrika reichen, leuchtete er derart aus, daß ein Millionenpublikum sie verstehen konnte, viel besser, als wenn es die Leitartikel der großen Zeitungen studiert hätte.

Viele seiner Romane wurden verfilmt. Graham Greene und John Le Carré haben ihm, was Plots, Intrigen und Schauplätze angeht, manches zu verdanken.

Aber warum gehört er überhaupt zu den Überlebenden? Von den abenteuerlichen Verwicklungen seiner Plots und von den gefährlichen Situationen, denen er seine Romanfiguren aussetzte, hat er sich immer entschieden ferngehalten. Bis 1939 sympathisierte er, wie einige seiner Romanfiguren, mit der Sowjetunion. Aber einer kommunistischen Partei ist er natürlich nie beigetreten. Im Zweiten Weltkrieg diente er bei der Filmabteilung der britischen Armee und drehte bei der amerikanischen Fernmeldetruppe Streifen für die Kriegspropaganda. Das erwies sich später, als er Drehbücher schrieb, als vorteilhaft.

Nach dem Krieg erinnerte er sich ungern daran, daß er in den dreißiger Jahren als linker *fellow traveller* aufgetreten war. Er erwarb ein Anwesen in der Schweiz, vermutlich um Steuern zu sparen.

Als er 1998 starb, waren seine Bücher in England nicht mehr lieferbar. Heute dagegen werden sie neu übersetzt, und seine Paperbacks gibt es an jedem Flughafen.

Eric Ambler ist nicht totzukriegen. In diesem Sinne hat er sein Jahrhundert überlebt.

LXVII

Das war ein Mann, der eines Tages wie Bartleby sagte: »Ich möchte lieber nicht.« (Im Original heißt der Satz: »*I would prefer not to.*«) Aber die Titelfigur von Melvilles unsterblicher Erzählung hatte mit Juan Carlos Onetti Borges wenig gemeinsam. Denn Bartleby war ein blasser, magerer Junggeselle, ein bloßer Kopist, angestellt bei einem selbstzufriedenen Notar in der Wall Street.

Der Kontrast zu Onetti könnte gar nicht größer sein; denn der war ein berühmter Schriftsteller, viermal verheiratet, und er hauste nicht in einem dunklen Winkel der Kanzlei seines Brotherrn, sondern wohnte in einem komfortablen Madrider Penthouse an der Avenida América. Anders als Bartleby war er weder jung noch arm. Und doch erklärte er mit über 70 Jahren, er habe keine Lust mehr, sein Bett zu verlassen. Er wolle versteckt leben und nur noch rauchen, Whisky trinken, lesen und schreiben. Als ihn ein spanischer Journalist bat, einen Artikel über Europa zu schreiben, fragte er ihn: »Wieso Europa? Ist dort irgend etwas Nennenswertes los? Ich hätte höchstens noch einiges über meine Kindheit zu sagen.«

1981 sollte er den Cervantes-Preis entgegennehmen. Im Saal entschuldigte er sich bei den versammelten Würdenträgern: »Die Beredsamkeit, eine sehr hispanische Eigenschaft, fehlt mir. Deshalb wäre es besser für Sie, ich würde gar nichts sagen. Ich verstecke mich, weil es Menschen gibt, deren Gesichter und Enttäuschungen ich nicht kennenlernen möchte. Ebensowenig gefällt es mir, Sie mit meinem heutigen Gesicht bekannt zu machen, und zum ersten Mal öffentlich eine Rede auf spanisch zu halten ... Mein Leben als Schriftsteller interessiert mich nicht. Und doch stehe ich hier, als Überlebender, der es gewohnt ist, zu verlieren, und der aus einem weit entfernten Vorort der spanischen Sprache kommt.«

Damit ist Uruguay gemeint, ein Land, das wie die meisten Staaten des südamerikanischen Kontinents eine bizarre Abfolge von fortschrittlichen Regierungen und Militärputschen durchlebt hat, obgleich die extremsten Formen der Diktatur ihm erspart geblieben sind. Die Herrschaft eines Caudillos namens Bordaberry war besonders blöde. Sie trug Schuld daran, daß Onetti 1975 emigrieren mußte. Der Anlaß dafür glich der Szene aus einer provinziellen Operette. Bei der Verleihung eines Literaturpreises hatte Onetti als Jurymitglied für eine Erzählung gestimmt, die *Der Leibwächter* hieß. Dem Diktator kam sie unmoralisch und pornographisch vor, weil sie sich kritisch über die Militärjunta äußerte. Der Schriftsteller wurde verhaftet und in die Psychiatrie eingeliefert. Nach drei Monaten mußte man ihn freilassen, weil der Fall zuviel Aufsehen erregte. Er verließ sein Geburtsland für immer und wanderte nach Spanien aus. Als Uruguay 1985 zur Demokratie zurückkehrte, hat die Regierung ihn eingeladen, aber er blieb lieber in Madrid.

Geboren ist Onetti als Sohn eines Zollbeamten aus Irland, der ursprünglich O'Nety hieß, in Montevideo. Die Mutter war Brasilianerin. Seine Kindheit bezeichnete er als die glücklichste Zeit seines Lebens. Von 1939 an verdiente er sein Geld hauptsächlich als Journalist in Montevideo und in Buenos Aires. Er war Redaktionssekretär der Wochenschrift *Marcha*, für die er unter dem Pseudonym Groucho Marx eine Kolumne schrieb. Dann arbeitete er bei allerlei Zeitungen und bei der Nachrichtenagentur Reuters. Sein erstes Buch war *Der Schacht*, eine knapp 100 Seiten lange Broschur, die er 1939 drucken ließ, ohne daß die Öffentlichkeit davon Notiz genommen hätte. Die kleine Auflage verstaubte im Keller. Heute gilt dieses Debüt als Vorzeichen einer großen Autorenkarriere.

Erst mit *La vida breve* legte Onetti richtig los. Er erfand eine ganze Stadt am breiten, lehmigen Rio Plata, die Santa María heißt und in der alles schiefgeht. Viele weitere Geschichten spielen an diesem fiktiven Ort. Andere Teile derselben Saga tragen Titel wie *Die Werft*, *Der Leichensammler* oder *Lassen wir den Wind sprechen*. Heruntergekommene Docks, betrügerische Machenschaften, Schmuggler mit falschen Papieren, Polizisten, Zuhälter, schmutzige Kneipen und Bordelle, das sind die Stigmata dieser »verhaßten Stadt«. Der Leser, sagte Mario Vargas Llosa über seine Geschichten, wird »verführt und bezaubert und taucht zugleich in die Verzweiflung und das Grauen ein«.

Onetti machte es dem Publikum nicht leicht mit seiner ausschweifenden Produktion und seinem tiefen Pessimismus. Viele haben ihm die Spiegelungen und metafiktionalen Tricks verübelt, mit denen er verblüfft. Überall hat man es mit Doppelgängern zu tun. Vielleicht ist Onetti selbst das Alter ego eines anderen? Wer ist überhaupt der Erzähler? Wer steckt hinter ihm? *Cuando ya no importe*, »Wenn es nicht mehr wichtig ist«, so überschrieb er 1993 das Buch, mit dem er sich verabschiedet hat.

Er starb mit 84 Jahren in einer Madrider Klinik an einem Leberleiden. »Der Pessimismus meines Vaters bestand darin, nach Art der Kabbala den Tod zu verspotten«, sagte sein Sohn Pedro. Er habe gewünscht, sich in der Menge zu verlieren. Erfolg und Ruhm hätten ihm nichts bedeutet, und auf eine Briefmarke zu seinem Gedenken könne er verzichten. (Prompt gab die Post von Uruguay zehn Jahre nach seinem Tod eine Sondermarke mit seinem Porträt heraus.)

In Deutschland liegt Onetti in den guten Händen von Jürgen Dormagen und Gerhard Poppenberg, die eine fünfbändige Ausgabe seiner Werke herausgegeben haben.

LXVIII

Der einzige von den rumänischen Autoren in Paris, der mir gefiel, weil er mich mit Humor, Sarkasmus und Witz überraschte, war Eugène Ionesco. Vom »absurden Theater« hatte ich damals, es muß 1954 gewesen sein, noch nie gehört, als ich eines Abends an einer winzigen Bühne vorbeikam, die eher einem Kellerloch glich. Sie hieß, glaube ich, ›La Huchette‹, gleich neben der Place St. Michel. Angekündigt war ein Stück, das einen mysteriösen Titel trug: *Die kahle Sängerin*. Ich kaufte eine Karte. Etwas Derartiges hatte ich nie zuvor gesehen. Bald darauf war das »absurde Theater« in Paris *le dernier cri*. Auch ich beeilte mich, am ›Théâtre de Babylone‹ Schlange zu stehen. Dort lief immer noch die legendäre Uraufführung von Becketts *Warten auf Godot*. Mit etwas Glück habe ich dort einen der letzten Abende dieser Inszenierung von Roger Blin miterlebt.

Allerdings wollte mir der Markenname ›Absurdes Theater‹ nicht einleuchten. Was hatte Beckett mit Autoren wie Arthur Adamov und Jacques Audiberti gemein? Das war eine dieser Erfindungen von Kritikern, die das unwissende Publikum aufklären wollen und eine Vorliebe für »Strömungen« und »Richtungen« hegen.

Schon ganz und gar nicht paßt Eugène Ionesco in dieses Schema; denn dessen Methode bestand gerade darin, sich über das Publikum ebenso lustig zu machen wie über seine tiefsinnigeren Kollegen. Er taugte nicht zum Vereinsmitglied. Am ehesten wohl fühlte er sich im ›Collège de Pataphysique‹, wo Queneau im Rang eines »transzendentalen Satrapen« seine Spiele mit dem Nonsens trieb.

So hat es Ionesco von Anfang an auch in Rumänien gehalten. Sogar mit seinem Geburtsdatum hat er getrickst und damit die Astrologen in die Irre geführt. Fleißige Forscher haben sich zuletzt auf das Jahr 1909 geeinigt. Fest steht, daß er als Sohn eines Juristen in der Walachei geboren wurde. Seine Mutter war die Tochter eines französischen Eisenbahningenieurs. So kommt es, daß seine Muttersprache nicht das Rumänische, sondern das Französische war. 1913 ging die Familie zum ersten Mal nach Paris. Als Deutschland und Österreich Rumänien den Krieg erklärten, ließ der Vater die Familie im Stich. Der sechsjährige Ionesco blieb zusammen mit seiner jüngeren Schwester und seiner Mutter, die sich mit Gelegenheitsarbeiten ernährte, in Paris zurück. Die Kinder mußten bei einer Bauernfamilie in einem Dorf ausharren. Das war aber für Eugène, wie er später sagte, eine paradiesische Zeit.

1925 zogen die Geschwister nach Bukarest. Dort gefiel es ihm überhaupt nicht. Er wußte nicht genau, was Antisemitismus war, aber dessen Gestank lag bereits in der Luft. Rumänisch mußte er beinahe wie eine Fremdsprache erlernen. Er überwarf sich mit seinem autoritären Vater, der einen Ingenieur aus ihm machen wollte, weil ihm die literarischen Interessen seines Sohnes kindisch vorkamen.

Ionesco flüchtete sich in die Arme der Mutter, die in Bukarest eine Stelle bei der Staatsbank gefunden hatte. Nun konnte er studieren. An der Universität begegnete er Emil Cioran und Mircea Eliade, deren politische Neigungen ihm absurd erschienen. Den rumänischen Faschismus fand er lächerlich. Nach dem Studium schlug er sich als Französischlehrer durch. 1936 heiratete er eine Philosophie- und Jurastudentin aus einer einflußreichen rumänischen Familie.

Paris war damals das Zentralgestirn der rumänischen Intelligenz. Der Druck der Königsdiktatur und das Geschrei der Eisernen Garde wurden Ionesco unerträglich. 1938 gelang es ihm, ein französisches Promotionsstipendium zu gewinnen. Der Presse in Bukarest lieferte er alles, was es in Paris an Klatsch und Karrieren aus der literarischen Szene zu berichten gab. Nach der Niederlage Frankreichs verschwand er mit seiner Frau wieder nach Rumänien, das damals noch eine Weile lang neutral war. Erst als das Land dem »Dreimächtepakt« beitrat, wurde er einberufen. Es gelang ihm aber, sich vorm Dienst in der Armee zu drücken.

Nachdem die Regierung Antonescu sich dem deutschen Krieg gegen die Sowjetunion angeschlossen hatte, zogen die Ionescos wieder nach Frankreich, wo es anfangs noch einigermaßen zivil zuging. Allerdings mußten sie eine längere finanzielle Durststrecke überstehen. Eugène verdingte sich als Korrektor in einem juristischen Verlag, in dem er als Angestellter überwinterte.

1948 skizzierte er *Die kahle Sängerin*, jenes erste Stück, das 1950 uraufgeführt wurde. Danach schrieb er *Die Unterrichtsstunde*, *Jacques oder die Unterwerfung* und *Die Stühle*. Damit wurde er zu einem angesehenen französischen Schriftsteller, der von seinen Tantiemen leben konnte.

Aus einer Erzählung, »Les Rhinocéros«, ist sein Theaterstück *Die Nashörner* entstanden, das seine Uraufführung kurioserweise 1959 in Düsseldorf erlebte, weil man es in Frankreich politisch zu heikel fand. Zu den *Nashörnern* fielen den Franzosen nämlich nur ihre eigenen Probleme ein, die Demagogie des Populisten Poujade und der Kolonialkrieg in Algerien.

Aber Ionesco selbst erklärte allen, die es hören wollten, daß er es mit Nabokov hielt. Der war der Ansicht, ein Schriftsteller solle nicht mit einer Botschaft herumlaufen; er sei schließlich kein Briefträger. Als die *Nashörner* 1964 auch in Bukarest aufgeführt wurden, war dem Publikum klar, daß er damit auch seine Landsleute aufs Korn nahm und frühere Bekannte wie Cioran und Eliade wegen ihrer faschistischen Vergangenheit verhöhnte.

Gegen Ende der sechziger Jahre holte ihn ein Ruhm ein, auf den er nicht gefaßt war. Er wurde in Frankreich zu einem gepriesenen Schriftsteller. »Ich verabscheue den Erfolg, aber leider kann ich ohne ihn nicht auskommen«, gestand er einmal in einem Interview. Bei seiner Wahl in die Académie française nahm er den Stuhl von Jean Paulhan ein, über den er eine überraschend gelehrte Rede hielt. Er lobte diesen Vorgänger und zitierte ihn mit den Worten, eine solche Auszeichnung sei zugleich eine Ehre und eine Falle.

1973 schrieb er einen Roman, *Le Solitaire*, dessen Hauptfigur ein Aussteiger ohne Ziel und Perspektive ist. Natürlich hat er auch daraus sogleich ein neues Stück gemacht, *Ce formidable bordel!*. Diese Tragikomödie stieß vielen, die im Mai 1968 an eine Revolution glaubten, übel auf, und die hinterbliebenen Straßenkämpfer beschimpften ihn als »faschistoiden« Autor.

Dann zog sich Ionesco mehr und mehr zurück. Nicht die Kirche oder die Bourgeoisie ist es, die einen großen Magen hat, dachte er; die Kultur selbst ist der wahre Allesfresser, der mühelos verdaut, was unsereiner hervorbringt. Zwar schrieb und publizierte er weiter. Doch nach und nach versank er in immer tiefere Depressionen. Er starb 84jährig in Paris und wurde auf dem Friedhof von Montparnasse begraben.

In der ›Bibliothèque de la Pléiade‹ gibt es einen Band mit all seinen Theaterstücken.

LXIX

Niemand weiß, was von der deutschen Nachkriegsliteratur übrigbleiben wird. Vieles davon ist schon heute verwelkt oder verdorrt.

Georg Glaser ist ein Solitär, den man sich in keinem Schriftstellerverband, keiner Gruppe und keinem Club vorstellen kann. Er war überhaupt kein Berufsschriftsteller. In seinem ganzen Leben hat er nur fünf Bücher verfaßt. Dieser stattliche, handfeste, zupackende Mann hatte zuviel anderes zu tun. Er war Landstreicher, Fabrikarbeiter, Agitator, Reporter und Handwerker.

Mich hat er schon früh beeindruckt. Ich glaube, es war 1953, daß ich sein Hauptwerk, *Geheimnis und Gewalt. Ein Bericht*, in irgendeinem Schaufenster sah und mitnahm. Es ist ein störrisches Buch, das mit der Stunde Null oder mit der Kahlschlag-, Bewältigungs- und Beschwichtigungsprosa, die damals im Schwange war, nichts gemein hat.

In Deutschland wollte nach dem Krieg niemand seinen Bericht haben. Deshalb sorgte Maurice Nadeau für eine französische Übersetzung, die 1951 erschien und ein so starkes Echo fand, daß ein Schweizer Verlag sich entschloß, das Original zu drucken, leider in einer »von Druckfehlern verhagelten« Gestalt. Während in Frankreich und den Niederlanden Zehntausende von Exemplaren verkauft wurden, waren es in Deutschland nur ein paar hundert. Mit den nächsten Auflagen fuhr Glaser nicht viel besser; sie waren, wie mein Exemplar, sorglos ediert und durch Kürzungen verstümmelt. Erst eine achte Ausgabe, 1989 bei Stroemfeld/Roter Stern erschienen, kann als definitiv gelten. Ihr Herausgeber war Michael Rohrwasser, ein Mann, der sich auch mit Franz Jung und Johannes R. Becher sehr gut auskennt. Bei ihm suchte ich Hilfe, weil das Material zu diesem Autor einen ziemlich schütteren Eindruck macht. Glaser, scheint es, war ein verschwiegener Mann.

Der Erzähler in *Geheimnis und Gewalt* nennt sich Valtin Haueisen. Das war Glasers eigener Spitzname in den Straßenkämpfen der Weimarer Republik. Trotzdem wäre es verkehrt, seinen »Bericht« als bloße Autobiographie zu lesen. Bekenntnisse *à la Rousseau* hat er nicht zu bieten. Mit seinen Erfahrungen will Glaser höher hinaus. *Geheimnis und Gewalt* hat Züge einer Allegorie, die auch, wie Rohrwasser darlegt, Durchblicke auf die christliche Passion und die *Odyssee* erlaubt. Übrigens fügte Glaser das K. seinem Namen später hinzu, als »Kreuz« für seine verstorbene Mutter Katharina.

Geboren war er in Rheinhessen bei Worms als eines von acht Kindern. Von seinem autoritären Vater sagte er: »Er hat acht Kinder in die Welt gesetzt und alles getan, um sie wieder abflatschen zu sehen.« Mit 14 Jahren lief er von zu Hause weg, trieb sich auf Landstraßen und in Städten herum und wurde wiederholt in Fürsorgeheime gesteckt. Bei anarchistischen und kommunistischen Jugendverbänden fand er Anschluß und Anerkennung. Ende der zwanziger Jahre trat er der KPD bei. 1929 kam er wegen Landfriedensbruchs ins Gefängnis. Dort fing er zu schreiben an. Zeitweise war er Gerichtsreporter für die Parteizeitung und publizierte in der *Linkskurve* und in der *Frankfurter Zeitung*. Gleichzeitig arbeitete er in einer Fabrik. Anna Seghers hat er als seine Geburtshelferin bezeichnet. Sein erster Roman, *Schluckebier*, handelt von der Jugend eines Fürsorgezöglings. Er fand Anerkennung bei Walter Benjamin und Siegfried Kracauer. Auch mit Arthur Koestler, Egon Erwin Kisch und Johannes R. Becher freundete er sich damals an. Nach Hitlers »Machtergreifung« und dem Reichstagsbrand ging er in den Untergrund. Van der Lubbe, dem er sich verwandt fühlte, war für ihn ein Mann der Tat, der zwischen die politischen Lager geraten war und dem von beiden Seiten, den Nazis und den Kommunisten, der Prozeß gemacht wurde.

Er floh in das von Frankreich verwaltete Saarland und agierte im antifaschistischen Widerstand. Die Kommunisten fragten ihn als erstes: »Genosse, hast du die Erlaubnis oder einen Befehl von deiner Bezirksleitung, nach hier zu kommen?« Er dachte sich: »Warum das alles? Warum sich wie Narren draufgehen lassen, wofür? Für Losungen, für die Linie, für das Programm?«

Nach der Saarabstimmung erneut verhaftet, konnte er nach Frankreich entkommen, wo er Asyl und Arbeitserlaubnis erhielt. Dort lebte er bis 1939 als Eisenbahner in der Normandie und heiratete eine Französin. Mit den Partei-Schriftstellern im französischen Exil zerstritt er sich, besonders mit Becher, wegen ihres Kadavergehorsams. Nach dem Hitler-Stalin-Pakt brach er gänzlich mit der Kommunistischen Partei und kehrte zu seinen anarchistischen Anfängen zurück.

Da er durch seine Heirat französischer Staatsbürger geworden war, wurde er 1939 zum Kriegsdienst in der Armee eingezogen. Nach einem Gefecht von der Wehrmacht aufgegriffen, die, weil er perfekt Französisch sprach, nicht erkannte, daß er Deutscher war, wurde er in ein Zwangsarbeitslager verschleppt. 1943 gelang ihm in der Nähe von Görlitz die Flucht. Gegen Ende des Krieges tauchte er mit Hilfe früherer Genossen in Deutschland unter.

Nach der Befreiung ist er nach Paris zurückgekehrt. Zuerst arbeitete er bei Renault und dann in einer Zuckerfabrik. 1949 hatte er es satt, am Fließband zu stehen, Zucker zu sieden und sich mit der Macht der Gewerkschaften und der Kommunistischen Partei herumzuschlagen. Er besann sich auf seine eigenen Hände und gründete mit seiner Frau als Kupfer- und Silberschmied eine Werkstatt in Paris, bei der sich bald Albert Camus, Walter Mehring und Paul Celan die Klinke in die Hand gaben.

Er starb mit 84 Jahren an einem Herzleiden. Seine Asche wurde auf dem Friedhof Père Lachaise verstreut.

LXX

Ohne Kult geht es nicht. Die Liebe zur Literatur ist in der französischen Bourgeoisie schwer von der Frömmelei zu unterscheiden. Heilige und Märtyrer werden verehrt, unter der Bedingung, daß sie stilistisch mit Racine und dem göttlichen Marquis de Sade wetteifern und Plutarch ebenso wie Montaigne zitieren können. Seine Interpreten erklärten, das sei bei Jean Genet zweifellos der Fall.

Alle Kriterien, die man von der Biographie eines idealen *outcasts* verlangen kann, waren erfüllt: Vater unbekannt, Mutter lieblos, Fürsorgezögling, homosexuell, rebellisches Wunderkind in der Schule. Seine Diebstähle, Fluchten, Unterschlagungen, Gerichtsverfahren, Söldnerzeiten und Fahnenfluchten, Abschiebungen, Gefängnisaufenthalte, Entlassungen und Begnadigungen sind zu zahlreich, als daß man sie aufzählen könnte. Dafür gibt es Spezialisten, die sie minutiös datiert und beschrieben haben.

1942 ließ Genet auf eigene Kosten seine erste Veröffentlichung drucken. Dieses Gedicht, das von einem jungen Mörder handelt, der zum Tod verurteilt und hingerichtet wird, ist Ende

1943 in 30 Exemplaren für Liebhaber erschienen. Ein paar Jahre danach wurde es erneut publiziert. Jean Cocteau fiel zufällig ein Exemplar in die Hände. Er war begeistert und trat fortan als Beschützer Genets auf. Jean-Paul Sartre folgte 1946; er verkündete: »Wir haben derzeit in Frankreich ein absolutes literarisches Genie: es heißt Jean Genet, und sein Stil, das ist der von Descartes.« 1952 veröffentlichte Sartre einen 600 Seiten langen, etwas zähen Essay, *Saint Genet, comédien et martyr*, in dem es heißt: »Von den schwarzen Magiern Villon, Sade, Rimbaud und Lautréamont ist Jean Genet der letzte und vielleicht der größte.«

Die Heiligsprechung bezog sich auf *Nôtre-Dame-des-Fleurs*, einen Roman, den Genet mitten im Krieg im Gefängnis geschrieben hatte, der aber erst 1948 in einer Liebhaberausgabe gedruckt werden konnte. Der Titelheld, die Madonna der Blumen, ist ein 16jähriger Mörder, dessen Lächeln »so voll von Azur ist, daß selbst die Gefangenenwärter das Dasein Gottes und der großen Prinzipien der Geometrie spüren«. Genet sieht in dem Delinquenten einen Heiligen und einen Märtyrer. Dieser männlichen Maria gesellt sich Divine bei, ein Strichjunge, dem die Rolle der Magdalena zugedacht ist.

Eine der bizarrsten Schriften Genets ist der Roman *Pompes funèbres*, zu deutsch *Das Totenfest*, in dem er das Massaker der SS an allen Einwohnern von Oradour als poetisches Ereignis feiert, Verrat und Mord preist, ebenso wie die »Schönheit« von Besatzern und Kollaborateuren. Hitler würdigt er als Homosexuellen. Auch dieses Buch konnte damals natürlich nur als Privatdruck »auf Kosten eines Liebhabers« erscheinen.

Im Paris der fünfziger Jahre war Genet bereits so berühmt und verrufen, daß er mit Picasso, Giacometti und Prévert in Saint-Germain-des-Prés von gleich zu gleich verkehren konnte. Dazu trugen vor allem seine Theaterstücke bei, *Die Zofen, Der Balkon, Die Neger* und *Die Wände*. Erfolge, Preise und eine Neuausgabe seiner Werke trösteten den Dichter nicht.

Er litt unter Depressionen und versuchte ein paarmal, sich das Leben zu nehmen. Cocteau, seinem Beschützer, versicherte er, er habe viele seiner Arbeiten verbrannt. Als einer seiner Liebhaber sich umbrachte, gelobte er, nie wieder etwas zu schreiben, ein Versprechen, das zu halten ihm unmöglich war.

Seine Bücher waren international erfolgreich, und immer mehr Bühnen spielten seine Stücke. *Die Wände* waren eine Kampfansage an den Krieg, den Frankreich in Algerien führte. Die Aufführung dauerte fünf Stunden und führte zu gewaltsamen Angriffen von rechtsextremen Gruppen. Genet wurde zusehends zum politischen Aktivisten, trat für die ›Black Panthers‹ ein, lernte Arafat kennen und nahm Partei für die Palästinenser. Darüber kam es zum Bruch mit Sartre, den er fortan mit Verachtung strafte.

1977 solidarisierte er sich mit der Baader-Meinhof-Gruppe, der sogenannten ›Roten Armee Fraktion‹, deren Anschläge er lauthals bewunderte. Zu dieser Intervention hatte ihn ein Anwalt namens Croissant bewogen. Daraufhin sah Genet sich in der Pariser intellektuellen Szene isoliert. Dazu kam, daß er von einem Kehlkopfkrebs geschwächt war. Außerdem plagten ihn Zahn- und Prostataprobleme. Trotzdem raffte er sich noch zu einer Reise nach Beirut auf, um seinen Palästinensern beizustehen. Allerdings war es nicht die israelischen Armee, die das Massaker in den Flüchtlingslagern von Sabra und Schatila verübte, sondern die Miliz der christlichen Phalangisten.

Sein letztes Buch, *Ein verliebter Gefangener*, vollendete er 1985. Er hauste am Ende in einem kleinen, ziemlich armseligen Hotel. Auf dem Weg ins Bad stürzte er, schlug mit dem Hinterkopf auf und starb.

In der ›Pléiade‹, dem Sarkophag der französischen Literatur, wurde 2001 sein Werk einbalsamiert.

LXXI

Warum sollen nur die Berühmten und Berüchtigten ein Exempel abgeben? Die Unauffälligen sind nicht nur zahlreicher, von ihnen ist auch vieles zu lernen, wovon die Stars keine Ahnung haben.

Auf den Schriftsteller Albrecht Fabri bin ich nur durch Zufall gestoßen. Kurz nach dem Krieg, als es außer auf dem Schwarzmarkt sonst nichts zu kaufen gab, entdeckte ich bei meinem Buchhändler in der Provinz einen Pappband auf holzhaltigem Papier, dessen Titel mir auffiel: *Der schmutzige Daumen*.

Diese Texte waren wie aus der Zeit gefallen. Die Publikationen, die damals, unter Lizenz der alliierten Militärregierung, von sich reden machten, beschäftigten sich entweder mit der Umerziehung der Deutschen, mit der Stunde Null, mit der sogenannten Trümmerliteratur, oder aber mit abendländischem Gemunkel und mit trostspendender Naturlyrik.

Auf diesem Ohr war Fabri taub. Er hatte die Dreistigkeit, sich ausschließlich mit ästhetischen Fragen zu befassen. Alles außer der Kunst war ihm zu banal. Das hörte sich nach dem Krieg wie eine Provokation an. Wie konnte dieser Unbekannte nur Horaz, Flaubert, Mallarmé und Valéry zitieren in einem Land, das moralisch und physisch am Boden lag? Noch dazu auf französisch und lateinisch! Sprachkenntnisse und Vertrautheit mit Racine, Hamann und Jean Paul setzte er einfach voraus. Mich hat er damals überfordert, und das gefiel mir. Ich hatte keine Ahnung, was er mit dem »schmutzigen Daumen« meinte.

»Er griff nach einer Zeichnung, bewegte die beiden Daumen darüber, als wolle er sie an ihr abwischen, brachte einige Knitter hinein und sagte: Das Blatt ist gleichsam eine Nuance zu weiß. Um vollkommen, müßte es ein wenig verschmutzt sein. So ist es zwar untadelig, aber das genügt nicht.«

Wer war dieser Solitär? Ich fand heraus, daß er gar nicht Fabri hieß. Er hatte seinen Familiennamen Schmitz, der ihm mißfiel, gegen ein Pseudonym eingetauscht. Überhaupt liebte er es, sich zu verstecken. Bald nannte er sich Albertine Charlus, bald Otto Rodenkirchen, Arnold Fernberg oder Karl Albrecht. Er lebte nach dem Krieg in Köln, und zufällig wohnte er im selben Haus wie Irmgard Keun. Das kunstseidene Mädchen war gealtert und trank zuviel. Nach einer langen Durststrecke war die depressive Frau 1980 wieder zu Geld gekommen und teilte überall 50-Mark-Scheine aus. »Wer hat, der kann auch geben«, sagte sie. Diese Großzügigkeit beeindruckte Fabri, und die beiden sahen sich oft. Ihre Freundschaft hielt bis zu Irmgard Keuns Tod.

Wer ein wenig in Fabris Lebenslauf bohrt, um festzustellen, wie er die Diktatur und den Krieg überlebt hat, wird zu einem sensationellen Ergebnis kommen. Fabris Strategie war die Camouflage. Während andere sich durch ihren Ruhm oder ihre Prominenz schützten, so gut es ging, wählte er die Unauffälligkeit. Sein Studium brach er 1934 ab und schlug sich mit freier Mitarbeit am Rundfunk durch. Als er 1939 zum Militärdienst gezwungen wurde, fand er einen Vorgesetzten beim Divisionsstab, der frankophil war, mit dem er sich unterhalten konnte und der ihn beschützte. Nicht nur schlug Fabri die Aufforderung aus, an einem Offizierslehrgang teilzunehmen, er lehnte jede Beförderung ab und überlebte den Krieg ohne Dienstrang in der Schreibstube und ohne je einen Schuß abzufeuern.

Ganz ohne Blessuren ist er gleichwohl nicht davongekommen. Zwei Jahre war er in russischer Gefangenschaft. Nachdem er zurückgekehrt war, blieb er bei der Stendhalschen Maxime, sich nicht an den Markt zu wenden, sondern an *the happy few*. Dementsprechend unscheinbar verlief seine Karriere. Zwei Jahre nach seinem Tod hat Ingeborg Fabri, seine Witwe, zusammen mit Martin Weinmann *Gesammelte Schriften* von ihm herausgegeben. Immerhin über 700 Seiten – das ist viel für einen Schriftsteller, der mit der Zeit immer lakonischer wurde. Das war auch aus einem anderen Grund riskant: Zu viele Aphorismen auf einem Haufen können einander eher beeinträchtigen als beflügeln. Doch einige von Fabris Sätzen sind mir unvergeßlich geblieben: .

»Machtmißbrauch ist ein Pleonasmus.«

»Ein Romancier erster Ordnung schließt sein Werk ab, indem er der Welt die Zunge herausstreckt.«

Und: »Der erste Fortschritt war der aus dem Paradies.«

LXXII

Ein Rechthaber war er nicht, aber ob die Heutigen es wahrhaben wollen oder nicht: Er hat mit dem, was er sagte, öfters recht behalten. Nicht allen paßte das; denn den Skeptikern war Czesław Miłosz zu katholisch, den Linken zu skeptisch, den Ignoranten zu gelehrt und den Polen nicht polnisch genug.

War es ein russisches, ein polnisches Dorf, wo er geboren wurde? »Nein, ich bin weder Pole noch Litauer, sondern Bürger des Großfürstentums Litauen, eines Reiches, das einst von der Ostsee bis zum Schwarzen Meer reichte und in dem viele Völker lebten.« Solche Sätze waren von Miłosz zu hören. »Ich bewohne also ein Land, das schon lange verschwunden ist. Allerdings verstehe ich kein Wort Litauisch, weil mein Vater Pole war. Ich lernte Russisch, Englisch und Französisch und habe immer nur auf polnisch geschrieben. Aber die Landschaft, in der ich aufgewachsen bin, hat mich ein Leben lang begleitet.« Ein autobiographisches Werk, *Das Tal der Issa*, sein einziger Roman, legt von seiner Jugend Zeugnis ab. »Die Sprache«, versicherte er, »ist meine einzige Heimat.«

Obwohl er katholisch erzogen wurde, brachte ihn seine Liebe zur Natur und zur Wissenschaft vom Glauben ab und machte ihn zum Atheisten. Aber auch dabei blieb es nicht. In Paris begegnete er 1931 seinem Cousin Oscar Miłosz, der Gedichte auf französisch schrieb und ein Anhänger Swedenborgs war. Czesław studierte Jura in Wilna, doch metaphysische und theologische Fragen ließen ihn nicht los. Er arbeitete beim polnischen Rundfunk, wurde aber entlassen, weil er den einen als zu links und den anderen als zweifelhafter Patriot galt. Er schrieb Gedichte; ein erster Band erschien 1933.

Den Zweiten Weltkrieg erlebte er in Warschau. Er mußte sich als Hausmeister an der Universitätsbibliothek durchschlagen und schrieb Artikel für die illegale Presse. Von der »Heimatarmee«, die das deutsche »Generalgouvernement« mit Waffengewalt besiegen wollte, hielt er sich ebenso fern wie vom Warschauer Aufstand, den er für leichtsinnig und aussichtslos hielt. Jüdischen Familien half er mit Geld aus und verschaffte ihnen Verstecke. Heute betrachtet man ihn deshalb als »Gerechten unter den Völkern« und gedenkt seiner in Yad Vashem.

Nach dem Krieg diente er der »Volksrepublik« als Kulturattaché in Washington und in Paris. Im Milieu der polnischen Emigration hat man ihm auch das verübelt. Umgekehrt mißfiel es vielen, daß er 1951 genug vom Stalinismus hatte und in Frankreich um Asyl bat. Camus verstand seine Gründe, aber Neruda und Picasso warfen ihm Antikommunismus und Fahnenflucht vor.

Darauf antwortete er mit seinem berühmtesten Essay: *Verführtes Denken* untersucht das Verhalten Intellektueller in einem totalitären System. Miłosz spielt das an einigen Varianten durch, die er in Polen an Hand von anonymisierten Beispielen beobachten konnte. Seiner Analyse zufolge sind es nicht allein Repression, Zensur und ökonomische Zwänge, die zur Unterwerfung führen. Auch Bequemlichkeit und Angst vor der Isolation bringen viele Intellektuelle dazu, dem Herdentrieb zu folgen, statt eine scheinbar aussichtslose Rebellion zu riskieren.

»Um Dissident zu werden«, sagte Miłosz, »braucht es keine überlegene Intelligenz, sondern einen Magen, der bei ideologischer Schonkost zum Erbrechen neigt.« Natürlich konnte ein solches Buch in Polen nicht erscheinen, sondern nur in Paris, wo die führende Exil-Zeitschrift *Kultura* es verlegte. Er hatte kein Geld und versuchte, weil er sich in Paris nicht wohl fühlte, in die USA zu gelangen. Zur Zeit von McCarthy wurde sein Asylantrag abgewiesen. Erst als die Universität von Kalifornien ihn 1960 nach Berkeley berief, konnte er aufatmen. Dort lehrte er 20 Jahre lang Slawistik und Literatur, schrieb und übersetzte, was ihm gefiel, und wurde amerikanischer Bürger. Dann kam der Nobelpreis für Literatur. Ein Jahr später hat er wieder polnischen Boden betreten. Nun wurde er überschwenglich begrüßt. Seitdem lebte er auf zwei Kontinenten, abwechselnd in Berkeley und Krakau.

Einen ekstatischen Pessimisten hat man ihn genannt, und einen Apokalyptiker mit idyllischen Vorlieben. Joseph Brodsky hielt ihn für »einen der größten, vielleicht den größten Dichter unserer Zeit«. Er war ein fremdenfreundlicher, toleranter Melancholiker, der das deutsche und das sowjetische Reich überlebte. Daß er mit dem heutigen Polen zufrieden wäre, ist schwer zu glauben.

Czesław Miłosz starb mit 93 Jahren zu Hause. Er wurde in der Krypta der Königlichen Basilika und Erzkathedrale von St. Stanislaus und St. Wenzel beerdigt. Dagegen protestierten aufgebrachte Krakauer, die ihn für einen Gegner Polens, der Kirche und für einen Beschützer der Homosexuellen hielten. Erst als Papst Wojtyła und der Beichtvater des Schriftstellers den Frömmlern versicherten, daß er die Sterbesakramente empfangen hatte, ist Ruhe eingekehrt.

LXXIII

In Paris hatte sich seit 1940 eine kleine Kolonie von rumänischen Skribenten angesammelt, die außer einer Vorliebe für die in Bukarest tätige ›Eiserne Garde‹ wenig gemeinsam hatten. Ich weiß nicht, warum den rumänischen Intellektuellen der Ruf des Halbseidenen anhaftet, so als liege ihnen ein Stil, der vom Hochtrabenden und Salbungsvollen bis zur Erwartung des Weltuntergangs variiert. Jedenfalls war der früheste Pariser Ankömmling nicht der trübsinnige Emil Michel Cioran, sondern Tristan Tzara, der ebenfalls aus Rumänien kam, und zwar schon 1919. Und wieviel Wind hat er mit seinem Dada gemacht!

Mit ihm verglichen war Cioran ein unglücklicher Mensch, dessen Demenz einem Selbstmord zuvorkam, den er schon seit langem geplant hatte. »Wer ihn nicht persönlich kannte, starb vor Sorge, wenn er nur an ihn dachte. Ist er tot? Hat er sich umgebracht? Sein abgrundtiefer Pessimismus, seine Illusionslosigkeit, die *acedia*, die ihn mit schwarzen Tüchern einhüllte – es gab in der zweiten Hälfte des 20. Jahrhunderts wohl keinen Schriftsteller, der die Aura der Vergeblichkeit und der Sinnlosigkeit so demonstrativ zur Schau stellte wie er. Aber dann war er die Liebenswürdigkeit selbst ... Ich fand ihn immer anregend.« Michel Krüger, der einige seiner Schriften verlegt hat, war nachsichtig: »Erst später erfuhr ich von der rechtsradikalen Jugend Ciorans, was an meiner Achtung für ihn natürlich nichts änderte.«

So großzügig zu sein bringe ich nicht fertig. Mit 22 Jahren lieferte Cioran eine *Apologie der Barbarei*. Er hing der faschistischen ›Eisernen Garde‹ an und bewunderte Lenin, Mussolini und Hitler, an dem er nur eines auszusetzen hatte: daß der nicht »weit genug ging«. Krüger hält ihm zugute, daß er nie versucht hat, seine politische Pornographie zu verleugnen. Dagegen habe sein Weggefährte Mircea Eliade »alles unternommen, um jeden Flecken von seiner Ehre abzuwischen – oder einfach zu ignorieren«. Der war ein gelehrter Religionsphilosoph, der 1945 in Paris auftauchte und durch seine maßlos zahlreichen Schriften weltberühmt wurde. Er hatte sich im Lauf seines Lebens vom Anhänger einer faschistischen und antisemitischen Bewegung in einen amerikanischen Professor verwandelt. In der moldawischen Hauptstadt, die, je nachdem, wer gerade das Sagen hat, Chişinău, Kischinjow oder Kischinau heißt, kann man seine Büste in der Allee der Klassiker bewundern.

LXXIV

Es ist schon ein Elend mit der Transkription arabischer Namen. Hieß er nun Nagib Mahfus, Naguib Mahfouz, Nadschib Mahfus oder Nadjib Mahfus? Aber nicht nur die Ausländer, auch seine ägyptischen Landsleute haben ihrem einzigen Nobelpreisträger übel mitgespielt. Es erging ihm wie Hermann Hesse und Heinrich Böll. Erst war man erschrocken über ihre ersten öffentlichen Äußerungen, und am Ende waren sie ihren jüngeren Nachfolgern zu bieder, zu kleinbürgerlich, kurz: nicht modern genug. Aber für Mahfuz kam es noch viel schlimmer.

Er wurde 1911 als jüngstes von sieben Kindern in einer strenggläubigen muslimischen Familie in der Altstadt Kairos geboren, die der Schauplatz vieler seiner Romane ist. Der Vater war Staatsbeamter. Nagib Mahfuz konnte die Oberschule besuchen und Philosophie studieren. Dann schlug auch er eine Beamtenkarriere ein, die langweilig war und keine Aufstiegsmöglichkeiten bot, ihm aber viel Zeit zum Schreiben ließ; sein Leben fristete er bis 1971 als Bürokrat. Zu schreiben hatte er als 17jähriger begonnen. Erst befaßte er sich mit der Zeit der Pharaonen. Anfangs verdiente er kein Geld mit seinen Büchern. Dann wandte er sich der Gegenwart zu und wurde mit seiner *Kairoer Trilogie* weltberühmt. Er erfand zudem einen Detektiv, dessen Leben er in 22 Geschichten darstellte.

Zur Zeit König Faruqs war Ägypten formell eine Monarchie, stand aber tatsächlich unter britischer Herrschaft, die erst 1919 ein wenig ins Wanken geriet. Mahfuz' erste Bücher haben viel mit dem Streben nach der Unabhängigkeit des Landes zu tun. Das ist auch der stillschweigende historische Hintergrund seiner Kairoer Trilogie *Zwischen den Palästen*, *Palast der Sehnsucht* und *Zuckergäßchen*. In dieser 3000 Seiten langen Familiensaga, einer Art orientalischen *Buddenbrooks*, hat er die Geschichte einer Kaufmannsfamilie über drei Generationen hinweg erzählt.

1952 kam es zum Militärputsch der sogenannten »freien Offiziere« um den charismatischen Gamal Abdel Nasser, der zur postkolonialen Unabhängigkeit Ägyptens führte. Nassers Regime erwies sich jedoch bald als sozialistische Diktatur, deren Ziele die Verstaatlichung des Großgrundbesitzes und die fieberhafte, von den Sowjets geförderte Industrialisierung des Landes waren. »Wir fürchteten uns. Die Wände hatten Ohren, nicht nur im Café; sogar zu Hause.« Nie war er Mitglied einer Partei, nie unternahm er eine Wallfahrt nach Mekka, weil er das Gedränge in der Menge nicht ertrug.

Ein paar Jahre lang schwieg Mahfuz. Dann meldete er sich mit dem Roman *Die Kinder unseres Viertels* zurück. Die ersten Kapitel des Buches erschienen vorab in der führenden, regierungsnahen Zeitung *Al Ahram*. Die konservativen Mullahs waren empört über diese Parabel, weil manche Figuren des Romans sie an Adam, Moses, Jesus und Mohammed erinnerten. Sie warfen dem Autor »Gotteslästerung« vor und sorgten dafür, daß das Buch in Ägypten jahrzehntelang verboten blieb. Dennoch ist Mahfuz bis heute der meistgelesene und meistübersetzte arabisch schreibende Autor der Gegenwart. Das liegt auch daran, daß er die klassische arabische Hochsprache mit dem Fluß der ägyptischen Alltagssprache versöhnte. Er war Zeitzeuge und Chronist eines Wandels, der die arabische Welt umstürzte, geprägt von Revolutionen, Kriegen und einer alles verschlingenden Modernisierung. Viele Desaster der ägyptischen Gesellschaft hat er miterlebt.

Doch zu seinen realistischen Gesellschaftsromanen gesellen sich märchenhafte Fortschreibungen von *Tausendundeiner Nacht*, historische Romane, Theaterstücke, Drehbücher und autobiographische Skizzen. Zu seiner Popularität haben auch die vielen Verfilmungen seiner Geschichten beigetragen.

Den Mullahs hingegen war er immer ein Dorn im Auge. *Die Reise des Ibn Fattuma* handelt von der allegorischen Wanderung eines überzeugten Muslims durch die verschiedenen politischen Systeme. Da Ibn Fattuma unter keinem Regime glücklich wird, auch dem islamischen nicht, entscheidet er sich wie die islamischen Sufis zur mystischen Reise ins eigene Innere. »Ein wenig Metaphysik braucht der Mensch, aber die Mystik ist auch eine Fata Morgana«, sagte Nagib, als er achtzig war und auf einem Ohr taub. Auch seine Augen hatten nachgelassen.

Mahfuz ist immer gegen den fundamentalistischen Islam und für die Trennung von Staat und Religion eingetreten. Er engagierte sich für den Frieden mit Israel, den Präsident Mohammed Anwar as-Sadat so lange anstrebte, bis ihn 1981 vier Islamisten der Gruppe ›Al-Dschihad‹ ermordeten.

Mit seiner Haltung reizte Mahfuz nicht nur die Strenggläubigen; auch die arabischen Nationalisten feindeten ihn an. Daß ihm 1988 der Nobelpreis verliehen wurde, empfanden sie als Provokation. Ein radikaler Mullah namens Omar Abdel-Rahman verhängte mit einer jener Fatwas, die bei den Islamisten gang und gäbe sind, ein Todesurteil über Mahfuz. (Dieser blinde Kleriker ist später in New York als ein Drahtzieher der Anschläge vom 11. September 2001 zu lebenslanger Haft verurteilt worden.)

1994 griff ein islamistischer Attentäter den Schriftsteller an und verletzte ihn schwer durch Messerstiche in den Hals. Der 82jährige überlebte, war aber fortan auf Personenschutz angewiesen. Bis dahin hatte man ihn noch jeden Tag rauchend in seinem Kairoer Stammcafé antreffen können, aber nun wurde er immer mehr zum Pessimisten und zog sich ganz aus der Öffentlichkeit zurück.

In Kairo sprach sich herum, daß er an einer schweren Krankheit litt. Er starb im Alter von 94 Jahren in einem Kairoer Krankenhaus.

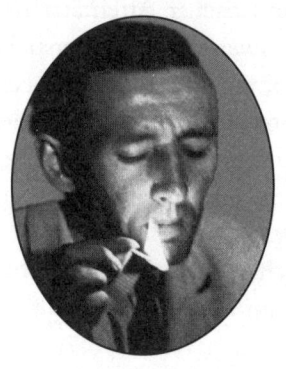

LXXV

Es ist nicht leicht, ein türkischer Dichter zu sein. Wer davon nicht abläßt, kann im Gefängnis enden, so wie es Nazım Hikmet erging, der wegen seiner Liebe zur kommunistischen Partei über ein Dutzend Jahre lang eingesperrt war und bis heute von den Anhängern Lenins als Märtyrer verehrt wird. Danach war Orhan Veli Kanık nie zumute. Er träumte davon, die türkische Poesie auf den Kopf zu stellen, und das ist ihm recht gut gelungen.

Geboren ist er in Istanbul. Sein Vater spielte Klarinette in einem Militärorchester und wurde nach der Ausrufung der Republik Dirigent beim Symphonieorchester Atatürks in Ankara. Orhan war ein kränkliches Kind. Mit fünf Jahren erlitt er zudem eine schwere Brandverletzung, und mit 17 steckte er sich mit Scharlach an. Ein Studium an der Universität brach er ab, ohne daß ihm das geschadet hätte. Er hatte Humor und war stark im Nehmen.

»Als ich neun war, packte mich plötzlich die Lust zu lesen; die zu schreiben mit zehn.« Ab 1939 ging er dann ernsthaft ans Werk, und zwar mit Mitteln, die für türkische Verhältnisse ziemlich radikal waren. Reim und rhetorische Figuren fand er abgenutzt. Die Diwan-Dichtung des osmanischen Hofes und das übliche patriotische Pathos stießen ihn ab. Die Sprache des Alltags, sagte er, sei viel lebendiger. *Garip*, zu deutsch »fremdartig«, hieß der Gedichtband, mit dem er 1941 eine derart einflußreiche Bewegung in Gang brachte, daß sie schon bald den Ton angab. Orhan beabsichtigte aber nicht, sich an eine bestimmte Stilrichtung zu klammern. Er war einer, der auch anders konnte als seine Anhänger.

Anfangs hat das große Publikum ihn ausgelacht oder beschimpft. Aber nach und nach fanden die Leser Geschmack an seinen Gedichten. Er wurde berühmt und bewundert. Manche seiner Verse wurden geradezu sprichwörtlich. Man kann sie bis heute auf der Fähre, in der Straßenbahn oder auf der Caféterrasse hören. Zum Beispiel:

»An nichts litt er in dieser Welt so sehr
Wie an seinem Hühnerauge.
Sogar daß er häßlich war,
Störte ihn nicht sonderlich.
Wenn seine Schuhe zufällig nicht drückten,
Dachte er nicht gleich an den Namen Gottes,
Aber ungläubig konnte man ihn auch nicht nennen.
Schade um Süleyman Efendi.«

Oder:

»Ich schreibe Gedichte.
Ich schreibe Gedichte und kaufe altes Gerümpel,
Ich tausche es ein gegen Musik.
Wäre ich nur ein Fisch in einer Flasche Schnaps!«

Einmal gründete er eine Literaturzeitschrift namens *Yaprak*, die alle zwei Wochen erscheinen sollte. Als Verleger und Herausgeber fehlte ihm jedoch das Geld, um die Rechnung der Druckerei zu bezahlen. Es heißt, er habe seinen Wintermantel versetzt, damit die nächste Nummer erscheinen konnte.

Als der arme Nazım Hikmet wieder einmal im Gefängnis saß und wieder einmal einen Hungerstreik anfing, nahm Orhan an einer Kampagne teil, um Hikmets Freilassung zu erreichen, obwohl er für dessen Verse nichts übrig hatte.

Auf einer Reise nach Ankara fiel er auf einer Baustelle in ein Loch und kroch heraus im Glauben, daß ihm nichts Ernsthaftes passiert war. Zwei Tage danach wurde ihm beim Mittagessen in Istanbul so schlecht, daß eine Ambulanz ihn ins Krankenhaus bringen mußte. Die Ärzte dachten an eine Alkoholvergiftung, aber sie lagen falsch. Er ist noch in derselben Nacht an einer Gehirnblutung gestorben.

Orhan Veli Kanık wurde nur 36 Jahre alt.

Auf deutsch gibt es immerhin drei seiner Bücher, übersetzt von Yüksel Pazarkaya.

LXXVI

Dieser Mann war kein Sonntagskind. Er wollte immer in die Welt hinaus flüchten. Ich habe ihm viel zu verdanken. Als ich nach Jahren eines vorgeblichen Studiums nicht mehr weiterwußte, gab er mir einen Job. Alfred Andersch war Rundfunkredakteur in Stuttgart. Er verschaffte Wolfgang Koeppen und Arno Schmidt, aber auch unerwünschten Exilautoren die Möglichkeit, ihre Miete zu bezahlen. So nahm er, um nur ein paar Namen zu nennen, Verbindung auf mit Franz Jung, Karl Otten, Alfred Döblin, Georg Glaser, Hilde Rubinstein, Gustav Regler, Werner Milch und Annette Kolb.

Das Radio galt damals als Leitmedium. Wir konnten in den fünfziger Jahren fast alles senden, was wir wollten, weil die Briten durchgesetzt hatten, daß das Medium nicht, wie in den USA, kommerziell, sondern nach dem Vorbild der BBC ausgerichtet wurde und ohne die alten Parteigenossen auskommen sollte.

Allerdings wollte Fred lieber Romane schreiben, als in einem Büro zu sitzen. Unseren ersten politischen Krach hatten wir, als er 1956 den ungarischen Aufstand den »Weißgardisten« zuschrieb. Das war ein Rückfall in seine kommunistische Vergangenheit.

Sein Vater war schon sehr früh der NSDAP beigetreten. Der Direktor seines Münchner Gymnasiums hieß Gebhard Himmler. Er war es, der den mittellosen Eltern das obligatorische Schulgeld erließ. Als sein Sohn Heinrich im NS-Staat immer mächtiger wurde, hat er wieder und wieder bei ihm interveniert, um Schonung für Verfolgte, die er kannte, zu erwirken. Gleichwohl war Heinrich Himmlers Aufstieg zum Reichsführer SS wohl ein Grund dafür, daß Andersch 1930 sich der Kommunistischen Partei annäherte. Ob er jemals, wie er behauptete, in Dachau, dem ersten KZ der Nationalsozialisten, interniert war, ist höchst fraglich. Nach 1933 zog er sich in unauffällige Berufe zurück und überwinterte als Angestellter bei der ominösen Verlagsbuchhandlung Lehmann, die Bücher über die »Rassenhygiene« druckte. Dann arbeitete er in einer Photo- und einer Kosmetikfirma. Er fing an zu schreiben, heiratete und wurde 1940 zur Wehrmacht eingezogen. Die Ehe scheiterte, und mitten im Krieg ließ er sich von seiner Frau Angelika scheiden. In den Augen des Regimes war sie ein »jüdischer Mischling«. Die Trennung von ihr hat man ihm vorgeworfen, obwohl sie sich in die Schweiz retten konnte. Besonders W. G. Sebald ging mit Andersch ins Gericht. Wahr ist, daß die Ehe mit einer Halbjüdin ihm zur zwischenzeitlichen Entlassung aus der Wehrmacht verhalf. Auch stimmt es, daß er 1943 in die Reichsschrifttumskammer aufgenommen werden wollte. Sein Gesuch wurde jedoch abgelehnt. Diesen Vorgang hat Andersch nie erwähnt.

Neuerlich zum Wehrdienst eingezogen, desertierte er im Juli 1944 an der italienischen Front und wählte die amerikanische Gefangenschaft, aus der er 1945 zurückkehrte. Das hat er in einem Bericht beschrieben, den er *Die Kirschen der Freiheit* nannte und 1952 veröffentlichen konnte. Dieses Buch taugt nicht als Dokumentation. Es ist eine Erzählung, die sich nicht immer an die Tatsachen hält. So verfuhr Andersch auch in seinen Romanen.

Er beschloß, fortan als *homme de lettres* zu leben. Er schrieb Essays, Hörspiele und Features, gründete Zeitschriften wie den *Ruf* und *Texte und Zeichen* und förderte Talente, die ihm auffielen. Fred gehörte nicht zu denen, die einem Streit auswichen. Das hat ihm manchmal geschadet. Als er 1976 in seinem Gedicht »artikel 3 (3)« schrille Töne gegen das Berufsverbot anschlug, und behauptete, »das neue kz / ist schon errichtet«, hagelte es empörte Proteste. Überhaupt mußte Andersch sich allerhand moralische Urteile anhören. Seine Gegner haben ihn einen Falschmünzer, Feigling und Opportunisten genannt.

Schon 1958 zog er sich mit seiner zweiten Frau Gisela in ein abgelegenes Tessiner Dorf zurück. Er reiste viel und publizierte weiter. Um seine Gesundheit stand es derweil nicht gut. Die deutsche Geschichte war ihm an die Nieren gegangen. Jahrelang hing er am Tropf der Dialyse. Ein paar Jahre vor seinem Tod hat er geschrieben, er habe sich falsch verhalten; nach 1933 hätte er emigrieren sollen. In Berzona liegt er mit seiner Frau begraben.

LXXVII

Auf einmal hatte das Iberoamerikanische Institut Geld. Das lag vielleicht daran, daß Willy Brandt Regierender Bürgermeister von Berlin war. Jedenfalls konnte das Institut es sich leisten, eine Schar von Schriftstellern aus der Neuen Welt einzuladen. Weil auch ich damals ein Berliner war und Spanisch sprach, durfte ich an diesem Treffen teilnehmen.

Unter den Gästen war einer, dessen Werk ich kannte. Ich hatte sogar ein paar seiner Verse übersetzt. Octavio Paz war eine vollblütige, stattliche Erscheinung mit kreolisch getöntem Teint. Dieser Weltbürger diente der mexikanischen Regierung als Diplomat.

Das war in Lateinamerika nichts Ungewöhnliches. Für einen Botschafter gehört es in diesem Teil der Welt, anders als bei uns, zum guten Ton, daß man Gedichte veröffentlicht. So hielten es Pablo Neruda, Carlos Fuentes, Alejo Carpentier und viele andere.

Octavio Irineo Paz y Lozano wurde während der mexikanischen Revolution von 1914 in der Hauptstadt geboren. Sein Vater war ein Anhänger Zapatas und mußte wegen irgendwelcher Wirren nach Los Angeles emigrieren. Nach dem üblichen Bildungsgang fing sein Sohn an, Gedichte zu schreiben. Er weigerte sich, Jura zu studieren. Damals waren bürgerliche Familien darauf bedacht, daß ihre Söhne den Arzt- oder den Anwaltsberuf ergriffen. Octavio wollte aber unbedingt Dichter oder Revolutionär werden. Das zweite Ziel hat er verfehlt und das erste erreicht.

Es verstand sich von selbst, daß er im Spanischen Bürgerkrieg Partei ergriff. Mit dreiundzwanzig wollte er sich zur Republikanischen Armee melden. Er wurde abgelehnt, weil er politisch ein unbeschriebenes Blatt und nie einer Partei beigetreten war. Statt im Schützengraben landete er 1937 auf einem Kongreß antifaschistischer Schriftsteller, wo sich von Malraux bis Auden und von Neruda bis Hemingway alle Sympathisanten der Republik einfanden; sogar César Vallejo war dabei.

Was Octavio gar nicht gefiel, war allerdings der Bürgerkrieg im Bürgerkrieg, den die Kommunisten in Barcelona gegen die POUM anzettelten, weil das in ihren Augen Trotzkisten waren. Hier liegt einer der Gründe dafür, daß er mit der Kommunistischen Partei nichts zu tun haben wollte.

1945 begann er eine Diplomatenkarriere, die ihn nach Paris brachte, wo er sich mit Camus, mit den Surrealisten und sogar mit Breton anfreundete. Darauf folgende Stationen waren die Botschaften in Japan und in Indien.

Aus der mexikanischen Revolution ist allerdings im Lauf der Zeit eine einzigartige Partei hervorgegangen, die ihre Besonderheit schon in ihrem Namen trägt: Die PRI nennt sich nämlich »Institutionelle Revolutionäre Partei«. Von 1929 bis 2000 unterband sie jede oppositionelle Regung, die ihr gefährlich werden konnte. Ihre Macht war so groß, daß sie in der Lage war, auch die Intelligenz und die Kultur nach Belieben einzukaufen. Mexikanische Universitäten und Museen wurden ausgebaut, ebenso wie der größte Verlag des Landes, bei dem die ganze Weltliteratur im Katalog steht. Dort mußte jeder angesehene mexikanische Autor publizieren. Auch Octavios Essay *El laberinto de la soledad* ist dort erschienen. Dieses Buch hatte er bereits 1950 in Spanien veröffentlicht. Es geht der Mentalität der Mexikaner auf den Grund, wurde zu einem Klassiker und brachte es zu einer Millionenauflage.

Einmal hat er mich in seine prachtvolle Wohnung am zentralen Paseo de la Reforma eingeladen. Selbst weniger wichtigen Intellektuellen stellte die PRI nicht nur einen Dienstwagen, sondern sogar einen Chauffeur zur Verfügung.

1962 wurde er zum Botschafter in Neu-Delhi ernannt. Dort schenkte er mir ein kostbares Exemplar seiner indisch angehauchten Gedichte, einen prächtigen Privatdruck in Großfolio, der heute bei mir im Keller liegt, weil er in kein Regal paßt.

1968 kam es zum Bruch mit der allmächtigen PRI, die in Tlatelolco auf protestierende Studenten schießen ließ und ein Blutbad anrichtete, das der mexikanischen Regierung die Olympiade verdarb. Octavio war der einzige, der daraufhin den diplomatischen Dienst quittierte. Viele Jahre hat er als Hochschullehrer in den USA verbracht. Geschadet hat ihm das nicht, ganz im Gegenteil. Nach seiner Rückkehr gründete er die liberale, um nicht zu sagen antikommunistische Zeitschrift *Vuelta*, was zu Wutausbrüchen der mexikanischen Linken führte.

Hochdekoriert, 1981 mit dem Cervantes-, 1990 mit dem Nobelpreis, ist er in seinem Haus in Coyoacán gestorben. Wem der Sinn danach steht, der kann ein paar Ecken weiter den Häusern Trotzkis, Frida Kahlos und Diego Riveras einen Besuch abstatten.

Einmal wurde Octavio gefragt, ob er dem 20. Jahrhundert etwas Gutes abgewinnen könne. Er antwortete: »Ich habe es überlebt. Das genügt mir … Die Geschichte ist das eine, sie war schlimm genug. Aber das Leben der gewöhnlichen Leute geht in den großen historischen Ereignissen nicht auf. Sie arbeiten, verlieben sich, werden krank, erfahren Augenblicke der Freundschaft, der Traurigkeit oder der Erleuchtung. Und das ist das Wichtigste.«

LXXVIII

Deutschlands lyrischen Bestseller von 1958, mit einer mild geschätzten Auflage von einer runden Million, hat der Führungsstab I im Bundesministerium für Verteidigung ersonnen: das damalige *Liederbuch der Bundeswehr.* Franz Josef Strauß nannte es »einen Quell der Freude und der inneren Bereicherung«. Einer der Dichter, die in diesem Werk prominent vertreten sind, war Hans Baumann.

Dieser vielseitig talentierte Mann lieferte nicht nur den Text, sondern auch die Melodien zu Liedern, die jeder deutsche Landser aus dem Zweiten Weltkrieg kennt. Sein bei weitem berühmtestes Werk heißt »Es zittern die morschen Knochen«. Baumanns Kritiker führen bis heute einen absurden Streit. Was wollte der Dichter uns damit sagen? Daß uns morgen die ganze Welt *gehört*, oder sollte sie nur *auf uns hören*? Einmal hat Baumann selbst diese spitzfindige Frage beantwortet. Er habe seine erste Fassung geändert und ein *da* anstelle der Vorsilbe *ge-* eingefügt, so daß nun die ganze Welt uns lediglich *zu*höre. Für den Nachdruck seiner Texte im *Liederbuch der Bundeswehr* könne er nichts; der sei gegen seinen Willen erfolgt.

Im Dritten Reich war das Lied natürlich ein Renner. Es gehörte zum Standardrepertoire der Hitlerjugend und der SA und wurde zum Pflichtlied der Deutschen Arbeitsfront. Ein Landgericht in Hannover hat es 1993 auf eine Verbotsliste gesetzt. »Kameraden, hebt die Fahnen« hingegen scheint nach wie vor erlaubt zu sein. Der Refrain lautet: »Führer, gib die Marschbefehle, / die uns kein Zweifel bricht. / Leuchtend steht vor unsrer Seele / Deutschland groß im Morgenlicht.« Das alles ist nicht weiter bemerkenswert. Interessant an diesem Künstler ist nicht bloß seine Fähigkeit, zu überleben, sondern auch die, unbeirrbar von Erfolg zu Erfolg fortzuschreiten.

Hans Baumann wurde in Amberg in der Oberpfalz geboren. Sein Vater war Feldwebel und Zollbeamter. Hans wollte Lehrer werden, spielte aber gut Klavier, komponierte und schrieb. 1933 trat er der NSDAP bei. Im Jahr danach wurde er nach Berlin in die Reichsjugendführung berufen, die seine Lieder nützlich fand. Im Zweiten Weltkrieg führte er eine Propagandakompanie in der Etappe an, eine Aufgabe, die nicht lebensgefährlich war.

1945 kehrte er aus französischer Kriegsgefangenschaft zurück, lernte Englisch und Russisch und setzte seine Karriere fort. Er konnte in der Bundesrepublik mindestens 80 Kinder- und Jugendbücher veröffentlichen. Natürlich ist er auch mit vielen neuen Kompositionen hervorgetreten, die in 200 Liederbüchern für die Schule, für die Soldaten und für die Gewerkschaften abgedruckt wurden. Noch 1979 hat Carl Friedrich von Weizsäcker ihn als »moralisch hochstehenden Menschen« in Schutz genommen, »den ich seit vierzig Jahren kenne«.

Fleißig, wie er immer war, übersetzte Baumann nicht nur Tolstoi und Dostojewski; er hat sich auch an Anna Achmatowas Gedichte herangewagt. Der Piper Verlag kündigte 1967 einen Lyrikband der Poetin an, ausgewählt und übersetzt von Hans Baumann. Das brachte Baumann eine seiner wenigen Niederlagen ein. Ingeborg Bachmann schrieb an den Verleger: »Die

Bereitschaft, sich mit einer schlechten Übersetzung und einem deutschen Lebenslauf, und dies auf Kosten der Achmatowa, abzufinden, ... ist mir schon unbegreiflich.« Der Versuch des Verlages, Baumann zu verteidigen, verschlimmerte den Eklat und bewog die Dichterin dazu, ihr Werk künftig anderswo zu publizieren.

Baumann konnte sich damit trösten, daß seine Schriften in mehr als 20 Sprachen erschienen sind.

LXXIX

O ja, unter den Dichtern, die der Besucher aus dem Westen in der Hauptstadt der DDR antreffen konnte, war Stephan Hermlin der weltläufigste und der mit den besten Manieren. Er durfte reisen, gehörte also zu den Privilegierten. Ich bin ihm nicht nur in Moskau und in Budapest begegnet, sondern auch auf irgendwelchen Podien, Festivals und überflüssigen Kongressen im westlichen Ausland. Unter seinen Kollegen trug er in der DDR den Spitznamen »Lord Feinfrost«.

Hermlin hat mich sogar einmal in der Friedrich-Engels-Straße empfangen, in einem komfortablen Haus, das in Niederschönhausen lag. Er war versiert, sprach fließend Französisch, trug gute Anzüge und besaß einen roten Sportwagen. Ich wußte, daß er gute politische und persönliche Beziehungen zu den Spitzen der SED unterhielt.

Sein Einfluß war so groß, daß er bei seinem Duzfreund Erich Honecker, wenn Not am Mann war, zugunsten mancher Kollegen intervenieren konnte. Wir haben uns oft gestritten, doch ist es dabei immer höflich zugegangen.

Ich gehörte nicht zu den Auguren, die sich in den Eingeweiden der DDR auskannten. Ich war, mit anderen Worten, ein Ignorant, der nicht einmal wußte, daß Hermlin ein Pseudonym war, das er sich zugelegt hatte, und daß er eigentlich Rudolf Leder hieß. Auch sein langes und peinliches Poem zum 70. Geburtstag des sowjetischen Herrschers kannte ich nicht. Stalin war, wie er später sagte, »eine Gestalt und ein Name, die, wenn Sie wollen zu Unrecht, als Symbol für eine große Sache« standen. Nun, eine solche Huldigung war 1949 nicht nur üblich, es gehörte zur elementaren Technik derer, die überleben wollten, ganz ähnlich wie 1961 die Rechtfertigung des Berliner Mauerbaus.

Ungeachtet diverser Nationalpreise, die ihm zuteil wurden, hatte die Staatssicherheit ein wachsames Auge auf Hermlin. Er bekam Ärger mit der Akademie der Künste, weil er sich für junge Dichter wie Wolf Biermann und Volker Braun stark machte. Obwohl die Niederschlagung des Prager Frühlings ihn abstieß, wollte er an seiner kommunistischen Überzeugung nicht rütteln.

Schlimmer als das Auf und Ab der Parteilinie machte ihm eine gründliche Demontage seiner Selbstdarstellung zu schaffen, die Karl Corino 1996 vornahm. In seiner biographischen Untersuchung *Außen Marmor, innen Gips. Die Legenden des Stephan Hermlin* wertete der Rechercheur minutiös und geradezu detektivisch Selbstauskünfte, Adreßbücher, Fragebogen und Akten aus, um die Lebenslügen und Inszenierungen seines Probanden zu überprüfen. Schon ein Vorabdruck in der Presse löste eine heftige Auseinandersetzung aus. Hatte Hermlin seinen Aufenthalt im Konzentrationslager, seine Teilnahme am Spanischen Bürgerkrieg und seine Zugehörigkeit zur Résistance in Frankreich schlichtweg erfunden? War er ein Hochstapler, ein Lügner? Das konnte doch nicht wahr sein, dachte Klaus Wagenbach, bei dem die meisten der von Corino inkriminierten Texte erschienen waren. Er verwies zu Recht darauf, daß sich der Ankläger besonders auf Hermlins *Abendlicht* stützte, ein Buch, das kein Memoirenwerk ist, sondern eine Montage, bei der sich Dichtung und Wahrheit kaum voneinander unterscheiden lassen.

Einmal verkündete Hermlin, Ossip Mandelstam sei friedlich in einem idyllischen Dorf auf der Krim gestorben. Als man ihm entgegenhielt, der russische Dichter sei in einem sibirischen Zwangsarbeiterlager umgekommen, erwiderte er: »Ich war schlecht informiert, weil ich schlecht informiert sein wollte.« Das war ein Satz, der von so tiefer Einsicht zeugte, daß nur die wenigsten gewillt waren, sich ihn zu eigen zu machen.

Der 81jährige Hermlin hat sich nur wortkarg zu seinem »Fall« geäußert, der die deutschen Feuilletons monatelang beschäftigte. Ich konnte der Versuchung nicht widerstehen, mir im stillen einen Schüttelreim auszudenken: »Auf den Lärm hin / schwieg Hermlin.«

Vielleicht hätte er sich ganz und gar der Fiktion in die Arme werfen und, frei von jeder Rücksicht auf die Tatsachen, den Roman eines fabelhaften Überlebenskünstlers schreiben sollen. Schade, daß er im eisernen Käfig der Ideologie nicht zu einer solchen Selbstüberwindung fähig war.

LXXX

Spät genug bin ich ihm einmal begegnet. Das war in Spanien. Da war er schon 85 Jahre alt. Nicht nur zwei seiner Theaterstücke fand ich damals, mitten im Kalten Krieg, eindrucksvoll. Es war vor allem seine Haltung. Er hat, glaube ich, nie einen Schuß abgefeuert, aber im zivilen Leben hat er sich gut geschlagen.

Arthur Asher Miller wurde 1915 als Sohn eines jüdischen Schneiders in New York geboren. Der Vater, Isadore Mahler, anglisierte den Familiennamen, als er amerikanischer Staatsbürger wurde, um seinen Kindern ein besseres Leben in der Neuen Welt zu bahnen.

Arthur gehörte einer Generation an, die 1929 durch die Krise an der Wall Street tief getroffen wurde. Sein Vater, der es zu einem wohlhabenden Textilfabrikanten gebracht hatte, verlor durch den Börsencrash sein ganzes Vermögen und mußte Insolvenz anmelden. Das kam wie ein Blitz aus heiterem Himmel. Miller erinnerte sich: »Einen Monat zuvor fuhr man in Limousinen herum, jetzt mühte man sich ab, um die Miete bezahlen zu können.« Aus einer eleganten Wohnung in Manhattan zogen die Millers um und mußten sich mit einem kleinen, schäbigen Haus in Brooklyn begnügen. Nach der Schule schlug sich Miller mit der typisch amerikanischen Jobsuche herum. Er sang im Radio, wurde Lastwagenfahrer und führte Buch in einem Auto-Ersatzteillager. 1934 ging er an die Universität von Michigan, weil die Studiengebühren dort geringer waren als anderswo. Nebenher arbeitete er als Nachtredakteur bei einer Lokalzeitung. Nach ein paar Semestern Betriebswirtschaft gab er das Studium auf. Er heiratete und fing an, Theaterstücke zu schreiben.

Die Folgen der Wirtschaftskrise und die Arbeitskämpfe in der Autoindustrie fachten seine Neigung zum politischen Engagement an. Die Studenten, erklärte er im Rückblick, hätten damals an die Verwirklichung ihrer sozialistischen Ideen in der Sowjetunion geglaubt und sich der Kommunistischen Partei angenähert. Es spricht aber nichts dafür, daß er jemals der CPUSA beigetreten wäre.

Der Tod eines Handlungsreisenden wurde 1949 zu seinem größten Erfolg. Das Stück handelt vom Erwachen aus dem »Amerikanischen Traum«, der sich für den Protagonisten Willy Loman als Albtraum erweist. Ein zweites Drama, die *Hexenjagd*, geht auf eine Massenhysterie aus dem Jahr 1692 zurück. Damals hatten puritanische Prediger die Bewohner von Salem aufgehetzt. Im Verlauf ihrer Kampagne wurden Frauen unter der Folter zu Falschaussagen gebracht, inhaftiert und der Hexerei beschuldigt. Zwanzig von ihnen wurden hingerichtet. Der Bezug auf die Verdächtigungen McCarthys lag auf der Hand.

Der Kongreßausschuß zur Untersuchung »unamerikanischer Umtriebe« hatte Miller 1956 vorgeladen und ihn aufgefordert, Kollegen zu nennen, von denen er annehme, daß sie mit dem Kommunismus sympathisierten. Als einer der ganz wenigen weigerte Miller sich, so wie Elia Kazan Kollegen zu denunzieren. Auf Grund solcher Anzeigen kamen sie auf eine schwarze

Liste und riskierten ein Berufsverbot. Weil Miller die Aussage verweigerte, wurde er wegen Mißachtung des Gerichts zu einer Gefängnisstrafe auf Bewährung, zu einer Geldstrafe und zum vorläufigen Paßentzug verurteilt, ein Urteil, das der *Supreme Court* nach einem Jahr wieder aufhob.

Miller war rehabilitiert, aber seine Ehe ging in die Brüche. Er ließ sich scheiden und heiratete Marilyn Monroe. Von nun an wurde sein Privatleben zur Beute der Boulevardpresse und des Fernsehens. Für den Spielfilm *Misfits*, den John Huston 1960 drehte, schrieb Miller das Drehbuch seiner Frau auf den Leib. Zum ersten Mal durfte die Monroe eine tragische Rolle übernehmen. Es zeigte sich aber bald, daß der gefeierte Star an Depressionen litt und von Psychopharmaka abhängig war. Sie trank zuviel. Eine Psychoanalyse, mit der sie es versuchte, blieb erfolglos.

Nach der Scheidung von Arthur Miller nahm sie sich 1962 das Leben. Um ihren Selbstmord ranken sich alle möglichen Verschwörungstheorien. Plausibler ist eine einfachere Erklärung: Sie war eine unglückliche Frau.

Auch Arthur Miller war trotz all seiner Erfolge nicht zufrieden. Ein zuverlässiger Genosse ist er nie gewesen. Den Republikanern war er zu links, und den Linken war er nicht links genug, obwohl er heftig gegen den Krieg in Vietnam protestierte und immer gegen die Regierungen von Nixon und Bush wetterte. Er starb 2005 im Alter von 89 Jahren in Roxbury in Connecticut. War es Herzversagen? War es Krebs, war es eine Lungenentzündung?

Er wußte selber, daß er als Dramatiker kein Molière, kein Tschechow und auch kein Ibsen war, dessen *Volksfeind* er übrigens für die amerikanische Bühne bearbeitet hat. Aber wer ihn als amerikanischen Biedermann abtun möchte, wird ihm und seiner Theaterarbeit nicht gerecht.

LXXXI

In den frühen sechziger Jahren sahen wir einander oft. Peter Weiss hauste damals in der Stockholmer Altstadt, ein paar Treppen hoch in der Västerlanggatan. In seinem Atelier stand ein riesiges Apothekerregal mit Schubladen. Auf den Schildchen hatte er vermerkt: »Alte Photos«, »Studie IV«, »Eltern« oder »Max Ernst«; eine wirre Klassifikation, in der er sich selber nicht zurechtfand. Ein paarmal haben Gunilla, seine Frau, und er mich am Oslofjord, wo ich damals wohnte, besucht. Wir hatten es von dort nach Stockholm nicht allzu weit. Ich weiß noch, wie wir einmal am Flughafen Arlanda festsaßen. Die beiden waren auf dem Weg zu einem Strandurlaub. »Und was macht ihr, wenn es dort regnet? Habt ihr was zu lesen dabei?« Ich schleppte ihn zu einem dieser Drehständer, wo irgendwelche Bestseller auf Kundschaft warten. »Da ist was Anständiges unter dem ganzen Schrott: die *Frühschriften* von Karl Marx. Kennst du das? Feuerbach-Thesen, *Elend der Philosophie* und so weiter? Nein? Dann nimm's mit!«
Ich konnte ja nicht wissen, was ich damit angerichtet hatte.

297

Mit Recht haben manche ihm nachgesagt, er sei naiv. Das war als Tadel gemeint, aber ich bewunderte die elementare Kraft, die darin lag und die er nie verleugnet hat. Seine Kunst war ein Amalgam von kindlicher Unbefangenheit und virtuosem Spürsinn. Ich konnte ganze Passagen aus dem *Gespräch der drei Gehenden* und aus dem *Schatten des Körpers des Kutschers* auswendig. Techniken wie Collage und Montierung dienten ihm dazu, festgefügte Ordnungen umzustoßen. Dazu brauchte er keinen Surrealismus. In seinem Buch *Abschied von den Eltern* nahm er Abschied von den Techniken der Avantgarde. In der Autobiographie *Fluchtpunkt*, die alles andere ist als ein Roman, spricht er über seine Kindheit, die jüdische Herkunft und die Emigration. Ist das Fiktion, geht es um Tatsachen? Um solche Unterscheidungen kümmerte sich Peter nicht.

Die Verfolgung und Ermordung Jean Paul Marats dargestellt durch die Schauspielgruppe des Hospizes zu Charenton unter Anleitung des Herrn de Sade ist das einzige seiner Stücke, das – Regietheater hin oder her – überleben wird, egal, was das Feuilleton dazu sagt. Dieses geniale Drama wurde 1964 in Berlin uraufgeführt.»Auf der Bühne wurde geliebt, gebetet, gesegnet, gesungen, getanzt, gebadet, geduscht, gestritten, gefoltert, gepeitscht, gemordet, geköpft, Akrobaten traten auf, Pantomimen, ein Jongleur, Krankenpfleger, Nonnen, eine Musikkapelle saß auf der Bühne und wich nicht.« So las man es am folgenden Montag im *Spiegel*. Von nun an war Weiss ein international gefeierter, aber auch umstrittener Mann.

Doch dann gab er sich der Politik und ihren ideologischen Schemata hin, die immer versuchen, alles säuberlich in Ordnung zu bringen. Vor allem hatten es Peter Weiss der Marxismus-Leninismus und der Diamat angetan, Lehren, die nach ihrem Hinscheiden nur noch von archäologischem Interesse sind.

Er quälte sich mit Trotzki ab und widmete sich jahrzehntelang der *Ästhetik des Widerstands.*

Die Medienlinke war begeistert: Anhand von Werken der bildenden Kunst und der Literatur habe Weiss Modelle für die Aneignung des proletarischen Kampfes gegen die Unterdrükkung entwickelt. Eine bürgerliche Fraktion meinte, Weiss habe in seiner Nibelungentreue zur Sowjetunion die inneren Widersprüche der Linken vertuscht und seine ästhetischen Maßstäbe der politischen Parteinahme geopfert.

Ich muß zugeben, daß ich über die ersten 200 Seiten dieses monumentalen Hauptwerks nie hinausgekommen bin. Es hat ihm nicht nur viel Ärger, sondern auch eine Herzkrankheit eingebracht, an der er 1982 in einer Stockholmer Klinik gestorben ist.

Leider bin ich über ihn derart ins Erzählen geraten, daß mir kein Platz mehr bleibt für seine beiden ersten chaotischen Ehen und vieles anderes, was im Lexikon über ihn steht und sich folgendermaßen liest: »Vollständiger Name: Peter Ulrich Weiss, Pseudonym: Sinclair; * 1916 in Nowawes bei Potsdam; † 1982 in Stockholm; war ein deutsch-schwedischer Schriftsteller, Maler, Grafiker und Experimentalfilmer.«

Was bleibt, sind seine Kunst und seine Freundschaft, die alle politischen Kräche und Heiligsprechungen überstanden haben.

LXXXII

Seine Pseudonyme sind zu zahlreich, als daß ich sie alle aufzählen möchte. Wir haben jahrelang miteinander korrespondiert. Wolfgang Hildesheimers Botschaften waren mit Namen wie »Vittorio Emanuele II.« oder mit »Dein ergebener Wolfgang Amadeus« unterschrieben. Die Rückseite unserer altertümlichen Bildpostkarten haben wir bis zum Rand vollgekritzelt, so daß kein Platz mehr für die Adresse blieb und ein Kuvert für den Versand nötig war. Wir schrieben, was uns gerade einfiel. Unser Briefwechsel ist wissenschaftlich völlig wertlos. Den Unterschied zwischen »echt« und »falsch« ignorierten wir, so wie Hildesheimer es in einer Geschichte hielt, die »Ein Pilzjahr« hieß, oder in seinem Roman *Marbot*. Sowohl Pilz wie Marbot hat es nie gegeben. Wolfgang hat ihr Leben glatt erfunden. Meinem Exemplar der *Lieblosen Legenden* fügte er 1952 den höhnischen Untertitel *Humor* in Klammern hinzu und die Anweisung »auf dem Wasser zu singen«.

Soweit Wolfgang es zuließ, waren wir befreundet. Kennengelernt hatten wir uns bei einem Treffen, bei dem sich ein Haufen von Schriftstellern einfand. In der besagten ›Gruppe 47‹ fiel

er durch seine Eleganz, seine Weltläufigkeit und seine Sprachkenntnisse auf, Eigenschaften, die in der hiesigen Literatur der
fünfziger Jahre nicht vorherrschend waren.

Hildesheimer stammte aus einer alten Rabbinerfamilie, und
obwohl seine Eltern mit der jüdischen Orthodoxie nichts am
Hut hatten, wanderten sie mit ihren Kindern 1933 unverzüglich nach Palästina aus. Sie wollten Wolfgang nach England
schicken. Auf der Überfahrt schrieb er ihnen: »Die Arier treiben ihr Unwesen. Die frommen Juden nicht minder.«
Er langweilte sich im trügerischen Frieden. Als der Zweite
Weltkrieg ausgebrochen war, ging er als Informationsoffizier in
britischen Diensten nach Jerusalem. Er behauptete, in Palästina habe er »einen interessanten Krieg« miterlebt. 1945 wurde er
als Angehöriger der Besatzungsmacht nach Westdeutschland
entsandt und arbeitete als Dolmetscher bei den Nürnberger
Prozessen.

Er war und blieb mit voller Absicht ein Außenseiter, auch als er
sich für die Schriftstellerei als Beruf entschied. Mit seinen *Lieblosen Legenden*, seinen Hörspielen, dem *Paradies der falschen
Vögel* und seiner Mozart-Biographie war er lange sehr erfolgreich. Das Publikum übersah geflissentlich seinen abgründigen
Pessimismus.

Einmal hat er mich und meine Familie in Norwegen besucht,
als er dort auf der Suche nach dem nördlichen Ende der Welt
unterwegs war. Bereits 1957 war er mit seiner klugen, bezau-
bernden Frau Silvia nach Poschiavo gezogen, einer kleinen
Stadt in Graubünden.

Tynset hieß der schlaflose Monolog, den er dort schrieb. Eher
als einem Roman gleicht er einer mäandernden, düsteren Auf-
zeichnung. Dieses Buch erregte viel Aufsehen und brachte ihm
vermutlich den Büchner-Preis ein. Wenn man es aber genauer
liest, deutet sich in dieser Prosa bereits sein Rückzug aus der
Literatur an. Das Feuilleton schimpfte, als Hildesheimer 1984
ankündigte, mit dem Schreiben aufzuhören, weil die Mensch-

heit den künftigen Katastrophen, die er kommen sah, nicht mehr gewachsen sei.

Er sah schwarz und immer schwärzer. Eine Reihe von Collagen war das einzige, was er in den letzten Jahren seiner schrumpfenden Lesergemeinde vorzeigen wollte. Er nannte sie *Endlich allein* und *In Erwartung der Nacht*.

Ich befürchte, daß die meisten Deutschen, die Bücher lesen, ihn vergessen haben, und bezweifle, daß sein 100. Geburtstag, der 2016 gefeiert wurde, daran etwas geändert hat.

LXXXIII

Warum war mir dieser Mensch so unsympathisch? Ich kannte ihn doch gar nicht, so wenig wie er mich. Er hat mir nie etwas getan. Von seinen über 70 Werken habe ich nur ein einziges durchgeblättert, den berühmten *Bienenkorb*, einen Roman, den er erst viele Jahre nach der Niederschrift in Argentinien veröffentlichen konnte, weil die Zensur zu der Ansicht gelangt war, das Buch sei pornographisch.

Es dauerte noch vier weitere Jahre, bis ein Verleger in Barcelona die erste spanische Ausgabe riskierte, allerdings in einer entschärften Fassung. Der Roman spielt im Madrid von 1942 und ist mit 296 Personen bevölkert. Der Romancier hat ein Register mit Seitenangaben beigesteuert, damit der Leser die Übersicht über dieses Panoptikum nicht verliert. Überraschenderweise war dieses chaotische Werk international erfolgreich und wurde viel übersetzt.

Schon sein erstes Buch, das er mit 26 Jahren veröffentlichte, hatte in Spanien Aufsehen erregt. *Die Familie des Pascual Duarte* ließ er 1942 in einer Garage drucken und kam damit der Beschlagnahmung zuvor. Erst danach wurde der Roman wegen skandalöser Gewaltszenen verboten, obwohl Camilo José Cela ein offener Parteigänger Francisco Francos war und sich dem Regime schon 1938 als Spitzel angedient hatte. Die Emigration zu erwägen lag ihm fern. Wenn es nicht anders ging, wich er nach Mallorca aus. Nach dem Ende des Bürgerkriegs arbeitete er als Zensor beim ›Cuerpo de Investigación y Vigilancia‹.

Das hat ihm offenbar nicht geschadet, ebensowenig wie seine Selbstinszenierungen, sein zum Schlagwort der Kritiker gewordener *tremendismo* oder sein Hang zum Schauderhaften und Grotesken. Unbeirrt schrieb er weiter: Romane, Novellen, Märchen, Reiseberichte, Dramen, Wörterbücher, Gedichte, Memoiren und selbstverständlich eine Autobiographie. »Haben Sie jemals an Ihrem Können gezweifelt?« fragte ihn ein Interviewer. »Nie!« war seine Antwort. Von König Juan Carlos wurde er ins Parlament berufen. Drei Jahre lang war er Senator und wirkte bei der Ausarbeitung der spanischen Verfassung mit. 1989 wurden seine literarischen Leistungen mit dem Nobelpreis belohnt und 1994 mit dem Premio Planeta für seinen Roman *La Cruz de San Andrés*, einem Preis, der seinen Gewinnern mehr Geld und höhere Auflagen einbringt als der schwedische Gunstbeweis. Allerdings hagelte es in diesem Fall so starke Plagiatsvorwürfe, daß die Justiz ein Gerichtsverfahren einleitete, das sich jahrzehntelang hinzog, bis es nach Celas Tod unentschieden endete.

Eine letzte Sensation rief Cela dadurch hervor, daß er mit 74 Jahren eine Journalistin heiratete, die 40 Jahre jünger war als er. Unverzagt konnte er sich 1995 über den Premio Cervantes, die höchste literarische Auszeichnung Spaniens, freuen, und im Jahr darauf verlieh der König ihm einen Adelstitel. Fortan konnte er sich Cela Marqués de Iria Flavia nennen.

Mit 85 Jahren ist er im Bett gestorben. Heute ist er ziemlich vergessen, ein Los, das er mit vielen Nobelpreisträgern teilt.

LXXXIV

Günter Eich und Ilse Aichinger waren miteinander verheiratet und gehörten ein paar Jahre lang derselben Clique, der ziemlich überschätzten ›Gruppe 47‹, an. Aber ihre Ehe kann doch kein Grund sein, nicht beider zu gedenken! Ilses Ruhm als Schriftstellerin war beträchtlich, ist aber dabei, allmählich zu verbleichen. Nur die Schulbücher bewahren manches, was sie schrieb, bis heute auf. Es kann sogar sein, daß aufgeweckte Kinder es lesen.

Vom Schreiben wollte sie nie leben. Lieber hätte sie einen anständigen Beruf ergriffen, wäre Ärztin geworden wie ihre Mutter, nur sei sie dafür leider »zu ungeschickt gewesen«.

Ihre leisen, aber entschiedenen Töne waren für die beiden verstörten Länder, in denen sie lebte, ein Segen. Denn schon die Namen, auf die man in Deutschland und in Österreich taufte, was geschehen war: »Zusammenbruch«, »Stunde Null«, »Kahlschlag« und »Wirtschaftswunder«, waren alle nichtssagend oder falsch. Schuldgefühl und Trotz, Verlegenheit und Ressentiment ergaben einen schwer erträglichen Cocktail von kollektiven Neurosen. Es kann sein, daß Ilse Aichinger für den Westen Deutschlands unversehens zur Therapeutin wider Willen geworden ist, ganz ohne Approbation und Kassenpraxis. Woher denn ihr Lächeln komme, wurde sie einmal gefragt. Es komme, war die Antwort, von dem gewaltigen Zorn, den sie auf diese Welt habe. Der Welt Kontra zu geben, aber mit freundlichem Gesicht und sanfter Stimme, das war ihr künstlerisches Programm.

Ilse und ihre Schwester Helga Michie kamen als Zwillingstöchter eines Lehrers und einer jüdischen Ärztin in Wien zur Welt. Ihre Kindheit verbrachten sie in Linz. Nach der Scheidung der Eltern zog die Mutter mit den Kindern wieder nach Wien, wo Ilse bei ihrer jüdischen Großmutter oder in Klosterschulen lebte.

Nach dem Einmarsch Hitlers in Österreich war die Familie gefährdet. Die Nürnberger Gesetze hatten zur Folge, daß die Bevölkerung je nach ihrer Abstammung klassifiziert wurde. Es gab von nun an reine und fragmentarische Arier, Voll-, Halb- und Vierteljuden.

Die jüdische Gemeinde in London hatte seit 1938 mit dem Einverständnis der britischen Regierung Transporte organisiert, um gefährdete Kinder zu retten. Ilse Aichingers Schwester Helga konnte auf diese Weise nach Großbritannien fliehen. Aber dann brach der Krieg aus. Die Mutter verlor ihre Stellung als städtische Ärztin. Vor der Deportation war Ilse, weil sie als unmündige »Halbarierin« galt, vorläufig geschützt. Als sie volljährig war, versteckte Ilse ihre Mutter in einem Zimmer, das gegenüber dem Gestapo-Hauptquartier am Wiener Morzinplatz lag. Die Großmutter und die jüngeren Geschwister der Mutter wurden 1942 deportiert und kamen in einem weißrussischen Konzentrationslager ums Leben.

Nach der Befreiung begann Ilse Medizin zu studieren, brach aber nach fünf Semestern ihre Ausbildung ab. »In der Küche einer armseligen Wohnung« und in »einer Anstalt für Unheilbare, Alte, Abgeschobene«, in der ihre Mutter nun als Ärztin arbeitete, schrieb sie ihren einzigen Roman, *Die größere Hoffnung*. Hans Weigel empfahl ihr, ihn an Gottfried Bermann Fischer zu senden, der das Buch gut fand und zuerst in Amsterdam verlegte.

Ilse Aichinger arbeitete als Lektorin, später auch an der Ulmer Hochschule für Gestaltung, die mit amerikanischer Hilfe von Inge Scholl, Otl Aicher und Max Bill gegründet worden war. 1951 lernte sie auf einer Tagung der Gruppe, immer derselben Gruppe, ihren Ehemann Günter Eich kennen. Das Ehepaar lebte mit den beiden Kindern erst in Oberbayern und dann in Großgmain bei Salzburg. Ihr Sohn Clemens wurde ebenfalls Schriftsteller und starb früh bei einem Unfall. Nach dem Tod ihres Mannes zog sich Ilse Aichinger aus der Öffentlichkeit zurück.

Eigentlich hat sie gar nicht so viel geschrieben. Ein paar Gedichte, Erzählungen, Hörspiele. In einem ihrer raren Interviews hat sie mit 75 Jahren Iris Radisch viel von dem verraten, was ihr wichtig war. In diesem Gespräch fiel auch der unerhörte Satz: »Der Krieg war meine glücklichste Zeit.«

»Ich war sehr jung und hatte die Gewißheit, daß meine Großmutter, die mir der liebste Mensch auf der Welt war, zurückkommt. Dann war der Krieg zu Ende, der Wohlstand brach aus, und die Leute sind an einem vorbeigeschossen. Das war noch schlimmer als der Krieg ...
Ich hatte schon als Kind den Wunsch zu verschwinden. Das war mein erster leidenschaftlicher Wunsch ... Ich habe es immer als eine Zumutung empfunden, daß man nicht gefragt wird, ob man auf die Welt kommen will. Ich hätte es bestimmt abgelehnt ...«

Auf die Frage, was ihre stärksten Erinnerungen an die Kindheit seien, antwortete sie: »Der Geruch von Weihrauch, gemischt mit Seifenlauge, mit der man die Steinböden in meiner Klosterschule aufgewischt hat. Den rieche ich, obwohl er nirgends mehr ist. Dann dieser Rauchgeruch, dieser Slumgeruch in England. Oder der Geruch von Baldriantropfen in alten Wohnungen. Und gewisse Nebeltage, wenn der Nebel so dicht wird, daß man den Blinden nachgehen muß, denn die gehen richtig.«

Sie schrieb immer weniger, und ihre Texte wurden immer kürzer. Einen Sammelband von 1976 nannte sie *Schlechte Wörter*. Sie hat wahr gemacht, was sie sich vorgenommen hatte, als sie jung war: »Ich wollte am liebsten alles in einem Satz sagen.«

In Wien ließ sie sich fast jeden Tag im Café Demel sehen. Ihre letzten Jahre verbrachte sie in einem Pflegeheim. Manchmal ließ sie sich vermummt in ihrem Rollstuhl durch die Gassen schieben. Sie wurde sehr alt und starb in der Stadt, wo sie geboren war.

LXXXV

Jeder Amerikaner über 40 weiß, was *Catch-22* bedeutet, ein Ausdruck, der es sogar zu einem Eintrag im Wörterbuch gebracht hat. Zu deutsch heißt dieses Ding *Der IKS-Haken.* Das ist ein Trick, der dazu führt, daß ein wehrloses Opfer in ein Dilemma gerät, das keinen Ausweg zuläßt. Wer sich gebildet ausdrücken möchte, kann das auch einen *circulus vitiosus* nennen. Psychologen sprechen vom *double bind,* Theoretiker von Rückkopplung und von Feedback. Alle diese Ideen gehen auf die griechischen Sophisten zurück.

Der IKS-Haken ist Joseph Hellers erster Roman. Von diesem Buch, das 1961 in New York erschien, wurden allein in den USA zehn Millionen Exemplare verkauft. Eine Verfilmung mit Orson Welles ließ nicht lange auf sich warten. Es ist das subversivste Buch über den Zweiten Weltkrieg, das ich kenne. Zugleich handelt es sich um einen Unterhaltungsroman erster Güte, der allenfalls mit Hašeks *Bravem Soldaten Schwejk* zu vergleichen ist. Dem böhmischen Rekruten war es gelungen, den Ersten Weltkrieg, soweit er ihn betraf, mit eiserner Dienstfertigkeit zu sabotieren. Das war 30 Jahre später nicht mehr möglich, weil dem totalen Krieg eine totale und konsequente Logik entspricht. Denn es kann zwar Kriege geben, die unvermeidlich sind, aber gerechte Kriege gibt es nicht. Heller wußte ganz genau, wovon er sprach. Mit 19 Jahren ging er zur U.S. Air Force, die ihn nach der Eröffnung der zweiten Front nach Italien schickte, wo er bei einer Bomberflotte sechzig Feindeinsätze fliegen mußte. Zu seiner eigenen Überraschung hat er das überlebt. Der Held seines Romans, ein Flugkapitän namens Yossarian, erkennt beizeiten, daß die beiden gegnerischen Streitkräfte es darauf abgesehen haben, ihn umzubringen: sowohl die feindliche Flak als auch sein eigener Geschwaderkommandeur, der, um die eigene Karriere zu fördern, die Zahl der vorgeschriebenen Einsätze fortwährend heraufsetzte.

Heller sagte, ihn habe am meisten verblüfft, daß sich seine Leser über die Geschichte ebenso wie über Buster Keatons desaströse Abstürze amüsierten.

Unbekümmert streut Heller Episoden ein, die auf die Gegenwart der fünfziger Jahre abzielen: auf die Hexenjagd McCarthys, auf den Rassenkonflikt in den Südstaaten und auf den Kalten Krieg. Die Logik, vor der Yossarian 1944 die Fahnenflucht ergriff, herrschte auch 1961, und sie herrscht noch immer.

Joseph Heller ist in Coney Island als Kind armer jüdischer Einwanderer aus Rußland zur Welt gekommen. Er ging in Brooklyn zur Schule und hat immer viel gelesen. Schmiedelehre in Brooklyn, Botenjunge, kleine Bürojobs. Nach dem Krieg endlich Studium. Dann heuerte er bei einer Werbeagentur an. *Catch-22* machte ihn zum Millionär. Sein zweiter Roman, an dem er zehn Jahre lang gearbeitet hat, heißt einfach *Was geschah mit Slocum?*. Er handelt von einer ganz anderen höllischen Ausweglosigkeit. Sein Anti-Held ist ein wendiger, schlauer, eitler, verlogener Manager, der in einem Medienimperium wie Time Inc. nach oben strebt. Er brabbelt vor sich hin, inszeniert Familienkräche, Zimmerschlachten und Bürointrigen. Sein Vorrat an Ressentiments ist unerschöpflich. Er fürchtet Frauen, Juden, Schwarze, Verbrecher, Ausländer und Homosexuelle. Er übertrifft unsere kühnsten Hoffnungslosigkeiten. Nie wird er mit seiner Suada aufhören, es sei denn, einer haut ihm eine schwere Tischlampe über den Schädel, so wie er seinem behinderten Sohn den Tod gewünscht und ihn aus Versehen erstickt hat. Heller selbst nahm kein glückliches Ende. Ein paar Jahre litt er an einer neurologischen Erkrankung, deren Ursache unbekannt ist. Er war gelähmt und ans Bett gefesselt. Darüber berichtete er in einem Buch mit dem Titel *Nicht zum Lachen*. Er erholte sich wieder und heiratete die gute Krankenschwester, die ihn gepflegt hatte. In seinem Haus auf Long Island starb er an einem Herzanfall, kurz nachdem er ein letztes Werk fertiggestellt hatte: das *Porträt des Künstlers als alter Mann*.

LXXXVI

Warum nicht gleich mit dem *Schachtelmann* anfangen? »Sie brauchen nur alles, was Sie haben, wegzuschmeißen, Beruf, Familie, Kreditkarte, alles, was Sie haben, und eine Schachtel zu finden. Sie reißen den Boden heraus, schneiden ein Guckloch in die Wand und ziehen ein. Totale Entfremdung, totale Freiheit, totaler Ausstieg aus der Gesellschaft.« Das hört sich, wie vieles, was Abe Kōbō uns ins Ohr sagt, ziemlich verrückt an. Aber der Schachtelmann ist nicht der einzige Sonderling. Vielleicht zielt der Erzähler auch auf den Leser. Der Roman handelt von der Normalität des Wahns. Die alltägliche Obdachlosigkeit, die Flucht des einzelnen vor sich und den anderen – das alles kommt einem bekannt vor.

Allerdings gehört der Schachtelmann vorläufig noch zu den Überlebenden, genau wie jeder, der es sich gerade im Sessel gemütlich macht, um ein Buch von Abe Kōbō zu lesen.

Der wurde als Abe Kimifusa in Tokio geboren und wuchs in Mukden, in der von Japan annektierten Mandschurei auf, wo sein Vater als Arzt tätig war. Er wußte nie, wo er eigentlich hingehörte. »Ich habe eine Phobie gegen alles, was sich Heimat nennt. Von dem, was die Leute so hochschätzen, fühle ich mich bloß gestört.« Als Kind interessierte er sich für seine Insektensammlung, für die Mathematik und für die Lektüre. Westliche Autoren wie Nietzsche, Poe, Lewis Carroll und Husserl sagten ihm mehr zu als seine japanischen Landsleute. Natürlich hat er auch Lu Xun und vor allem Kafka verschlungen. Die mandschurische Fremde drang mit ihren Schrecken in seine Träume ein. Sein angeblicher ›Surrealismus‹ war auf Pariser Dünger nicht angewiesen. Er kehrte zurück nach Tokio und studierte Medizin an der Imperial University, teils seinem Vater zuliebe, teils um dem Wehrdienst zu entgehen, weil zukünftige Ärzte nicht rekrutiert wurden. Das hat ihn vor der Sentimentalität der sogenannten Kriegsgeneration bewahrt. »Meine Freunde, die andere Fächer wählten, sind im Krieg gefallen.«

Nachdem sein Vater 1944 an einem Typhusausbruch gestorben war, fing Abe an, Erzählungen und Gedichte zu schreiben. Er heiratete, wohnte mit seiner Frau in einer verlassenen Kaserne und mußte mit Holzkohle und eingelegten Gurken hausieren. Trotzdem brachte er genug Geld auf, um sein erstes Buch, einen Gedichtband, selbst zu finanzieren. Auch sein Arztstudium konnte er noch abschließen. Er sagte: »Sie haben mich aber nur nicht durchfallen lassen, weil ich ihnen versprochen habe, nie zu praktizieren … Ein kleines Honorar für eine Erzählung war der Anlaß, mich von der ungeliebten Medizin zu verabschieden.«

So wurde er zum Schriftsteller, zum Drehbuchautor und zum Regisseur. Sein erster Roman, *Das Schild am Ende der Straße,* begründete den Ruf, den er in der japanischen Literatur bis heute genießt. 1949 trat er in die kommunistische Partei Japans ein, in der er es mehr als zehn Jahre lang aushielt. Dann wurde ihm die Doktrin des »sozialistischen Realismus« zu dumm. Eine Reise durch Osteuropa half seinem Engagement nicht auf, und schließlich gab die Niederschlagung des ungarischen Aufstandes für ihn den Ausschlag, sich von der Partei zu verabschieden.

Zwei Jahre später wurde er für *Das Verbrechen des Herrn S. Karuma* mit dem höchst angesehenen Akutagawa-Preis ausgezeichnet. *Die Frau in den Dünen* wurde zu einem internationalen Erfolg, vor allem durch die Verfilmung des Romans. Auch im Westen war der Mann, der nie gewußt hat, wo er hingehörte, plötzlich eine Art Star, berühmt, unpopulär, prominent und so weiter.

Für die Verfilmungen seiner Romane schrieb Abe selbst die Drehbücher. *Der verbrannte Stadtplan* von 1967 beginnt wie eine klassische Detektivgeschichte: Ein privater Ermittler erhält den Auftrag einer Frau, nach ihrem Ehemann zu suchen, der spurlos verschwunden ist. Doch ein Autor wie Abe gibt sich mit einem schlichten Kriminalroman nicht zufrieden. Er durchforscht das Labyrinth einer wachsenden Metropole, wo die einen von heute auf morgen alles zurücklassen, während andere sich zu Hause einigeln oder in den Selbstmord flüchten.

Abe Kōbō wird in Japan mehr als internationaler denn als japanischer Autor betrachtet. »Sie gelten als staatenloser Schriftsteller«, meinte ein Interviewer. »Sagen Sie das ruhig Ihren Abonnenten«, entgegnete Abe lachend. Einem andern erklärte er: »Seit fünfzig Jahren wandere ich nun schon umher und habe noch immer nicht die geringste Ahnung, wo der Ausgang des Labyrinthes zu finden wäre.«

Immerhin wußte er, wo er sterben sollte: in Tokio.

LXXXVII

Einmal nur bin ich ihm begegnet. Das war in Jerusalem, im Kulturzentrum ›Mishkenot Sha'ananim‹. In diesen ehrwürdigen Hallen finden lange Reden, Debatten und Lesungen statt. Jehuda Amichai hat mich mitgenommen in sein Haus, das in einer der Gassen auf dem nahen Hügel lag.

Englisch kam für ihn gar nicht in Frage; er wechselte sogleich ins Deutsche, und ich hörte aus jedem Satz einen vertrauten fränkischen Zungenschlag heraus. Ich kannte ja seine Gedichte und wußte, daß er in Würzburg aufgewachsen war. Er wollte wissen, woher ich kam und wie es mir in den dreißiger Jahren ergangen war, in Nürnberg, der Stadt der Reichsparteitage. Jehuda Amichai war ein sehr ansehnlicher, lebhaft gestikulierender Mann, dem man sein soldatisches Training ansah. Seine dunklen Augen funkelten ironisch, wenn er über die Vergangenheit und über die politische Lage in Israel sprach.

»Du weißt wahrscheinlich, daß sie eine Art Staatsdichter aus mir machen wollen. Ich stehe in allen Schulbüchern und somit soll ich irgendetwas, den Zionismus oder den Staat repräsentieren. Aber eine solche Rolle paßt mir nicht. Ich hatte noch

nie ein Parteibuch in der Tasche, und meine Gedichte sind so privat, daß sie nicht für die Rednertribüne taugen.«
Das ließ ich mir gesagt sein, obwohl ich wußte, daß er ein erfahrener Kämpfer war.

Jehuda wurde als Ludwig Pfeuffer geboren. Er war der Sohn eines wohlhabenden jüdisch-orthodoxen Kaufmanns. Seine Familie lebte seit dem Mittelalter in Würzburg. Ludwig war ein frommes Kind, das jeden Tag in die Synagoge ging. »Die religiöse Welt«, sagt er, »ist nicht logisch; sie besteht aus märchenhaften Phantasien. Deshalb hängen die Kinder ihr an.« Schon im jüdischen Kindergarten lernte er Hebräisch, was ihm später, anders als den meisten deutschen Emigranten, den assimilierten *Jeckes*, zugute kam. Mit der Judenfeindschaft machte er schon früh Bekanntschaft. Er erinnerte sich an die Steine, mit denen seine Mitschüler ihn bewarfen, während sie ihm zuriefen: »Geh doch nach Palästina, wo du hingehörst!« – »Das ließen wir uns nicht zweimal sagen. Unser Familienclan ist rechtzeitig nach Palästina ausgewandert, zwischen 1933 und 1936. Keiner von uns ist im Holocaust umgekommen. Zu Hause sprachen wir noch lange Deutsch. Doch als wir in Palästina ankamen, fanden die Araber, daß wir wieder abhauen sollten. Die Geschichte hält heimtückische Ironien für die Menschen bereit.«

Den Namen, der ihn berühmt gemacht hat, hat Jehuda erst spät gewählt. Er signalisiert Stärke. *Amichai* bedeutet im Hebräischen »Mein Volk lebt«. Seine Familie zog 1937 nach Jerusalem. Er verlor seinen Glauben, was seinen Vater sehr betrübte. Im Zweiten Weltkrieg meldete er sich freiwillig zur britischen Armee.

In der ägyptischen Wüste fiel ihm ein Buch mit Gedichten von Eliot und Auden in die Hände, und er fing an, selber Verse zu schreiben. »Wir schmuggelten Waffen für die Haganah und bereiteten uns auf die Gründung eines jüdischen Staates vor. Die nächsten Kriege ließen nicht lange auf sich warten.

Sobald es eine Pause gab, studierte ich, schrieb Gedichte und wurde Lehrer.«
1955 ist Amichais erstes Buch erschienen, *Jetzt und in anderen Zeiten*. Zuerst hagelte es zornige Verrisse, weil er das biblische Hebräisch mit der Alltagsrede unterfütterte. Das waren damals ganz neue Töne:

»Die Hälfte der Leute auf der Welt
liebt die andere Hälfte.
Die übrigen hassen einander.
Muß ich deshalb wie der Kreislauf
des Regens endlos
umherwandern auf der Erde?«

»Jetzt gilt es, diese müde Sprache aus dem Schlaf zu reißen, die von Gott und den Wundern erzählt, nicht von Benzin und Bomben«, sagte er.
Drei Jahre später sah es damit schon ganz anders aus. Das Hebräische hatte sich in kurzer Zeit zu einer modernen Sprache entwickelt, was vor allem das Verdienst israelischer Autoren wie Amos Oz und ihm war. Mit seinem nächsten Gedichtband sah sich Amichai nicht nur anerkannt; er wurde gefeiert. Von einer Ausgabe mit 500 Gedichten sind mehr als 50 000 Exemplare verkauft worden. Das war in einem Land mit drei Millionen Einwohnern für einen Lyriker mehr als ungewöhnlich. Auf einmal gab es überall Festivals, Übersetzungen in 30 Sprachen und sogar Geld. Jehuda gehörte zur internationalen Dichtergemeinde. Er saß mit Auden, Alberti, Pound, Paz und Neruda auf der Bühne. In den siebziger Jahren erreichten ihn, besonders aus den Vereinigten Staaten, immer mehr Einladungen.
In Jerusalem ist er an Krebs gestorben.
»Meine Geschichte als Person ist zufällig mit der Geschichte der Welt zusammengefallen. Alle, die nach 1926 geboren sind,

mußten das ganze Gewicht des 20. Jahrhunderts schultern. Mit Ideologien kann ich nichts anfangen. Vielleicht habe ich meine skeptische Haltung auch von meinem Vater geerbt, der sogar seinen Rabbinern mißtraute, wenn sie sich von ihrem Eifer hinreißen ließen«, faßte er selbst zusammen. »Wir Israelis sollten nicht über Menschen herrschen, die nicht von uns beherrscht werden wollen.« So einfach formulierte er seine politische Einstellung.

Ein paar seiner Verse zu lesen kann nicht schaden:

»An dem Ort, an dem wir recht haben,
werden niemals Blumen wachsen
im Frühjahr.
Der Ort, an dem wir recht haben,
ist zertrampelt und hart wie unser Grund.
Zweifel und Liebe aber
lockern die Welt auf
wie ein Maulwurf, wie ein Pflug.
Und ein Flüstern wird hörbar
an dem Ort, wo das Haus stand,
das zerstört wurde.«

LXXXVIII

Zu beneiden ist kein Schriftsteller, der als geborener Afro-Amerikaner zwischen die Mühlsteine einer schrumpfenden angelsächsischen Mehrheit und der verschiedenen Fraktionen der schwarzen Kämpfer gegen die Diskriminierung gerät. Wenn er auch viel Talent hat und dazu noch ein bekennender Homosexueller ist, was bleibt ihm anderes übrig als der Rückzug in ein mehr oder weniger freiwilliges Exil?

So ist es James Baldwin ergangen, der als James Arthur Jones und Kind einer alleinstehenden Mutter geboren wurde. Sie verließ seinen biologischen Vater, weil er drogenabhängig war, und zog voller Hoffnung in den Norden der USA, nach Harlem. Dort heiratete sie den Fabrikarbeiter und Baptistenprediger David Baldwin. Die Familie wuchs mit den Jahren an, bis das Paar acht gemeinsame Kinder hatte. Baldwins Stiefvater tröstete sich mit der Verheißung eines besseren Lebens im Jenseits. Auch er suchte im Glauben »den Ausweg aus seinem Haß auf die weißen Unterdrücker und aus seiner Verachtung für die unterdrückten Schwarzen«, doch er wandte sich bald von seiner Ghettokirche ab, weil sie, wie er dachte, nur

Rachephantasien, Haß, Selbsthaß und Verzweiflung schürte. Den Stiefsohn erzog er mit großer Härte. 1943 starb er an der Schwindsucht. Nach der Schule verließ Baldwin seine Familie. Um für ihren und seinen Unterhalt zu sorgen, lebte er mehr schlecht als recht von verschiedenen Gelegenheitsarbeiten. Schon als Kind war er ein leidenschaftlicher Leser. Da traf es sich gut, daß sich Richard Wright seiner annahm, ein angesehener schwarzer Autor. Doch mit Baldwin auszukommen war nicht immer leicht. Er brach bald mit seinem »geistigen Vater«, weil er in ihm einen kommunistischen Puritaner sah. Seine ersten literarischen Versuche fanden keinen Verleger. Er konnte von 1946 an nur einige Rezensionen und Essays in Zeitschriften unterbringen.

Er erkannte, daß er nur Männer liebte, und weil die doppelten Vorurteile, denen er ausgesetzt war, ihn störten, kam er 1948 auf die Idee, sich auf den Weg nach Paris zu machen.

»Ich hatte kein Geld. Ich war am Ende. Irgend jemand hätte mich umgebracht, oder ich wäre wegen Totschlags im Gefängnis gelandet. Mein bester Freund war mit einem Sprung von der George Washington Bridge geendet. Ich mußte weg. Ich kannte niemanden in Paris und konnte kein Wort Französisch. Die vierzig Dollar, die ich in der Tasche hatte, reichten nur für ein paar Tage.«

Dort hauste er unter Afro-Franzosen, Arbeits- und Obdachlosen. Die Suche nach afrikanischen Wurzeln half ihm nicht weiter; er mußte einsehen, daß er auf die westliche Kultur und die englische Sprache angewiesen war. Ein Hin und Her zwischen den Vereinigten Staaten und Europa war die Folge.

Mit seinem ersten Roman, *Go Tell It on the Mountain*, erreichte er, daß man ihn in New York endlich zur Kenntnis nahm. Seinen zweiten Roman, *Giovanni's Room*, schrieb er wieder in Europa. Über seine homoerotischen Szenen ärgerten sich die einen, und die anderen beschwerten sich, daß er nicht bei seinen Leisten blieb, nämlich bei den Problemen der Afro-Amerikaner. Die Romanfiguren in diesem Buch sind nämlich fast alle weiß.

The Fire Next Time, vielleicht sein berühmtester Titel, wurde 1963 im *New Yorker* veröffentlicht und war so erfolgreich, daß Baldwin auf der Titelseite des *Time Magazine* landete. Das heikelste Thema, das er darin aufgriff, war der Streit zwischen dem Christentum und dem Islam, der vor allem bei den Schwarzen militante Formen annahm.

»Ich lebte im Milieu der Bürgerrechtsbewegung, kannte Martin Luther King, Malcolm X und andere und mußte eine Rolle als Sprecher übernehmen, an die ich nie zuvor gedacht hatte. Ich wußte nur, wie man sich in den Redaktionen der Medien durchsetzt.« Er trat so oft als Redner bei den Demonstrationen der Bürgerrechtler auf, daß das FBI anfing, ihn zu überwachen, und ein fast 2000 Seiten langes Dossier über ihn zusammentrug. Edgar Hoover, erster Direktor des FBI, war selber Transvestit, und seine Praktiken waren verfassungswidrig; doch Kennedy hat sie geduldet. Als das ›Civil Rights Movement‹ immer mehr Fahrt aufnahm, lud der Präsident Baldwin zu einer privaten Debatte ein, die ergebnislos verlief. Er pflegte den schwarzen Schriftsteller als »Martin Luther Queen« zu bezeichnen. Übrigens hatten auch die Bürgerrechtler für Homosexuelle nichts übrig.

Nach den Morden an Malcolm X und Martin Luther King verkündete Baldwin, der amerikanische Traum sei ausgeträumt. 1970 ging er ein weiteres Mal ins französische Exil. Er hatte inzwischen Freunde und Bekannte in Paris: Jean Genet, Jean-Paul Sartre, Yves Montand und Marguerite Yourcenar. Sein Französisch wurde immer besser. Er kaufte eine Villa in Saint-Paul-de-Vence. Josephine Baker, Harry Belafonte und Miles Davis gehörten dort zu seinen Gästen.

Es mag sein, daß er die Nähe zu seinen amerikanischen Lesern verlor, aber dafür begeisterte sich nun die Schwulenbewegung für ihn.

In der Nacht zum 1. Dezember 1987 starb James Baldwin in Saint-Paul. Dort wollte er aber nicht begraben sein, sondern in Hartsdale im Norden von New York. Toni Morrison hat in der Library of America zwei Bände mit seiner Prosa und seinen Essays herausgegeben.

LXXXIX

Geboren wurde er in der böhmischen Kleinstadt Náchod, die er in seinen Romanen zu Kostelec umgetauft hat. Nach dem Abitur konnte Josef Škvorecký nicht studieren, weil die deutschen Okkupanten die tschechischsprachigen Hochschulen geschlossen hatten. Im ›Protektorat Böhmen und Mähren‹ wurden die Reste der Tschechoslowakei systematisch für die deutsche Kriegsproduktion ausgebeutet. Der junge Škvorecký mußte in den Messerschmitt-Werken arbeiten, die auch Teile für die V1-Raketen und für Focke-Wulf herstellten.

Nach dem Krieg studierte er in Prag, diente zwei Jahre lang in der Armee und ging dann als Lektor zum Staatsverlag für schöne Literatur, wo er die Zeitschrift *Světová literatura* redigierte. Mit seinem ersten Roman, *Zbabělci*, zu deutsch *Feiglinge*, der schon 1949 fertiggestellt war, aber erst 1958 gedruckt wurde, gab es sofort Ärger. Die Handlung verläuft in dem Interregnum zwischen der SS und der Roten Armee. Danny, der Held des Romans und das Alter ego Škvoreckýs, vernimmt das mahlende Geräusch der Panzer, gibt sich aber eher dem Flirt mit kleinen Mädchen und dem Blues der Anarchie hin.

Die deutsche Besatzung und das Kriegsende schildert der Roman, wahrscheinlich Škvoreckýs bestes Buch, illusions- und respektlos als eine Zeit der Verfolgung, des Überlebens und der Kollaboration, ganz so, als sähe Danny keinen wesentlichen Unterschied zwischen dem deutschen und dem sowjetischen Regime.

»Mein Vater war ein überzeugter Demokrat, der beiden mißtraute und von beiden verhaftet wurde. Ich hatte eine jüdische Tante, die Kommunistin war. Sie war hübsch, malte ihre Fingernägel rot an, rauchte Zigaretten mit einer langen Spitze und trug Hosen. ›Wie nett sie ist‹, sagte mein Vater, ›aber leider ist sie eine Bolschewikin.‹ Später ist sie in einem sowjetischen Arbeitslager verschwunden.«

Škvorecký spielte in aller Unschuld Saxophon in einer Jazz-Band namens ›Red Music‹ und intonierte den *St. James Infirmary Blues*. Das war, wie er sagte, »Marihuana für die Seele«. Diese Musik wurde alsbald verboten, weil die Kommunistische Partei sie für dekadent hielt. »Marschierende Männer, wehende Fahnen, Parolen, Arme, die auf gut katholische, gut nationalsozialistische oder gut proletarische Art hochgereckt werden, das alles war mir gleichgültig.«

Kurzum, Josef, der nie Parteimitglied war, wurde hinausgeworfen und verfiel der Zensur. Man warf ihm alle möglichen Ismen vor: Zionismus, Antisemitismus, Titoismus und Trotzkismus. Auch Pornographie wurde ihm angelastet. Erst 1963, während einer Phase der Liberalisierung, durfte er wieder publizieren. Allerdings mußte er den Ausdruck »Russkis« durch »Russen« ersetzen, was ihm wohl nicht sonderlich schwerfiel. Eine Zeitlang nahm er teil an einem literarischen Zirkel im Untergrund, dessen Oberhaupt der Poet und Künstler Jiří Kolář war. Auch Bohumil Hrabal, der berühmte Bafler, gehörte zu diesem illegalen Club.

»Im Jahr 1968 spielte ich überhaupt keine Rolle. Ich wußte von Anfang an, daß der Prager Frühling böse ausgehen würde, und zwar mit einer russischen Invasion. Danach versuchte niemand mehr, mich zum Bleiben aufzufordern.« Im Gegenteil: Er bekam sogar ein Stipendium, um sich als Übersetzer in Amerika umzusehen. Da beschloß er, mit seiner Frau lieber gleich im Ausland zu bleiben. Die beiden verließen Prag im Januar 1969, gerade rechtzeitig, solange ihr Reisepaß noch gültig war. Die Universität Toronto gab ihm einen Lehrauftrag, und das Paar gründete den Verlag Sixty-Eight Publishers, der mit Autoren wie Václav Havel und Milan Kundera zum Zentrum der tschechischen Exilliteratur wurde. Zur Strafe wurde den beiden die tschechoslowakische Staatsangehörigkeit aberkannt, was sie nicht weiter gestört haben dürfte.

Josef Škvorecký ist 2012 mit 87 Jahren in Toronto gestorben, im selben Jahr wie Jiří Gruša, wie Václav Havel und wie Arnošt Lustig, der als Jude Auschwitz und Buchenwald überlebt hat. Als seinen literarischen Vorfahren betrachtete Škvorecký Jaroslav Hašek:»Diese Mischung von Humor und Depression findet man bei allen Nationen, denen die Segnungen der Unfreiheit zuteil geworden sind.«

XC

Es war kein Selbstmord. Sie hätte den Brand im Bett überlebt, wenn sie in der Klinik unverzüglich behandelt worden wäre. Das ist damals nicht geschehen. Erst nach 24 Stunden wurden Ingeborg Bachmanns Brandwunden versorgt, aber da war es zu spät.

Unter den vielen Legenden, die sich um ihr Leben ranken, ist diese nur die letzte.

Ja, ich habe sie gut gekannt, nicht nur bei den zufälligen Begegnungen, die das literarische Leben mit sich bringt. 1959 verbrachten wir ein gemeinsames Jahr in Rom. Sie war dort, soweit, wie es ihr möglich war, zu Hause; und mir war ein Aufenthalt in der Villa Massimo angeboten worden, von dem ich wenig Gebrauch machte. Wir sahen uns oft, in den Cafés an der Via Veneto, bei Hans Werner Henze oder auf der Insel Giglio, die damals noch nicht von Touristen bevölkert war.

Wir hatten uns schnell darauf geeinigt, die meisten Themen einfach wegzulassen: die Hackordnungen im Literaturbetrieb, die Gerüchte und die vielen Liebhaber, die sie ertrug. Einer von ihnen war, glaube ich, ein Verschwörer aus Algerien, der gegen die französische Kolonialmacht kämpfte, andere waren Autoren oder Musiker. Auch Stars gab es, Mäzene und Beschützer. Von ihren wichtigsten Liebesbeziehungen zeugen die Briefwechsel mit Paul Celan und mit Max Frisch. Darüber schwieg ich mich aus, und das fand sie angenehm. Dagegen die Gedichte! Nicht nur ihre eigenen, daneben auch die von Ungaretti, die sie übersetzte. Mit ihm ließ sie sich zu später Stunde sehen, in ein silbernes Paillettenkleid gehüllt. In irgendeiner Bar an der Piazza diskutierten wir über den Alexandriner, über die Oper, über Shakespeares *Winter's Tale*, über den Krieg in Algerien, über Berlin, Klagenfurt oder Harvard, wohin Henry Kissinger sie 1955 eingeladen und geschleppt hatte. Wir waren uns bald einig über die Vorzüge des getreuen Siegfried Unseld, der sie von alten Verträgen loseiste und ihr in seinem Verlag eine sichere Bleibe bot.

Auch von ihren Fluchten, ihren Depressionen und von den langen Monaten, die sie in Kliniken und Sanatorien zugebracht hatte, ließ sie hie und da etwas durchblicken.

Einmal sind wir sogar miteinander auf Tournee in die deutsche Provinz gegangen. Nach dem zweiten Abend wurde sie in einem lärmenden Ratskeller ohnmächtig, so daß wir, sehr zu meiner Erleichterung, das ganze Unternehmen abbrechen mußten. Vorgetäuscht war ihre Schwäche nicht; denn sie hat zeitlebens an Schlaflosigkeit gelitten und war abhängig von Medikamenten und vom Alkohol.

Obwohl sie selten Geld hatte, waren Ingeborgs Adressen immer gut. Einmal teilte sie sich ein schönes Haus in Neapel mit Hans Werner Henze, später eines auf dem Aventino mit Max Frisch. Zwei Autoren in einer Herberge, das geht nicht immer gut. Auch wenn sie nicht auf ein und derselben Etage arbeiten, hören sie, wie einer von beiden etwas in seine Schreibmaschine hämmert, während der andere auf ein leeres Blatt starrt und nicht weiterweiß. So erging es Ingeborg in der Villa von Max Frisch.

In Berlin wohnte sie an der Koenigsallee und freundete sich mit Gombrowicz an, der ihren politischen Argwohn nur allzu gut verstand. Am Ende lebte sie ganz allein in der römischen Via Bocca di Leone. Geholfen hat ihr das alles nicht. Viele Dramen und Enttäuschungen hat sie überlebt. Ihr letztes großes Vorhaben, von dem nur der erste Teil zustande kam, trägt den ominösen Titel *Todesarten*. Es tut mir leid, daß ich Ingeborg mit einer bloßen Vignette nicht gerecht werden kann. Ihr Leben reicht für mehr als einen Roman, der hoffentlich nie geschrieben und nie in den Buchhandlungen liegen wird.

Einmal hat sie mir nach langem Zögern ein neues Gedicht anvertraut. Geschrieben hatte sie es 1964, gedruckt wurde es vier Jahre später. »Böhmen liegt am Meer« war ihr letztes veröffentlichtes Poem.

»Ich will nichts mehr für mich. Ich will zugrunde gehen.
... Und irrt euch hundertmal,
wie ich mich irrte und Proben nie bestand,
doch hab ich sie bestanden, ein um das andre Mal.«

XCI

Wäre ich ein Astrologe, so würde ich auf das Sternzeichen Löwe tippen, zumindest, was den Aszendenten angeht; auch der Fisch spielt eine Rolle, und das soll auf Einsamkeit, Mißtrauen und Krankheit deuten. Von alldem hatte ich keine Ahnung, als ich Gabriel García Márquez zum ersten Mal sah. Der Zufall wollte, daß ich mit Carlos Barral und den Brüdern Goytisolo zusammen in einem Lokal an der Gran Via in Barcelona saß. Der Slogan von der *gauche divine* war noch nicht erfunden, aber man gönnte sich schon ein Glas Champagner vor dem Essen, das vorzüglich war. Das Regime Francos war zwar nicht am Ende, aber schon sehr morsch.

Dann kam Gabo – alle nannten ihn Gabo – und überstrahlte sogleich die spanischen Gastgeber mit seiner phantastischen Redegabe und seinen bizarren Einfällen. Er war damals noch keine Ikone, nur ein Journalist aus Kolumbien, den niemand kannte.

Es war vor dem Boom, der 1967 mit *Hundert Jahre Einsamkeit* über die lateinamerikanische Literatur hereinbrach und ihn weltberühmt machte. Ich las das Original im Sommer 1968 auf Cuba und habe Unseld sofort alarmiert. Ich weiß nicht, warum es ihm nicht gelungen ist, die deutschen Rechte zu erwerben. Das Buch wurde selbst von den heikelsten Kritikern hochgeschätzt, und Gabo hat mit ihm in Dutzenden von Sprachen ein Millionenpublikum bezaubert.

Gabriel García Márquez ist in Aracataca geboren, einem von Bananenplantagen der United Fruit Company umgebenen Kaff nahe der nordkolumbianischen Küste. Er war das erste von elf Kindern in der Familie eines Telegraphisten, ein introvertiertes Kind, das seinen Vater kaum kannte. Bereits als Achtjähriger verließ er den Ort seiner Geburt, den er später zum imaginären Zentrum seines literarischen Kosmos gemacht hat: zu Macondo, das er erfand, so wie William Faulkner sein Yoknapatawpha und Juan Onetti sein Santa María. Zwar war dieses Nest von Gott und der Geschichte verlassen, doch Erinnerungen an karibische Märchen suchten es heim. Seine Einwohner waren wundergläubig. Die Begebenheiten, von denen sie erzählten, fand das Kind sensationell. In seiner schwülen Atmosphäre gediehen nicht nur Bananen, sondern auch Hoffnungen, die an der Stagnation der Tropen scheiterten. Einer der Romanhelden, der Oberst Aureliano Buendía, »zettelte zweiunddreißig bewaffnete Aufstände an und verlor sie allesamt. Er hatte von siebzehn verschiedenen Frauen siebzehn verschiedene Söhne, die einer nach dem anderen in einer einzigen Nacht ausgerottet wurden«.

Der junge Gabo konnte immerhin eine Jesuitenschule im kalten Bogotá besuchen. Das Jurastudium langweilte ihn. Er beschäftigte sich lieber mit Poesie und Literatur. Eines Abends lieh ein Freund ihm eine Kafka-Übersetzung. Er verzog sich in seine schmuddlige Pension und las *Die Verwandlung*. Das war eine Offenbarung. Er war arm. Man könnte sagen, daß er einer der vielen Hungerkünstler war, die sich auf den Straßen von Bogotá herumtrieben. Er verfaßte Rezensionen und schrieb Reportagen. Als er Aracataca nach Jahren wiedersah, schrieb er *Laubsturm*, seinen ersten Roman. »Von da an war ich nicht mehr zu stoppen.« Für die nächsten fünf Bücher, die er publizierte, bekam er keinen Pfennig Honorar.

Endlich entsandte ihn die Zeitung *El Espectador* als Korrespondenten nach Europa und New York. Um Zeit für seinen berühmten Roman zu gewinnen, ließ er diesen Job fahren und zog nach Mexiko. Mercedes, seine Frau, versetzte das Auto, den Fernseher und sogar den Kühlschrank, um die Miete aufzubringen.

1975 veröffentlichte er den Roman *Der Herbst des Patriarchen*. Für Zacarías, den negativen Helden des Buches, sagte Gabo, hätten Rafael Trujillo, die Familie Somoza und Generalissimo Franco Modell gestanden. Sein Schauplatz ist ein lateinamerikanisches »Scheißland« am Karibischen Meer.

Seine Freunde wiegten sich lange in dem festen Glauben, daß er alle lateinamerikanischen Caudillos verachtete. Das war ein Irrtum; denn mit Fidel Castro verband ihn seit Jahren eine unzerbrechliche Männerfreundschaft. Er war offensichtlich selber von der politischen Macht besessen, solange sie ein halbwegs linkes Abzeichen zur Schau trug. Castro magnetisierte ihn so stark, daß er hymnische Lobreden auf ihn hielt und sich von ihm beschenken ließ. Nach dem legendären »Fall Padilla« brach Mario Vargas Llosa mit ihm, ein alter Freund, der ihn nun als »Höfling Castros« beschimpfte.

Ich habe diese Neigung Gabos nie verstehen können. Mußte er sich geschmeichelt fühlen, wenn Olof Palme, François Mitterrand oder Felipe González ihn um seine Meinung und an ihren Tisch baten? Oder waren es Einsamkeit und Isolation, die er bei den Machthabern witterte, weil ihm diese Gefühle selbst nicht fremd waren?

1981 erklärte er in einem Interview: »Je mächtiger einer ist, desto weniger weiß er, wer ihn anlügt. Seine absolute Macht führt dazu, daß er jeden Realitätskontakt verlieren wird. Das ist die schlimmste aller Einsamkeiten. Alle sind nur darauf aus, ihn zu isolieren.«

Daran konnte 1982 auch ein Nobelpreis nichts ändern. »Eine absolute Katastrophe«, sagte er. Das würde sein Problem, das er mit dem Ruhm hatte, nur noch verschlimmern.

1999 erkrankte García Márquez an Krebs. In seinen letzten Jahren war er dement. Er verstarb 87jährig in Mexiko. Ein Teil seiner sterblichen Überreste wurde in Kolumbien bestattet, in Cartagena, weit entfernt vom Macondo seiner Träume.

XCII

Es gibt Lebensläufe, die den gängigen Milieutheorien hohnsprechen. Einem jüdischen Niederländer wie Harry Kurt Victor Mulisch zum Beispiel hätte jeder, der glaubt, die Umwelt präge das Kind, eine schlimme Prognose gestellt.

Sein Vater war nämlich Österreicher, also »Reichsdeutscher«, der in der Zeit der deutschen Okkupation als Bankdirektor in den Niederlanden mit der Arisierung jüdischen Eigentums befaßt war. Harrys Mutter hingegen war in Antwerpen geboren und kam aus einer jüdischen Frankfurter Bankiersfamilie. Sie entging der Deportation, weil ihr Mann sie schützen konnte, anders als Mulischs Großmutter und Urgroßmutter, die im Konzentrationslager starben.

Nach dem Krieg mußte Mulischs Vater als Kollaborateur eine Strafe verbüßen, an deren Folgen er 1957 starb. Die Mutter war 1951 in die USA ausgewandert, und der kleine Harry wurde von einem Dienstmädchen erzogen.

Schlechtere Karten hätte der kleine Harry gar nicht haben können. Und was ist aus diesem Jungen geworden, der von sich behaupten konnte: »der Zweite Weltkrieg, das bin ich«?

Ein strahlend aufgeweckter, allem Anschein nach glücklicher Schriftsteller mit hellblauen Augen und weißer Mähne, Mitglied eines exklusiven, halb ernstgemeinten, halb satirischen Herrenclubs, Ritter des Ordens von Oranien-Nassau und ein immerwährender Kandidat für den Nobelpreis. Es war eine Freude, ihn in Amsterdam zu treffen, sei es im Hotel ›American‹ am Leidseplein oder in seinem Haus an der Leidsekade. Ich glaube, einmal bin ich ihm sogar in Habana begegnet. Aber er wollte nicht, daß man ihm zu nahe kam. Er war ein abgrundtiefer Pessimist, witzig, kaltblütig und boshaft. 1961 fuhr Mulisch wie Hannah Arendt nach Israel, um über den Eichmann-Prozeß zu berichten. Über Ressentiments und Rachsucht waren sie beide erhaben. Sie schrieben Berichte über das Gerichtsverfahren und freundeten sich an.

Aber jenseits der Obsessionen, die ihn heimsuchten, gab es noch einen ganz anderen Mulisch: den Zauberer, Märchenerzähler, Fabulierer, der in seinem Debüt *Archibald Strohalm* den Schrecken des Krieges trotzt und leichtfüßig von einem Puppenspieler erzählt oder eine muntere Theatersatire wie *Höchste Zeit* schrieb.

Dann veröffentlichte Mulisch einen Roman, dessen Schauplatz Dresden war: *Das steinerne Brautbett*. Wie diese Stadt und die Biographie des Autors hat auch die Hauptfigur zwei Seiten oder zwei Gesichter: Als Bomberpilot gehörte der Amerikaner Norman Corinth zu den Tätern – und wurde selbst zum Opfer, als die Deutschen ihn mit seiner Lancaster-Maschine abschossen. Seitdem teilte eine senkrechte Narbe Corinths Gesicht in zwei Hälften. Elf Jahre nach Kriegsende ist dieser Mann, um an einem Zahnärzte-Kongreß teilzunehmen, nach Dresden zurückgekehrt. Auf der letzten Seite des Buches erzählt Mulisch, wie sein Held einen Fetzen Zeitungspapier findet, auf dem von der neunmaligen Zerstörung Trojas die Rede ist. – Dieser Winkelzug ließe sich höflich unter »poetische Lizenz« ausweisen.

Seinen größten internationalen Erfolg erreichte Mulisch 1982 mit dem *Attentat*. In diesem Roman geht es um einen niederländischen Polizisten, der mit den Deutschen kollaboriert. In der Folge verwickeln Täter und Opfer sich derart in ein Knäuel von Widersprüchen, daß alle vorgefaßten Urteile über Kollaboration und Widerstand zwielichtig erscheinen. Das Buch ist ein spannender Reißer und zugleich eine moralische Sonde, mit der Mulisch die Katastrophe des 20. Jahrhunderts auslotet.

1992 ging er in der *Entdeckung des Himmels* noch ehrgeiziger vor. Dieses Buch nimmt sich zuviel auf einmal vor: eine Chronik der niederländischen Gesellschaft, eine Auseinandersetzung über die Sterbehilfe, die vielbeschworene holländische Toleranz, die Aktionen der Amsterdamer Hausbesetzer und die cubanische Revolution. Aber damit noch lange nicht genug. Auch zwei Engel spielen eine Rolle, der Kabbala wird gedacht, und noch dazu erweist sich Mulisch als mystischer Agnostiker.

»Ein früher Tod zeugt von Mangel an Talent«, hat er einmal behauptet, und auch der freche Satz »Sterben ist nichts für mich« wird ihm zugeschrieben. Niemand bezweifelt, daß er mit viel Talent gesegnet war. Leider hat ihn der Tod im Alter von 83 Jahren in seinem Haus in Amsterdam eingeholt.

XCIII

Er sah gar nicht wie ein Schriftsteller aus, sondern wie ein alter Bauer. Daß man wenig über Veijo Meri weiß, liegt aber nicht daran, daß es wenig zu erzählen gäbe. Sich auf die Finnen und ihre Sprache einen Reim zu machen ist bekanntlich nicht leicht. Angeblich kommen sie aus einer Gegend, die hinter dem Ural liegt. Die ganze Welt rätselt an ihnen herum. Selbst im nördlichen Europa tut man sich schwer mit ihnen, obwohl es einen Nordischen Rat gibt, der versucht, sie einzugemeinden. Aber sie sind eigensinnig, und gerade das reizt ihre Nachbarn, die sich lange einbildeten, man könne Finnland kolonisieren. Daran sind zuerst die Schweden und dann die Russen gescheitert. Auch die Deutschen haben zweimal erfolglos probiert, das Land unter die Fittiche ihres Reichsadlers zu nehmen.

Der Ignoranz der Außenwelt kann nur die Literatur abhelfen. Dazu ist sie am besten geeignet. Man braucht nur das *Kalevala* zur Hand zu nehmen oder Veijo Meris Erzählungen, um etwas von Suomi zu begreifen. Suomi und nicht Finnland ist nämlich der Eigenname dieses menschenleeren, insel- und seenreichen Landes. Auf seinem Wappen ist ein goldener Löwe zu sehen, der ein europäisches Schwert schwingt und versucht, mit den Füßen einen tatarischen Krummsäbel niederzutreten. Veijo Meri ist in Viipuri geboren, einer kleinen Stadt in Karelien. Ihre Einwohner könnten aber auch behaupten, sie seien in Viborg oder Vyborg zu Hause, je nachdem, wer dort gerade herrscht: die Schweden, die Russen oder die Finnen. Das bedeutet natürlich dauernde Kriege, die um dieses Fleckchen Erde geführt wurden. Das blutige Gerangel fing mit dem finnischen Bürgerkrieg an, setzte sich fort mit dem ›Winterkrieg‹ von 1939-1940 und endete erst 1945, als die Rote Armee dem Bündnis Finnlands mit dem Deutschen Reich ein Ende machte. Seitdem herrscht endlich Ruhe im karelischen Nordosten Europas.

Meri ist gewiß der moderne Klassiker, den die Finnen am meisten lieben, weit mehr noch als ihren einzigen Nobelpreisträger, der im Ausland mit mittelmäßigen Romanen, die *Das fromme Elend* oder *Sonne des Lebens* heißen, von sich reden machte. Sie wurden einst von den Buchclubs angepriesen und sind heute vergessen.

Da ist Veijo Väinö Valvo Meri schon ein Autor von anderem Kaliber. Sein Vater war Unteroffizier. Als Kind lebte er im Milieu der Kasernenhöfe und der Offiziersclubs von Hämeenlinna; dorthin war die Familie nach dem Weltkrieg gezogen. Er ging zur Schule, studierte Geschichte und wurde Schriftsteller. In seinem Roman *Das Garnisonsstädtchen* ist ein grotesker Humor zu spüren, der mit nüchternen Details aufwartet ebenso wie mit phantastischen Episoden. Das ganze Leben spielt sich in der Kaserne ab. Ihre Disziplin, ihre Verbote und Befehle werden nur von den anarchischen Glücksmomenten der Kindheit durchbrochen.

Der Krieg ist lange Meris Thema geblieben. Das ist schon an den deutschen Titeln seiner Bücher abzulesen. Sie heißen *Der Wortbruch*, *Die Ereignisse aus dem Jahr 1918* und *Der Töter*. Meris berühmtestes Buch ist *Das Manilaseil*, das in ein Dutzend

Sprachen übersetzt wurde. Man kann in der Hauptfigur dieses Romans einen finnischen Schwejk sehen. Aber die Abenteuer des Soldaten Keppilä sind absurder, sein Humor ist düsterer, die Episoden sind schärfer radiert als bei Jaroslav Hašek. Eine Meute von verwilderten Schweinen kämpft auf einem Schlachtfeld um die Leiche eines Obersten; ein Feldwebel wird von einem psychotischen Rekruten erschossen; und das Manilaseil, das der Held unter großen Mühen gerettet hat, um es seiner Frau als Wäscheleine mitzubringen, endet auf dem Misthaufen ihres Bauernhofes.

Meri war nicht nur ein Erzähler. Er schrieb auch Dramen, Hörspiele, Gedichte und Essays. Villon, Strindberg und Shakespeares *Hamlet* übersetzte er ins Finnische. Nach langer Krankheit ist er mit 86 Jahren in Helsinki gestorben.

XCIV

Es war schwer, ihn zu loben. »Den Gedanken an Ruhm« hielt er »für senile Selbstbefriedigung, den an Unsterblichkeit einfach für lächerlich«. An seiner »Karriere«, stellte er fest, sei »etwas Absurdes, etwas, das man kaum zu Ende denken kann«.

Imre Kertész war sehr liebenswürdig. Aber von seinem Zauber habe ich mich nicht täuschen lassen. Denn dahinter stand einer, der unerbittlich sein konnte, sich selbst gegenüber und der Welt, in die es ihn verschlagen hatte.

Er hat sich dieses Los nicht ausgesucht. Es ist ihm nichts anderes übriggeblieben; Schreiben war für ihn die einzig mögliche Antwort auf die Frage, wie man nach dem Überleben überleben soll.

Nie ist der große Mord so dargestellt worden, als verzweifelter Versuch, ihn zu verstehen, wie im *Roman eines Schicksallosen*. Ein Kind wird gefangen und verschleppt. Es scheitert bei der quälenden Anstrengung, irgendeinen Sinn in dem zu finden, was ihm zustößt. Wie die anderen Häftlinge versucht es, ein guter Häftling zu sein. »Schon beim ersten Schlag legte ich mich schleunigst zu Boden, und das Weitere spürte ich gar nicht mehr.«

»Mal mit liebevollen Worten, mal mit strenger Ermahnung brachte man mich zur Reife, um mich auszurotten. Ich protestierte nie, ich war bestrebt, alles zu tun, wozu ich imstande war«, erklärte Imre Kertész. Eine so entsetzliche Unschuld zu beschreiben hat vor ihm keiner gewagt. Erst nach der endlosen Erniedrigung, nach dem Töten, nach der »Befreiung«, nach der Rückkehr in die Normalität, in eine Welt, die weiterlebt, als wäre nichts geschehen, verweigert er der Gegenwart, die zur Tagesordnung übergehen will, jede Nachsicht und jedes Verständnis.

»Vielleicht habe ich zu schreiben angefangen, um Rache zu nehmen.« Von nun an war er überall und in allen Sprachen ein geistiger Asylant. »Schon seit langem suche ich weder Heimat noch Identität. Ich bin anders als sie, anders als die anderen, anders als ich.«

Das galt vor allem für Budapest, wo er geboren wurde, und für Ungarn, wo er aufwuchs. Weil seine Familie jüdisch war, wurde er mit 14 Jahren im Juli 1944 über Auschwitz nach Buchenwald deportiert. Im April 1945 ist er nach Budapest zurückgekehrt.

1960 begann er mit der 13 Jahre dauernden Arbeit am *Roman eines Schicksallosen*, der 1975 in Ungarn erscheinen konnte. Unter dem kommunistischen Regime war an seine Publikation nicht zu denken. Kertész hatte kein Geld. Lange lebte er von seinen Übersetzungen aus dem Deutschen; Werke von Schnitzler und Hofmannsthal, Joseph Roth und Canetti brachte er ins Ungarische.

Manchmal war er sogar gezwungen, Libretti für das Musiktheater zu schreiben. Zwar blühte die ungarische Operette auch unter der Herrschaft der Partei, die das Volk bei Laune halten wollte, wenngleich unter propagandistischen Vorgaben. Aber ein Vergnügen war das nicht.

Imre hat sich weder von der Zensur noch von der Armut aufhalten lassen. Er arbeitete beharrlich an seinen nächsten Romanen: *Kaddisch für ein nicht geborenes Kind* und *Fiasko*. Zusammen mit der *Liquidation* werden diese Werke heute als »Tetralogie der Schicksallosigkeit« auf einen Nenner gebracht; aber das war, wie Kertész sagte, nur die abwegige Idee eines blöden Journalisten.

»Ich fragte mich, wie die Leute mit dem Sturz des Kommunismus und mit dem Sieg der Demokratie umgehen würden, und ich hörte ihnen aufmerksam zu. Ihre Geschichten waren voller Lügen. Eine Gesellschaft voller Denunzianten ändert sich nicht von einem Tag auf den andern.«

Autoritätshörigkeit und Antisemitismus hatten die Zeitenwende mühelos überstanden. Das Land versank in Nostalgie, Selbstmitleid und Opportunismus. Deshalb zog Kertész 2001 mit seiner Frau ins Berliner Exil, wo man ihn schätzte und wo er Freunde fand. Dann erreichte ihn der Nobelpreis. Sein Kommentar war einleuchtend: »Wenn du glaubst, du könntest eine Wirkung haben, wenn du dir einbildest, du seist wichtig, dann ist das Spiel aus.«

In einem seiner letzten Interviews sann er darüber nach, ob ihn die Arbeit oder seine Krankheit umbringen würde. James Parkinson, einem englischen Arzt, der dieses Leiden 1817 als erster beschrieben hat, wurde, wie den Herren Basedow und Alzheimer, eine traurige Form der Unsterblichkeit zuteil. Imre konnte, als ich ihn zum letzten Mal sah, nicht mehr schreiben, er stotterte, zitterte und war hinfällig.

Ich wundere mich darüber, daß er es so lange unter uns ausgehalten hat und daß er es fertigbrachte, auch dieses Wunder noch zu überleben.

XCV

»Warum sprichst du so leise?« fragte ich ihn.

»Weil ich jedem etwas anderes erzähle.« Alles, was er gemacht hat, verdanke er Hitler und Stalin, versicherte Heiner Müller allen, die es hören wollten. Er war der einzige Schüler, der sich von Brechts Übermacht, der so viele anheimfielen, befreit hat.

Freundschaft war das nicht, was wir füreinander empfanden; wir fremdelten eher. Aber an Respekt und Bewunderung für seine Unverfrorenheit und seine Intelligenz hat es mir nie gefehlt.

Geboren ist er irgendwo in Sachsen. Den Vornamen Reimund legte er bald ab. Sein Vater war erst Sozialdemokrat und nach dem Krieg Mitglied der Sozialistischen Einheitspartei. Heiner war in der Hitlerjugend und beim Reichsarbeitsdienst. Ist das wichtig? Muß man das wissen? Zeitungsbeiträge, Schriftstellerverbände, Selbstkritiken, Ausschlüsse, Rehabilitationen – alles spannend für die Beteiligten, aber leider auch öde.

Müllers *Umsiedlerin* wurde nach der Uraufführung 1961 sofort abgesetzt. Er flog aus dem Schriftstellerverband, was einem Berufsverbot gleichkam, und mußte sogar »in die Produktion«, was im Arbeiter- und Bauernstaat als strenge Strafe galt.

Gegen Kritik war er unempfindlich. Er ließ sie an sich abtropfen. Einmal habe ich ihm gestanden, daß mir seine ersten Stücke die liebsten sind, *Der Lohndrücker* von 1956/57 und *Die Korrektur.* »Was du später gemacht hast«, beklagte ich mich, »war mir zu unverständlich und zu anstrengend.« Er war weit davon entfernt, beleidigt zu reagieren; er zog nur an seiner Zigarre und sagte: »Wahrscheinlich hast du recht.« Vielleicht erinnerte er sich daran, daß man ihn in der Bundesrepublik lange Zeit boykottiert hatte, oder daran, daß ich ihn als Dramatiker ernst genommen und 1966 ein Stück von ihm im *Kursbuch* gedruckt hatte.

Zur literarischen Überlieferung hat er sich ausbeuterisch und produktiv verhalten. Er nahm sich, was er brauchen konnte, ohne Ansehen der Person. Shakespeare oder Anna Seghers, Hölderlin oder Erich Neutsch, Choderlos de Laclos oder Fjodor Gladkow, das galt ihm gleich.

Dann wurde er auf einmal »rehabilitiert«, bekam allerhand Preise, durfte schreiben, was, und reisen, wohin er wollte. Im kapitalistischen Westen machten seine Stücke bei wenigen Auserwählten enormen Eindruck, besonders in Paris und in den Vereinigten Staaten. Vielleicht lag das daran, daß Intendanten, Regisseure und Kritiker nicht wußten, was eine *HAMLET-MASCHINE* sein soll und was er mit *Leben Gundlings Friedrich von Preußen Lessings Schlaf Traum Schrei. Ein Greuelmärchen* oder mit *Verkommenes Ufer Medeamaterial Landschaft mit Argonauten* eigentlich sagen wollte. Sie waren eingeschüchtert von der Mode, die dem Theater heilig ist, nicht zuletzt von Bob Wilsons Zauber- und Beleuchtungskunststücken und von Heiners orakelhafter Autorität.

Einmal traf ich ihn in New York an einer Tafel, wo ich einen Toast auf ihn ausbrachte, indem ich ihn seinen Bewunderern als den »führenden Sado-Marxisten« ans Herz legte.

Geradezu genial war er, wenn ihn jemand interviewte. Schlagfertig und ideologisch bedenkenlos rückte er mit Einsichten heraus, die niemand sonst riskierte. Es war ihm völlig egal, wenn er damit alte Freunde und vor allem die eigenen Genossen vor den Kopf stieß. Diese Gespräche mit Alexander Kluge, André Müller und Frank M. Raddatz gehören zu seinen größten Leistungen.

Es gibt auch Gedichte von ihm, die haltbarer sind als die *Bricolage* seiner späten Theaterarbeiten. An »3 Selbstkritik«, »Selbstbildnis zwei Uhr nachts« oder an »Mommsens Block« wird der Zahn der Zeit auch zukünftig noch viel zu nagen haben.

Heiners Zynismus hatte seine Grenzen. Als ihm vorgeworfen wurde, er habe eng mit der Staatssicherheit zusammengearbeitet, war er wirklich gekränkt und verfiel in eine Depression. Er ging sogar ausnahmsweise soweit, sich zu verteidigen. In der zweiten Auflage seines Buches *Krieg ohne Schlacht: Leben in zwei Diktaturen* erklärte er, daß er nur vorhatte, etwas gegen die »wachsende Hysterie der Macht« zu unternehmen.

Mit 65 Jahren ist er an Krebs gestorben. Sein Grab liegt auf dem Dorotheenstädtischen Friedhof in Berlin. Die Trauerfeier glich einem Staatsakt. Ein Defilee von Politikern und Künstlern stapfte durch den Schnee. Man verneigte sich und warf mit Blumen. Wolfgang, der jüngere Bruder des Dichters, hat zu dieser Zeremonie folgendes zu sagen:

»Heiner wollte in New York oder in den Slums von São Paulo auf einer Müllkippe begraben sein. Wir haben ihn in ein offizielles Ehrengrab in Preußen gelegt. So wie ich Heiner kannte, glaube ich nicht, daß er dort liegenbleiben wird. Nur das Gras des Vergessens, das jetzt schon auf ihm wächst, würde ihm gefallen.«

XCVI

Er war damals so viel unterwegs, daß man ihn in Warschau selten antraf. Deswegen konnte ich Ryszard Kapuściński immer nur anderswo begegnen. Unverhofft liefen wir uns einmal in Antwerpen über den Weg. »Wo kommst du denn her?« riefen wir beide. Ich sah, daß er fror. Sein abgetragener Mantel war zu dünn an diesem Wintertag. Ich schlug ihm vor, einen neuen zu kaufen. Aber die eleganten Läden und die Kaufhäuser gefielen ihm nicht. Zuviel Auswahl, zu teuer. »Weißt du, ich kann mich immer noch nicht an eure Konsumräusche gewöhnen. Du weißt, daß ich aus Pińsk komme, einem Kaff, das heute in Weißrußland liegt. Das war und ist Dritte Welt. Damit kenne ich mich aus.« Am Ende fanden wir bei einem Trödler am Hafen, was er suchte, einen dicken, billigen, altmodischen Überzieher.

1940 ist Kapuścińskis Mutter mit ihm aus Ostpolen geflohen, weil ihnen nach der vierten Teilung des Landes durch den Hitler-Stalin-Pakt und nach dem Einmarsch der Roten Armee die Deportation nach Sibirien drohte. 1945 erreichten sie beide Warschau. Dort stellte sich für den Jungen eine gewisse Normalität ein: Heirat, Studium und Mitgliedschaft in der Polnischen Vereinigten Arbeiterpartei. 1958 heuerte ihn die offizielle polnische Nachrichtenagentur an, in deren Auftrag er als einziger Auslandskorrespondent des Landes die ganze Welt bereist hat. Die Agentur konnte sich mit knapper Not die paar Dollars fürs Hotel und für den Fernschreiber leisten. Ihr Reporter aß in Straßenküchen, hauste in Slumvierteln und mußte mit Bedingungen auskommen, die kein westlicher Korrespondent akzeptiert hätte. Schießereien, Malaria-Anfälle, Schikanen und Sandstürme hat er über sich ergehen lassen, Staatsgründungen, Putsche, Bürgerkriege miterlebt und Machthaber wie Nkrumah, Kenyatta und Idi Amin beobachtet.

Ich kannte fast alles, was er schrieb, und war eine Zeitlang sogar sein deutscher Verleger. Ich wußte immer, daß er ein geborener Erzähler war und daß er es mit den Tatsachen nicht so genau nahm. *König der Könige*, vielleicht sein schönstes Buch, liest sich auf weite Strecken wie ein phantastischer Roman. Schon sein Untertitel, *Eine Parabel der Macht*, läßt ahnen, daß es dem Autor nicht nur um Haile Selassie ging, den Kaiser von Äthiopien, um seinen Aufstieg zur Herrschaft und seinen Sturz, sondern auch um die *Nomenklatura*, die Polen regierte. Der Hof des Löwen von Judäa war, wie er in einem Interview sagte, »nur ein Exempel für den Widerspruch, der überall auftritt, wo ein autokratisches System mit den Notwendigkeiten der Modernisierung konfrontiert ist. Mein Buch handelt vom universellen Code der Machtpolitik. Die Führung der Sowjetunion weist verblüffende Ähnlichkeiten mit dem äthiopischen Hof auf. Das zeigt sich nicht nur an den Sitten und Ritualen, die dort üblich waren, sondern auch an der Paranoia, der Atmosphäre des Verdachts, der manischen Geheimniskrämerei und den Schwierigkeiten, die auftauchen, wenn die absolute Macht in eine existenzbedrohende Krise gerät.« Die Frage war: »Ist der *König der Könige* eine Collage, ein Palaver, ein Sachbuch? Ist es Literatur? Fiktion oder Non-fiction? ... Man muß sich etwas Neues einfallen lassen, um so etwas zu beschreiben.«

Mit einem Wort, man muß dichten. Ein Dichter ist jemand, der es, wie Plato sagt, nicht lassen kann, zu lügen. Das hat man lange genug auch Kapuścińskis Vorbild Herodot nachgesagt. Der war ebenfalls kein Händler, kein Spion, kein Diplomat oder Tourist, sondern ein Reporter, der erste der antiken Welt, ein Schriftsteller, den man auch als Anthropologen und Erzähler betrachten kann und der oft kritisiert worden ist, weil er sich an die Spielregeln der Historiker nicht gehalten hat. An Vorwürfen dieser und anderer Art hat es auch nach Kapuścińskis Tod nicht gefehlt. Eifrige Forscher haben nachgewiesen, daß er dem polnischen Geheimdienst SB ab und zu Informationen geliefert hat. Was denn sonst? Wozu hätte die Partei ihn jahrzehntelang unbehelligt umherschweifen und das schreiben lassen, wozu er Lust hatte, wenn dabei nicht ein paar Brosamen für sie abgefallen wären? Niemand hat bewiesen, daß er damit einem Kollegen geschadet hätte.

2007 ist mein Freund Ryszard in Warschau an den Folgen einer Herzoperation gestorben.

XCVII

Warum sollten seine »Ratschläge für einen jungen Schriftsteller« aus dem Jahr 1984 nur für Junioren gelten? Auch die Älteren sollten sich vieles, was Danilo Kiš zu bedenken gibt, hinter die Ohren schreiben:

»Halte dich fern von Fürsten.
Behalte folgende Maxime immer im Sinn: ›Wer das Ziel erreicht, verfehlt alles Übrige.‹
Kümmere dich nicht um Wirtschaft, Soziologie, Psychoanalyse.
Schenke den Propheten keinen Glauben, denn du bist selbst ein Prophet.
Sei kein Prophet, denn der Zweifel ist deine Waffe.
Setze nicht auf den Augenblick, denn du würdest es bereuen.
Setze nicht auf die Ewigkeit, denn du würdest es bereuen.
Denke nicht, daß deine Literatur ›der Gesellschaft nützt‹.
Äußere deine Meinung nicht zu allen Dingen.
Bringe in Erfahrung, was die anderen denken, und vergiß es dann.

Glaube nicht an die Unsterblichkeit des Schriftstellers, denn das sind Professorendummheiten.

Sei nicht tragisch-ernst, denn das ist komisch.«

Ich bin Danilo Kiš mehrmals begegnet, in Berlin, in Amsterdam oder beim PEN-Club in New York. Er war ein temperamentvoller Mann mit wuscheligem Schopf, voller Gedankensprünge, der ohne eine Spur von Vorbehalt fließend Deutsch sprach. Was mir am meisten gefiel, war seine Erkenntnistheorie, die er selbst mit Hilfe seiner Hausgötter Jorge Luis Borges und Bruno Schulz verfertigt hat. Die Ambivalenz von Faktum und Fiktion ist für sein literarisches Verfahren typisch. Auch das Thema der Fälschung hat ihn immer beschäftigt.

Danilo Kiš ist in Subotica im Königreich Serbien geboren. Der Vater war Jude, Eisenbahninspektor von Beruf, kam aus Österreich-Ungarn und hieß ursprünglich Kon. Die Mutter war Montenegrinerin. Im Zweiten Weltkrieg wurde Danilos Vater in Auschwitz-Birkenau ermordet. Die Mutter floh mit dem Jungen, der getauft war, nach Ungarn, wo sie überlebten und 1947 mit Hilfe des Roten Kreuzes nach Montenegro repatriiert wurden. Nach dem Studium überlebte er in Belgrad als polyglotter Übersetzer, womit er auch seine eigene Autorschaft finanzierte. Lange hat er in Frankreich als Lektor für serbokroatische Literatur gearbeitet. 1962 erschien sein erstes Buch, *Die Dachkammer*.

Was er schrieb, wurde der Partei immer unheimlicher. In der Presse wurden Plagiatsvorwürfe gegen ihn laut. Der Literaturbetrieb in Belgrad ödete ihn an. Im Ausland begann sein Name auf der Vorschlagsliste des Nobelpreises aufzutauchen. Er reiste viel und war am liebsten in Paris.

Ich erinnere mich, wie er mich einmal auf Maurice Jolys *Streit in der Hölle* und auf die unwahrscheinliche Geschichte dieses Buches aufmerksam gemacht hat. Die berüchtigten *Protokolle der Weisen von Zion* beruhen zu großen Teilen auf Jolys *Dia-*

logen zwischen Machiavelli und Montesquieu, stellten sie aber derart auf den Kopf, daß eine radikale Verteidigung der Demokratie in ihr Gegenteil verkehrt wird.

Was dabei herauskam, war eine antisemitische Hetzschrift, die bis heute überall auf der Welt herumspukt, eine unzweideutige Fälschung, deren Herkunft nie vollständig aufgeklärt wurde. Danilo Kiš schrieb darüber eine Erzählung, »Das Buch der Könige und Narren«, die in einem seiner beiden Hauptwerke, in der *Enzyklopädie der Toten,* zu finden ist.

Das zweite, *Ein Grabmal für Boris Dawidowitsch,* 1976 in Belgrad erschienen und nur 170 Seiten lang, ist wohl die radikalste literarische Auseinandersetzung mit dem Stalinismus. Sie erregte bei der jugoslawischen Einheitspartei so viel Widerwillen, daß Kiš seinen Wohnsitz nach Paris verlegen mußte.

In »sieben Kapiteln ein und derselben Geschichte« werden die dramatischen Lebensläufe von zumeist jüdischen Revolutionären aus Ungarn, Polen und Rußland erzählt, die Opfer ihrer Gesinnung werden, sobald die Macht des Apparates sich gegen die eigenen Leute wendet. Ihr Grabmal ist ein Kenotaph, weil sie im Gulag verscharrt oder im Keller der Geheimpolizei ermordet wurden.

Der Text ist eine Montage aus Dokument und Fiktion, ein Tohuwabohu aus pedantischen Belegen, Gaunerjargon und revolutionären Parolen. Nur mit Danilos Methode ließen sich die Konflikte und Widersprüche der Hauptfiguren und die chaotischen Wendungen ihrer Geschichte darstellen. Alle sieben Geschichten hängen miteinander zusammen und bilden ein virtuoses Knäuel aus vielfarbigen historischen Fäden, die zwischen dem Mittelalter und dem 20. Jahrhundert changieren. Sie sind dazu angetan, den Leser zu verwirren und ihn zu hypnotisieren.

In Paris ist Danilo Kiš mit 54 Jahren an Lungenkrebs gestorben. Vielleicht ist sein früher Tod daran schuld, daß sein Werk heute schon halb vergessen ist.

XCVIII

Auch ich gehörte in den sechziger und siebziger Jahren dem umherschweifenden Dichter-Club an, der sich bald in Lissabon oder London, bald in Kalifornien oder Stockholm traf, eingeladen von irgendeiner Stiftung, von einem wohlmeinenden Bürgermeister oder von der reichen Erbin eines Ölimperiums. Es gibt immer noch Menschen und Institutionen, die glauben, die Poesie fördere ihr Prestige. Woran das liegt, kann ich nicht sagen.

Man hörte sich bei solchen Veranstaltungen an, was die anderen vorlasen, und verbrachte lange Nächte in einer verräucherten Hotelbar. Auch wenn ich längst nicht mehr dazugehöre, gibt es wahrscheinlich solche Treffen nach wie vor.

So habe ich auch Joseph Brodsky öfters erlebt, zum ersten Mal, glaube ich, in Rotterdam. Sein Selbstbewußtsein war frappant. Er nahm Maß an Horaz und Vergil. Nur wenige seiner russischen Zeitgenossen fanden Gnade vor seinem Urteil: Achmatowa, Mandelstam und Zwetajewa. (Großzügiger verfuhr er mit Dichtern der englischen Zunge, wie Auden, Walcott, Frost oder Lowell.)

Einem Beichtvater wäre die Wahl zwischen seinen Todsünden leichtgefallen. Es war die *superbia*. Der Hochmut war seine Waffe, und er wußte sie zu gebrauchen. Nur hatte er keinen Pfarrer, der ihm die Absolution erteilt hätte. Er war ja Jude. »Ein schlechter Jude«, gestand er 1979 einem Besucher, denn er kämpfte nicht für das Judentum, sondern für die Sprache: »Für mich ist sie die einzige Gottheit.« Genauer gesagt, war es die Poesie. Die sei nicht bloß eine Kunst wie die anderen, sondern viel mehr: der höchste Ausdruck des Sprachvermögens, unsere anthropologische, genetisch verwurzelte Bestimmung. Warum die Amerikaner nicht, wie seinerzeit die Russen, zu großen Dichterlesungen strömten, konnte er sich einfach nicht erklären.

Die Moskauer Splitterrichter im Schriftstellerverband würdigte Brodsky keiner Zurechtweisung, und der Justiz, die ihm den Prozeß machte, begegnete er mit kaltblütiger Herablassung. Seine russischen Verse trug er mit der in Rußland herkömmlichen Emphase vor. Erst als er anfing, selber in steilem Englisch Gedichte zu verfassen, dämpfte er dieses Pathos. In die Sprache der Engländer war er geradezu verliebt; nötigenfalls übersetzte er sich selber.

In den siebziger Jahren hauste er im Greenwich Village. In seiner Wohnung häuften sich Papiere, Zettel und Bücher. Auf dem Kaminsims waren Photos von Anna Achmatowa, Auden, Spender und Paz zu sehen. Er war Kettenraucher.

Nadeschda Mandelstam hat diesem jungen Mann prophezeit, er werde ein böses Ende nehmen. Das steht im zweiten Buch ihrer Erinnerungen, *Generation ohne Tränen*. Was sein Verbleiben in Rußland angeht, hat sie damit recht behalten.

Iossif Alexandrowitsch Brodskij ist in Leningrad geboren. Seinen Vornamen verdankt er absurderweise Stalin. Mit 18 fing er an, Gedichte zu schreiben, aber »ein Rimbaud«, sagte er, »war ich damals nicht«. Erst später hat er mit seinen Gaben ernst gemacht. Er wohnte bei seinen Eltern in einer *kommunalka*.

Während der Belagerung durch die deutsche Wehrmacht waren die Brodskijs nicht nur arm, sie wären fast verhungert. Die elterliche Wohnung in Leningrad hat er als seine private Höhle beschrieben, in einem denkwürdigen Aufsatz mit der Überschrift »In eineinhalb Zimmern«. Er arbeitete als Maschinist, in einem Leichenschauhaus und auf einem Schiff. Geologische Expeditionen, an denen er teilnahm, führten ihn in die entlegensten Gegenden der Sowjetunion. Als er zum ersten Mal verhaftet wurde, drohte ihm der KGB mit der Verbannung nach Sibirien. Das beeindruckte ihn nicht, weil er mit öden Zonen vertraut war.

Brodsky war ein großer Autodidakt. Englisch lernte er mit Hilfe eines Wörterbuchs. Ausländische Literatur verschaffte er sich aus dem Untergrund. Den Namen Eliot kannte er; der sei ein Markenzeichen wie Coca-Cola gewesen. »Schon 1936 gab es erste, unbeholfene Übertragungen seiner Gedichte. Sie aufzutreiben war nicht leicht; denn die Übersetzer wurden alsbald eingesperrt oder umgebracht.«

Nach einer Pressekampagne, die seine Verse als pornographisch und antisowjetisch denunzierte, wurde er 1964 vor Gericht gestellt und als »Nichtsnutz und Parasit« zu fünf Jahren Zwangsarbeit verurteilt. Sein Prozeß erregte großes Aufsehen, und seine Verteidigung wurde legendär. Nach 18 Monaten verbannte man ihn nach Archangelsk. Anna Achmatowa soll sich sehr für ihn eingesetzt haben.

1972 hat ihn das sowjetische Reich ausgebürgert. Ihm was sofort klar, daß er von Rußland für immer Abschied nehmen mußte. »Ich hatte keine Ahnung, wohin. Auf keinen Fall wollte ich nach Israel. Ich konnte ja kein Wort Hebräisch. Es war Auden, der mir zu einer Einladung nach London verhalf. Dort gab es ein Festival namens ›Poetry International‹. Ich wohnte bei Stephen Spender.«

Amerikanische Universitäten boten ihm eine Existenzgrundlage. Er war offenbar ein guter Lehrer. 1977 nahm er die Staatsbürgerschaft der USA an. Es folgten Schlag auf Schlag Bücher, Übersetzungen und Auszeichnungen. 1987 kam der Nobelpreis, eine Ehre, die er anstrengend fand. Er war nicht gesund. Seit Jahren hatte er mit Herzproblemen zu tun. Seine *idée fixe* war, in Venedig zu leben, das ihn an Sankt Petersburg erinnerte. Daß die Stadt dabei war, langsam zu versinken, störte ihn nicht. Er fand sogar Gefallen an der Dekadenz. Auf Paläste legte er allerdings keinen Wert. Er begnügte sich mit einer bescheidenen Pension unweit der ›Accademia‹. 1996 starb er in New York an einem Herzinfarkt. Sein Grab liegt auf der Friedhofsinsel San Michele. Ich hoffe, daß man ihn dorthin nicht mit einem Motorboot gebracht hat, sondern nach venezianischer Sitte mit einer blumengeschmückten Trauergondel.

»I like the idea of isolation, I like being in exile«, soll er zuletzt gesagt haben.

Ein neunundneunzigster Überlebenskünstler könnte Ismail Kadare sein, der sich aber guter Gesundheit erfreut und dem ich ein langes Leben wünsche. Das disqualifiziert ihn aber für diese kleine Sammlung. Trotzdem möchte ich seine Kunst dem Leser nicht vorenthalten:

XCIX

Dieser undurchsichtige Mensch hat mich vor vielen Jahren einmal in München aufgesucht. Ich weiß nicht, aus welchem Grund. Ismail Kadare war höflich und nicht auf zynische Scherze aus. Ich vermied es denn auch, ihm heikle Fragen zu stellen, und so verlief unsere Unterhaltung wie auf dem diplomatischen Parkett.

Das war schade; denn ich war neugierig. Von seiner überbordenden Produktion kannte ich nur einen frühen Roman aus dem Jahr 1963. Es war *Der General der toten Armee*, den er mit 26 Jahren schrieb und der seinen Ruhm begründete.

Unlängst fiel mir ein anderes seiner Bücher in die Hände: *Die Dämmerung der Steppengötter*, übersetzt von Joachim Röhm. Es handelt von den paar Jahren der Chruschtschow-Zeit, die

Kadare in Moskau als Stipendiat am Maxim-Gorki-Institut zubrachte, und von den Auseinandersetzungen um Pasternaks *Doktor Schiwago.*

Soll dieser Roman eine politische Abrechnung mit der Sowjetunion sein, oder ist er nur eine banale Liebes- und Klatschgeschichte? Hält sich der Verfasser an Tatsachen, oder saugt er sich seine Geschichten aus den Fingern? Gab es all diese Minister, Spitzel, Säufer und Dichter wirklich? Auf den meisten Seiten wimmelt es von unbekannten Namen. Beliebig werden irgendwelche russischen, albanischen, kirgisischen Sprüche zitiert, kommentarlos und natürlich ohne Übersetzung. Hie und da tauchen auch gute alte Bekannte auf, wie Konstantin Paustowski, Boris Pasternak und Jewgeni Jewtuschenko. Ilja Erenburg wird von einem der Stipendiaten als »alte Hyäne« beschimpft. Skandale und Gerüchte scheinen Kadare zu entzücken. Dann wieder wird er plötzlich pedantisch und zählt jede Straßenecke auf, an der er vorbeikam. Seine Ticks und Zwangsneurosen erinnern an Knut Hamsuns erstes Buch, *Hunger,* dem er offenbar viel verdankt, ohne ihn beim Namen zu nennen.

Warum ich dieses mißratene Buch nicht in die Ecke warf, obwohl es eine einzige Zumutung ist, kann ich kaum erklären. Das Schriftstellerheim, das er schildert, ist eine Hölle, besiedelt von Gespenstern. Ein dichter Nebel hängt über der Erzählung, die voller historischer Reminiszenzen und abergläubischer Vorstellungen ist. Immer wieder greift Kadare zu wilden Metaphern. Vielleicht waren sie es, die mich bei der Stange gehalten haben: »Auf den Hausdächern«, schrieb er hin, »ragten Hunderte von Fernsehantennen empor wie die Gehstökke empörter Greise.« So etwas fällt ihm auf jeder dritten Seite ein. Moskau ist in seinen Augen eine surreale Welt ohne Surrealismus.

Verfaßt wurde der Text, wie der Autor selber sagt, in »Tirana 1962-1976«. Vierzehn Jahre sind eine ziemlich lange Gestationsperiode für einen so schmalen Roman. Es ist ein Wunder, daß dieses Buch in einer stalinistischen Diktatur überhaupt erscheinen konnte, wenn auch von der allmächtigen Zensur verkürzt und verstümmelt.

Das hat Gründe, die verwickelt und lehrreich sind. Enver Hoxha, der von 1944 bis 1985 in Albanien herrschte, länger als alle anderen Diktatoren in Osteuropa, hat diesen Schriftsteller zeitlebens protegiert. Nicht nur, weil er wie Kadare aus Gjirokastra stammt, einem geschichtsträchtigen Kaff im Süden des Landes, sondern auch, weil Hoxha selber ein Intellektueller und ein Dichter sein wollte und seinen Schützling heimlich beneidete.

Als der Alleinherrscher 1961 die politischen Beziehungen Albaniens zur Sowjetunion abbrach, wiesen die Russen Kadare aus, und er kehrte nach Tirana zurück. Zwölf Jahre lang war er Abgeordneter des dortigen Gummistempel-Parlaments. »Das hatte einen ähnlichen Wert«, sagt er, »wie eine Mitgliedschaft im ›Club Méditerranée‹.«

Er soll der Einheitspartei schon im Alter von zehn Jahren beigetreten sein, übernahm später allerhand Funktionärsposten und gehörte dem Direktorium des Schriftstellerverbandes an. Hoxha wählte ihn als Begleiter, wenn er zu Verhandlungen nach Moskau fuhr. Alle Wendungen der politischen Linie und die vielen Säuberungen Hoxhas hat er unbeschadet überstanden. Bis zum Tod des Diktators konnte er ungehindert publizieren. Er nahm seine Zuflucht zu Stoffen aus weit entfernten Epochen, aus dem alten Ägypten und aus dem ottomanischen Reich, und hoffte auf Leser, die seine Allegorien verstanden. »Alle literarischen Innovationen sind müßig«, hat er behauptet; er brauche *Finnegans Wake* nicht; Camus ziehe er Sartre bei weitem vor.

Einen gewissen Schutz bot ihm auch der wachsende internationale Erfolg, seitdem *Der General der toten Armee* 1970 Paris im Sturm erobert hatte.

Als 1967 alle Religionen in Albanien verboten wurden und das Land zum »ersten atheistischen Staat der Welt« erklärt wurde, hoffte Kadare, aus diesem »Übel« werde eine Renaissance des Christentums hervorgehen. Für den Islam hatte er nie viel übrig. Der sei nur von der Fremdherrschaft der Ottomanen eingeführt worden.

1978 brach Hoxha auch noch die Beziehungen zu China aus ideologischen Gründen ab, so daß in seinen Augen als einziger Leuchtturm des Kommunismus nur Albanien übrigblieb. Davon erzählt Kadare in seinem Buch *Konzert am Ende des Winters.* Erst im Jahr 1990 begann Kadare den Diktator offen zu kritisieren. Aus Protest gegen dessen Nachfolger Ramiz Alia, der keine Lust hatte, die Demokratie einzuführen, bat Kadare mit fünfjähriger Verspätung für sich und seine Familie um politisches Asyl in Frankreich. Vorher war eine Emigration für ihn nicht in Betracht gekommen, weil er Repressalien gegen seine Familie befürchtete. Nun bezog er im Quartier Latin eine Wohnung am Jardin du Luxembourg. 1999 ist er nach Albanien zurückgereist und lebt seitdem abwechselnd in Paris und in Tirana.

Unter den jüngeren Autoren ist er wegen seiner politischen Haltung umstritten. Einmal tadelte ihn eine junge albanische Studentin mit den Worten:»Kadare ist ein talentierter Opportunist. Zuerst feiert er kritiklos das Regime unter Hoxha, und heute wirft er sich den scheinbar mächtigen kapitalistischen Staaten ebenso kritiklos an den Hals.«

Dabei mag auch der Futterneid eine Rolle spielen; denn in einem Land, das nur drei Millionen Einwohner hatte, lagen Kadares Auflagen bei über einer Million, und seine Werke wurden in Dutzende von Sprachen übersetzt. In Deutschland haben sich besonders sein treuer Übersetzer Joachim Röhm, der einst als Vertreter der KPD/ML/*Roter Morgen* nach Albanien gegangen war, und der Verleger Egon Ammann für ihn eingesetzt.

1992 fand Kadare, Albanien sei zwar das »allerschlimmste stalinistische Land« gewesen, habe aber die beste Literatur Osteuropas hervorgebracht. »Meine Bücher waren wie eine Zitadelle der Freiheit, sie haben eine ganze Nation im Geist des Widerspruchs gegen das Regime, gegen die Diktatur erzogen.« Eine »titanische Aufgabe« habe er damit geleistet.

An Auszeichnungen fehlte es ihm nie. 2005 wurde ihm der Man Booker International Prize, 2009 der Premio Principe de Asturias und 2015 der Jerusalem-Preis zuteil, und seit 2016 ist er *Commandeur de la Légion d'Honneur*.

Trotzdem, etwas gefällt mir an diesem Albaner. Aber was? Ist es die Chuzpe, die er an den Tag legt? Seine umfassende Kenntnis der Weltliteratur? Die Gelehrsamkeit, mit der er ohne weiteres Leibniz und Franz Bopp zitiert? Seine Kunst? Oder seine boshafte Ironie, die bis zur Selbstverleugnung geht?

Dank

an die halb, ganz oder gar nicht gelesenen Bücher; an die *Paris Review*, die seit mehr als einem halben Jahrhundert auf ihrem eigenen Olymp ihre Lieblingsautoren ausgefragt hat; und an die vielen ungenannten und vielzüngigen Mithelfer der Wikipedia. Ihre polyglotten Versionen verdienen es, miteinander abgeglichen zu werden; denn sie bilden, absichtlich oder unfreiwillig, die Vorlieben und die Grenzen ihrer eigenen Kultur ab.

Übrigens gilt mein Dank allen Freunden, die diese Vignetten angeregt, verbessert und kritisiert haben, besonders Michael Krüger und Volker Weidermann, von denen ich, mit ihrer Erlaubnis, ein paar Sätze geklaut habe. Meine Frau Katharina war die erste Leserin. Der zweite, der fast alle meine Fehler korrigiert hat, ist mein unermüdlicher, geduldiger Lektor Wolfgang Kaußen.

Kleines Verzeichnis der mehrfach mitwirkenden Künstler

Bildnachweise

Dadaweb.de/wiki: S. 96 (Franz Jung)

Flickr: S. 251 (Juan Carlos Onetti), Lizenz: CC-BY-SA-2.0, Foto: Elisa Cabot

Brigitte Friedrich: S. 342 (Heiner Müller)

Getty Images: S. 205 (Pablo Neruda), Foto: Angelo Cozzi / Mondadori Portfolio S. 329 (Gabriel García Márquez), Foto: Philippe Le Tellier

Imagno/picturedesk.com: S. 160 (Heimito von Doderer), Foto: Barbara Pflaum

Renate von Mangoldt: S. 326 (Ingeborg Bachmann)

Isolde Ohlbaum: S. 300 (Wolfgang Hildesheimer)

Ute Schendel: S. 259 (Georg Glaser)

ullstein bild:
S. 32 (Alexander von Gleichen-Rußwurm), Foto: Philipp Kester S. 38 (André Gide), Foto: dpa S. 44 (Annette Kolb), Foto: Karoly Forgacs S. 47 (Colette), Foto: Lebrecht Music & Arts S. 53 (Rudolf Borchardt), Foto: ullstein bild S. 59 (Robert Musil), Foto: ullstein bild S. 69 (Jaroslav Hašek), Foto: ullstein bild S. 72 (Lion Feuchtwanger), Foto: Rudolph Dührkoop S. 99 (Anna Achmatowa), Foto: Heritage Images / Fine Art Images S. 106 (Franz Werfel), Foto: Abraham Pisarek S. 128 (Michail Bulgakow), Fotograf unbekannt S. 143 (Hans Fallada), Foto: P/F/H S. 192 (Ernst Glaeser), Foto: Nini & Carry Hess S. 198 (Hans Sahl), Foto: Will S. 201 (Raymond Queneau), Foto: Roger-Viollet S. 223 (Irmgard Keun), Foto: Rabau S. 227 (Manès Sperber), Foto: Fondation Horst Tappe S. 238 (Wolfgang Koeppen), Foto: Fondation Horst Tappe S. 249 (Eric Ambler), Foto: Fondation Horst Tappe S. 266 (Albrecht Fabri), Foto: Brigitte Friedrich S. 274 (Nagib Mahfuz), Foto: AP S. 281 (Alfred Andersch), Foto: Brigitte Friedrich S. 288 (Hans Baumann), Foto: Hanns Tschira S. 303 (Camilo José Cela), Foto: Fondation Horst Tappe S. 305 (Ilse Aichinger), Foto: Zemann S. 315 (Jehuda Amichai), Foto: Brigitte Friedrich S. 336 (Veijo Meri), Foto: Brigitte Friedrich S. 345 (Ryszard Kapuściński), Foto: Fondation Horst Tappe S. 355 (Ismail Kadare), Foto: Brigitte Friedrich

Maristella Veličković: S. 348 (Danilo Kiš)

Wikimedia Commons:
S. 19 (Knut Hamsun), Fotograf unbekannt S. 23 (Gerhart Hauptmann), Foto: Charles Scolik / Österreichische Nationalbibliothek S. 26 (Ga-

briele D'Annunzio), Fotograf unbekannt S. 35 (Maxim Gorki), Foto: Herman Mishkin S. 40 (Iwan Bunin), Foto: Georgi Vasilievich Trunov S. 56 (Alfred Döblin), Fotograf unbekannt S. 63 (P. G. Wodehouse), Fotograf unbekannt S. 66 (Lu Xun), Fotograf unbekannt S. 76 (Ezra Pound), Foto: Alvin Langdon Coburn S. 81 (Gottfried Benn), Lizenz: CC-BY-SA-3.0-DE, Foto: Bundesarchiv S. 85 (Hermann Broch), Lizenz: CC-PD-Mark, Fotograf unbekannt S. 88 (Thomas Edward Lawrence), Fotograf unbekannt S. 93 (Fernando Pessoa), Fotograf unbekannt S. 103 (Jean Cocteau), Foto: Agence de presse Meurisse S. 110 (Boris Pasternak), Fotograf unbekannt S. 115 (Johannes R. Becher), Lizenz: CC-BY-SA-3.0-DE Foto: Bundesarchiv, Otto Donath S. 118 (Henry Miller), Foto: Carl Van Vechten S. 121 (Ilja Erenburg), Fotograf unbekannt S. 132 (Ivo Andrić), Lizenz: CC BY-SA 3.0 RS S. 136 (César Vallejo), Foto: Juan Domingo Córdoba S. 140 (Konstantin Paustowski), Fotograf unbekannt S. 148 (Louis-Ferdinand Céline), Lizenz: CCO-1.0, Foto: Agence Meurisse S. 151 (Julian Tuwim), Fotograf unbekannt S. 154 (Ernst Jünger), Lizenz: CC-BY-SA-4.0 (Int.), Foto: Black Wizard S. 158 (André Breton), MNAM-CCI, Distribution RMN-Grand Palais / Philippe Migeat, Fotograf unbekannt S. 165 (Carl Zuckmayer), Lizenz: CC-BY-SA-3.0, Foto: Bundesarchiv S. 170 (Curzio Malaparte), Fotograf unbekannt S. 173 (Bertolt Brecht), Lizenz CC-BY-SA 3.0, Foto: Jörg Kolbe / Bundesarchiv S. 178 (Gustav Regler), Lizenz: CC-BY-SA-3.0, Foto: Marie-Louise Regler S. 181 (Nadeschda Mandelstam), Lizenz: CC-PD-Mark, Fotograf unbekannt S. 184 (Erich Kästner), Lizenz: CC-BY-SA-3.0-NL, Foto: Basch/Opdracht ANEFO S. 188 (Anna Seghers), Lizenz: CC-BY-SA-3.0, Foto: Bundesarchiv / Christa Hochneder S. 195 (Isaac Bashevis Singer), Lizenz: CC-BY-SA-3.0, Foto: MDCarchives S. 210 (Witold Gombrowicz), Foto: Bohdan Paczowski S. 213 (Christopher Isherwood), Lizenz: CC-BY-SA-3.0, Foto: Allan Warren S. 219 (Wassili Grossman), Fotograf unbekannt S. 230 (Jean-Paul Sartre), Lizenz CC BY-SA-3.0_ NL, © Dutch National Archives, Den Haag, Fotocollectie Algemeen Nederlands Persbureau (Anefo), 1945–1989 S. 234 (Elias Canetti), Lizenz: CC-BY-SA-3.0-NL, Foto: Dutch National Archives, Den Haag S. 246 (Alberto Moravia), Lizenz: CC-BY-SA-4.0, Foto: Biblioteca europea di informazione e cultura (BEIC)-Paolo Monti S. 255 (Eugène Ionesco), Lizenz: CC-BY-SA-3.0, Foto: Gorupdebesanez S. 263 (Jean Genet), Lizenz: CC-BY-SA-3.0, Foto: International Progress Organization S. 269 (Czesław Miłosz), Lizenz: CC-BY-SA-4.0, Foto: Artur Pawłowski S. 272 (Emil Michel Cioran), Fotograf von Key-